走·近·巴·金

纪念巴金诞辰 120 周年

巴金家族史考略 增订本

李治墨 编著

四川人民出版社

图书在版编目（CIP）数据

巴金家族史考略 / 李治墨编著. -- 增订本.
成都 : 四川人民出版社, 2024.9. -- （"走近巴金"丛书）. -- ISBN 978-7-220-13719-8

Ⅰ. K820.9
中国国家版本馆CIP数据核字第2024H4H055号

BAJIN JIAZU SHI KAOLÜE ZENGDING BEN

巴金家族史考略 增订本

李治墨　编著

出 品 人	黄立新
项目统筹	谢　雪　邓泽玲
责任编辑	勒静宜　邹　近
封面设计	今亮后声·张今亮　于　杰
版式设计	张迪茗
特约校对	曾小倩
责任印制	祝　健
出版发行	四川人民出版社（成都三色路238号）
网　　址	http://www.scpph.com
E-mail	scrmcbs@sina.com
新浪微博	@四川人民出版社
微信公众号	四川人民出版社
发行部业务电话	（028）86361653　86361656
防盗版举报电话	（028）86361653
制　　版	四川胜翔数码印务设计有限公司
印　　刷	成都东江印务有限公司
成品尺寸	170mm×240mm
印　　张	18.75
字　　数	288千
版　　次	2024年9月第1版
印　　次	2024年9月第1次印刷
书　　号	ISBN 978-7-220-13719-8
定　　价	88.00元

■ 版权所有·侵权必究

本书若出现印装质量问题，请与我社发行部联系调换
电话：（028）86361656

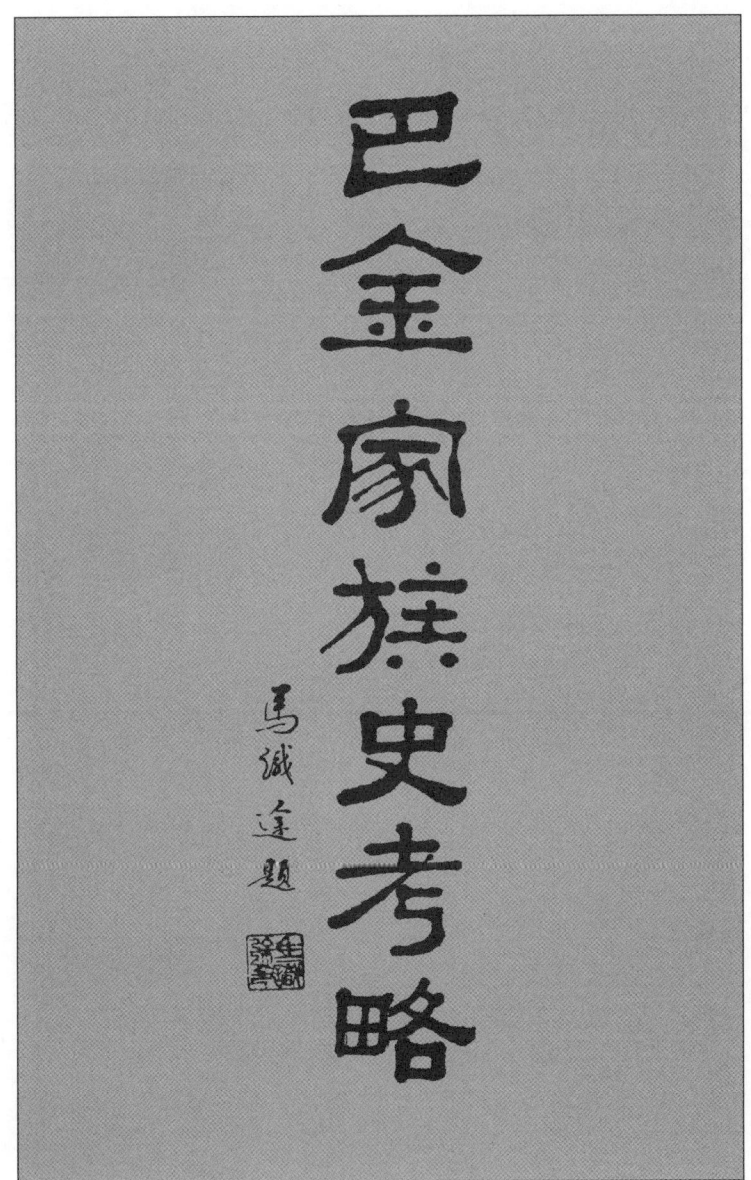

马识途 题签

李氏家族

目录

代序　巴金关于家史问题的一封信

璿玑玉衡　蔽芾甘棠
　　——巴金家族名号趣考　/001

文章经国　黄绢长留
　　——简述巴金家族历史　/006

万重桑海　潜闭琴书
　　——浣云公李镛逸事　/029

勤勉笃实　温和宽厚
　　——李道河小考　/041

学理深纯　才识明通
　　——李道溥小考　/049

毕生倾注　教学翻译
　　——读孤岛中李尧林的电影记录　/059

001

花怜人瘦　人比花愁
　　——从兰陵三秀看汤氏女性文化传承　/066

心细才明　办事勤敏
　　——汤健业小传附佚诗　/073

东湖耸翠　岂羡瀛洲
　　——记武进汤健业与四川文豪李调元的诗词往来　/080

才具明练　为守兼优
　　——记清代四川贤吏吕朝恩　/089

起拥寒衾　燕叹花愁
　　——毗陵庄绛词三首及轶事　/105

清廉为官　兴利除弊
　　——明代贤吏庄廷臣小记　/109

兴利除害　抑强扶弱
　　——明代清官庄襗小记之一　/121

顶逆而为　刚明有守
　　——明代贤吏庄襗小记之二　/130

以实正误　力戒传讹
　　——巴金家族历史研究正误　/138

以史为鉴　去芜存菁
　　——《巴金祖上诗文汇校》前言　/162

勤修德业　世守书香
　　——《巴金祖上诗文汇校》作者小传集　/165

目录

附录一

闻湖盛氏由来考　盛　平 /185

先府君（李文熙）行略　（清）李　璠 /192

诰授奉政大夫晋封通奉大夫李公宗望（璠）墓志铭　（清）罗应旒 /195

李璠列传 /197

清通议大夫晋荣禄大夫四川打箭炉同知李（忠清）君墓志铭　（清）顾复初 /200

李忠清列传 /203

清授中宪大夫候选道李（道江）君青城墓志铭　（清）叶尔恺 /207

李宗望（璠）得马宝 /210

李母张孺人寿诗序（代）　王　侃 /211

考妣行状　汤健业 /213

庄凝宇公年谱　庄鼎铉 /219

鹤溪公庄禋事迹 /225

述盛周盛万年盛士元　盛　枫 /232

附录二

思　路　巴　金 /241

怀念二叔　巴　金 /246

以爱待人　以诚待人
　　——我所知道的祖母和祖父　李　斧 /251

李道江小考　向　黄　/257

巴金祖母身世考　叶　舟　/266

| 附录三 |

《绣余吟草》淘书记趣　李治墨　/273

《砥碧山房诗钞》购得记　李治墨　/280

作者后记　/284

代　序

巴金关于家史问题的一封信
一九八九年一月二十三日

李斧：

信收到。关于家系①能弄清楚也好，但也不必花多少时间。还有三件事：

一、我说塘汇，因为一九二三年我去过那里，祠堂在那里，还有"始祖"的坟也在那附近。当时我的"四伯祖"住在"金明寺隶"。我也在那里住过几天。可能是后来搬了地方。

二、关于介盫公②的材料，复印一份给我。"仅存稿"③我有，不用寄了。

三、祖宗牌位等等我未见过，没有意见。

祝

好！

芾甘

元月廿三日

---

① 家系：即家谱中的家系。
② 介盫公：巴金的高祖父李文熙，号介盫。
③ 仅存稿：指巴金的曾祖父李璠所著《醉墨山房仅存稿》。

李爷：信收到。关于家普能弄清楚也好，但也不必花多少时间。写有三件事：

1. 我在塘汇，因为只三、四岁来过那里，词堂在那里，还有"始祖"的坟在那附近。当时我的四伯祖住在"金明寺旁"。我也在那里住过几天。可能是后来搬了地方。

2. 关于竹卷公的材料，只能印一份给你。没存稿。我有不用寄回。

3. 袖奎牌位号，我未见过，没有立名。

好！

祝

弟甘 元月廿三言

巴金与作者1994年合影

璿璣玉衡　蔽芾甘棠
——巴金家族名号趣考

巴金先生祖籍浙江嘉兴，他的高祖父李文熙，字坤五，号介盦，是巴金家族入川第一人。李文熙有三个儿子，分别名叫李璿、李璣、李璠。这出于《尚书·舜典》中的"在璿璣玉衡，以齐七政"。其中李璠是巴金的曾祖父。"璠"字，指宝玉，用在他名字里既入典故，又与兄长们同部首偏旁。李璣号"在衡"，也出自此句。李璠号"宗望"，则出自这一段里的下一句："肆类于上帝，禋于六宗，望于山川，遍于群神。"《说文解字》中有："玙璠，鲁之宝玉也。"故李璠字"鲁珍"。璿璣玉衡又为北斗七星的别称，其首为天枢。李璿号"秉枢"，即源于此。秉枢也是执掌朝政的意思。君主秉枢执要为《尚书》的主要思想之一。

李文熙的父亲叫李南棠，号兰陔。他的名号则取自《诗经》。"南棠"源于《诗经·国风》中的《召南·甘棠》；"兰陔"则出于《诗经·小雅》中的《鹿鸣之什·南陔》。《南陔》意在"孝子相戒以养也"；但却"有其义亡其辞"，即该篇和《小雅》中的另外五篇均已佚。《昭明文选》卷一九中《补亡诗六首》之一《南陔》云："循彼南陔，言采其兰。眷恋庭闱，心不遑安。""兰陔"一词即作为孝德被后人广为引用。

李文熙的大哥名寅熙，字宾日，号秋门。这分别出于《尚书·尧典》："寅宾出日，平秩东作；日中、星鸟，以殷仲春。""寅饯纳日，平秩西成；宵中、星虚，以殷仲秋。"明代大思想家阳明先生王守仁将"寅宾出日"之义解释为"志向也"，并且进一步发挥为"宾日，义之职而传冒焉，传职宾宾，義以宾宾之寅而宾日，传以宾日之寅而宾宾也，不曰日乃阳之属，为日、为元、为善、为吉、为亨治，其于人也为君子，其义广矣备矣"。《说文》曰："卯为春门，万物已出；酉为秋门，万物已入。"李文熙的二哥号簏甫，出于《诗经·小雅》中的《何人斯·小旻之什》："伯氏吹壎，仲氏吹篪。"希望与其长兄日后能伯壎仲篪，互相帮助。李文熙本人字坤五，坤五出自《周易》。研究《易经》的汪致正先生指出："'坤五'是指坤卦第五位（坤卦六爻，由下往上数，第五位的爻位），即'六五'位的爻辞以及小象辞。爻辞是'黄裳，元吉'，小象辞是：'黄裳，元吉，文在中也。''黄裳'的含义是吉祥、高贵、谦虚、中庸、有内涵、有文采。"太史公云"文王拘而演《周易》"，恰与他名字中的"文"相应。

李文熙的长孙名李洪钧，字和衡。洪钧本有朝中政权之意，唐诗中有"十年紫殿掌洪钧，出入三朝一品身"（《李德裕·离平泉马上作》）。司马光也诗云："元宰抚洪钧，四海可熏灼。"（《和始平公梦中有怀归之念作诗始得两句而寱因足成一章》）而钧与衡在一起就更有负重执政的意思。衡钧喻相位，钧衡喻国政。唐代杨炯赞扬王勃说："幼有钧衡之略，独负舟航之用。"（《〈王勃集〉序》）这个名字里寄托着家族对长孙仕途的期望。可惜他在仕途上并没有走多远。

巴金的祖父单名镛，这与他的几位堂兄洪钧、忠清、熙平等人的双名颇不相称，在那个世代书香的大家族里显得很不协调。这曾经长期使本文作者感到困惑，直到翻开了李镛之父李璠的《醉墨山房仅存稿》才解答了这一疑问。李璠在一篇公牍中写到"子振镛"。李镛的原名是李振镛，后来才改为李镛。改名的原因不详。

从巴金父辈开始，李氏大家族采用了统一的名序。姓名中第二字按辈分分别为"道尧国治、家庆泽长、勤修德业、世守书香"，第三字的偏旁按辈分是五行相生：金生水、水生木、木生火、火生土。例如巴金的父亲

璿瑰玉衡　蔽芾甘棠

历史上李氏家宅大门

名李道河，第三字偏旁从水；巴金本人名为李尧棠，第三字偏旁从木；巴金的侄子李致原名李国煇，第二字偏旁从火。巴金祖父李镛，在五行上也与其后人一致。这一名序李氏子孙们遵循得比较严格；李氏女儿们则不是很严格，特别是第三个字的偏旁。目前李氏大家族，"尧"字辈最后一位已于2023年仙逝，往下则已有"泽"字辈了。

李镛的长女名李道沅，号芷卿。其中"道"字从辈分，"沅"字从五行之水，如前文所述。"沅"和"芷"字源于《楚辞·九歌·湘夫人》："沅有芷兮澧有兰。"王逸注："言沅水之中有盛茂之芷，澧水之内有芬芳之兰，异于众草。"芷，亦作"茝"。澧，亦作"醴"，后又多作"沅有芷兮湘有兰"，见清代诗人方文的名句"沅芷湘兰昔所闻，十年今始觏群芬"（《酬邹师可见投之作》）。成语"沅芷湘兰"泛指生于三湘四水（湘资沅澧）两岸的芳草，后世用以比喻高洁的人或事物。李镛的次女名

003

字已佚，但是根据上文，可以推断她名李道湘，号兰卿。李氏家族"尧"字辈最后的老人李济生（尧集）也同意作者这一推论。湘字也含三点水，兰字繁体为蘭，也含草头。这样不仅承上，而且启下。李镛的幼女名道漪，号蕙卿。兰和蕙，都是香草，也常用以喻贤者。《楚辞·离骚》中有"余既滋兰之九畹兮，又树蕙之百亩"，就含兰蕙二字。更有意思的是，屈原先生这名句接下来是"畦留夷与揭车兮，杂杜衡与芳芷"，又把大姊芷卿联系在一起了。兰蕙两字同时使用的成语很多，既有清高的，如"兰质蕙心""兰情蕙性"等；也有悲伤的，如"蕙折兰摧"。兰卿和蕙卿这两位才女都英年早逝，也算是全都应验了。

巴金这一辈共十一位亲兄弟姐妹的乳名也很有趣，现在知道的分别是果麐、安麐、升麐、开麐、广麐、元麐、锦麐、海麐；而大姐、二姐、三姐因去世早，其乳名今佚，但是也应该含"麐"字。麐，同麟，在古代传说中为仁瑞之兽；形状像鹿而独角，尾则似牛尾。《诗经·国风·周南》有《麟之趾》一章。既然大家都有"麐"字，在实际称呼中就可略去，以避免重复。巴金的回忆文章中就写道，母亲称大哥为"老果"。

巴金的大哥名李尧枚，号卜贤。据他的堂弟李尧东说，这是他们的祖父李镛亲自从《尚书·大禹谟》选取的："禹曰：枚卜功臣，惟吉之从。"这句话是大禹向大舜禅让继承帝位，意思是用——占卜方式从功臣中选最吉利者继位。李镛当然以此寄托对这个长房长孙将来选官举贤、光宗耀祖的希望。

巴金的九妹叫李瑞瑶，号琼如，《诗经·卫风·木瓜》有"投我以木桃，报之以琼瑶"。因此"如琼如瑶"是古诗文中常见的文字。晋代诗人王赞的《侍皇太子宴始平王诗》中就有"惟中惟外，如琼如瑶"。有意思的是这首诗前面还有"乐此棠棣，其甘如荠"，与巴金的名号相呼应。巴金的十二妹叫李瑞珏（小说《家》中大嫂的名字即来源于此），"珏"字拆开是两个"玉"字，所以她号玉双。前面提到巴金的幼弟乳名海麐，是父亲的遗腹子，与其大哥的长子李国嘉年龄接近，《家》中大哥长子海儿因此命名。

巴金本人名尧棠号芾甘，"李芾甘"在他的书信中时常出现。巴金

璀璨玉衡　蔽芾甘棠

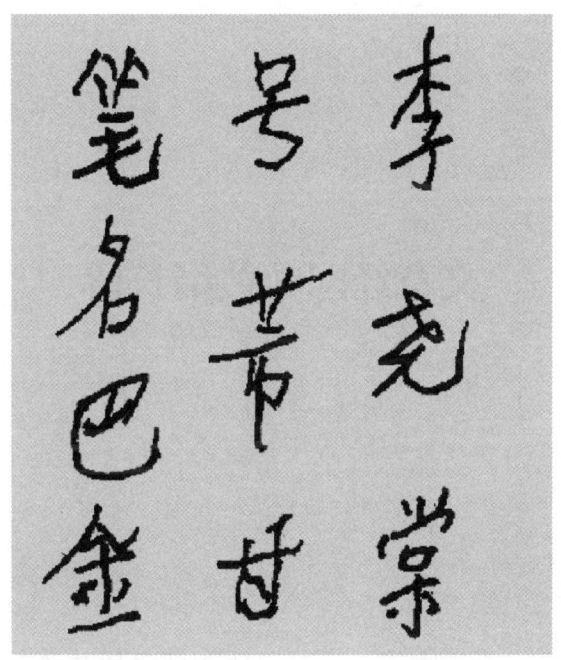

巴金先生晚年手书

的名号源于《诗经·国风》中《召南·甘棠》的首句"蔽芾甘棠"。"蔽芾"形容枝叶小，所以"芾"字在这里读作fèi（fei的第四声）；而不是fú（fu的第二声）。"芾"字读作fú的意思不同，指的是草木茂盛。宋代书画家米芾的名字则读作fú，"芾"字读fú时又同"黻"，所以也作米黻。至于在巴金的家乡四川有人称巴金为pèi甘，只能算是地方口音了。

2006年10月初稿
2024年初增订

文章经国　黄绢长留
——简述巴金家族历史

一、李氏家族——从一张百年老照片谈起

这是一张由巴金先生亲自保存下来的百年老照片（见书前"李氏家族"照）。说到保存，还有一段插曲：这张照片上的破损依稀可见。1982年巴金先生把一批老照片交给他的侄子李致翻拍加印时说，这张照片曾经在"文革"中被抄走撕坏，"文革"后发还时经修补才成这样。所以这张照片，不仅历史悠久，而且饱经沧桑。

照片摄于清光绪末年，是李氏大家族人丁兴旺达到鼎盛时期时在成都东珠市街公馆前四世同堂的全家福。要把这张照片上记录着的李氏家族说清楚，还得从李氏家族的来龙去脉简单谈起。

李家的祖上世居浙江嘉兴，住在蜿蜒的角里街上，靠近万里堰桥一带。据嘉兴市的薛家煜先生从《嘉兴府志》中考证，万里堰即鳗鲡堰。21世纪初嘉兴市为庆祝巴金百岁华诞命名的仰甘亭，就正好在角里街上并且正对着鳗鲡堰，真是历史的巧合。

到了乾隆初年，这一代的李氏传人叫李南棠，号兰陔，曾入官学为郡庠廪膳生（用今天的话来说就是公费生）。兰陔公李南棠有五个儿子，

长子李寅熙,字宾日,号秋门。李寅熙少年时师从于擅长诗词书画的名士曹秉钧(种梅)先生,并曾与同乡汪如洋(云壑)、胡世垲(江林)、吴旼(少陉)、施鸢坡(惺渠)、钱开仕(漆林)、钱楷(裴山)等结诗社,并被公推为"祭酒",有过夜集"葭露山房"分韵赋诗的佳话。后来这批年轻人纷纷北上应试。父亲李南棠早年去世,家境日趋贫寒,靠母亲聂氏做针线活糊口。李寅熙还很年轻的时候就开始在乡里教授私塾。乾隆四十二年(1777)后李寅熙也离乡北游,多居京城。旅居北京期间,他曾为官府校对,并曾一度回乡应试。这时期他结交的诗友还包括王复(秋塍)、梁同书(山舟)、洪亮吉(北江)等。李寅熙的那些少年诗友们多数科场得意,其中汪如洋还连中三元(解元、会元、状元),钱楷也中会元、并点传胪(殿试二甲第一名),而李寅熙本人却屡试不第,终不得志。乾隆五十四年(1789)李寅熙忧郁而病,卒于北京。李寅熙一生诗作甚丰,但是早期作品大多失散,仅存的诗稿由其四弟李文熙于嘉庆十九年(1814)辑为《秋门草堂诗钞》四卷,由吴锡麒(谷人)、查莹(映山)、张问陶(船山)作序,郭麐(祥伯)等诸名士题诗。他的诗作被选入《两浙輶轩录》(卷三一第40—44页)、《晚清簃诗汇》(卷九九第19页)、《续槜李诗系》(卷三二第9—10页)等,并被《灵芬馆诗话》(郭麐)等著录介绍。其师曹秉钧评曰:"笔朗润清华,俗尘不染,以旅食都门自伤不遇,穷愁之作,令人诵之辄唤奈何。"李寅熙小工画,有《鸳湖雨泛图》等(今均佚),吴锡麒等为之题诗。李寅熙一生虽不得意,但是他著作等身,交际名士,风流跌宕。在父亲去世后,长兄如父,他教导弟妹,最后还把几个弟弟带出了嘉兴。他虽然没有子嗣,但是三弟四弟都先后把儿子过继给他,可见他在家族里的特殊地位,受到极大的尊重。回顾李氏家族历史,不能不从他开始。

李寅熙的四弟李文熙,字坤五,号介盦,即巴金的高祖父。他三岁丧父后,就和其他几个兄弟一起,在大哥的教导下读书。乾隆五十一年(1786),二十岁的李文熙到北京投奔李寅熙,从此开始了他的游历生涯。在北京李文熙得交吴锡麒、梁同书、汪如洋、张问陶等当朝名士,这对他的视野和经历都有很大的益处。大哥李寅熙去世后,李文熙应聘到山西马氏家族做私塾教师十余年，多次带着马氏子弟去应顺天乡试（清时北京的乡试有条件地不限考生籍贯），他的门人一个个中举，可是他本人的命运却像他的大哥一样，屡试不第。这期间，李文熙"颠倒京兆，奔驰南北"，往返于故乡和京晋之间。李文熙一生也著述丰富，可是漂泊动荡的生涯使这些著述未能保存下来，唯有他所校注的嘉庆戊寅版《鉴撮》（旷敏本编）至今可见。李文熙对这本书情有独钟，应当是对其"以史为鉴，撮其要义"宗旨的认同吧！后来马氏家族感谢李寅熙的教育之恩，为他捐了布政司的一个下层职官（照磨），被分发到四川。

嘉庆二十三年（1818），年逾半百的李文熙举家来到了四川，先后任（射洪县）青堤渡盐场大使、崇庆州同、射洪县巡检、屏山县（驻石角营）巡检，并卒于任上。李文熙有三个儿子，以《尚书·舜典》中的"在璿玑玉衡，以齐七政"命名，分别为长子璿（号秉枢）、次子玑（号在衡）、幼子璠（璠字，意美玉）。因大哥寅熙无子，而且早年所嗣三兄之子李甄也早夭，所以李文熙把次子李玑过继给秋门公李寅熙。长子李璿"官甘凉"，在甘肃清水县当典史，有诗《消寒三十首》"脍炙人口，和遍陇蜀"（王侃号迟士语），今未见。次子李玑就学于太学，也有诗。幼子李璠（巴金曾祖父）生于四川，比兄长们年龄小得多。所以他这一房的后人，都比大哥李璿在四川的后人小很多。李璠有两个儿子，分别叫李洪钧和李忠清，他们的后人在家族中分别被称为老大房和老二房。李氏先人中以李璠和李忠清（叔侄二人年龄接近）军功显赫，尤以忠清为最。忠清号蓉洲，历署理番厅同知、松潘厅同知、庆符县知县、城口厅通判、新宁县知县、越西厅同知、合州知州、邻水县知县、铜梁县知县、忠州知州等职，后升补打箭炉同知署泸州直隶州事。其间（光绪初年）丁宝桢在四川开办洋务，李忠清曾兼机器局委员。李忠清先后参加平定川滇边乱，剿灭石达开、处理藏务、处理教务、兴办洋务等多项历史事件，因此三代追赠一品虚衔。巴金先生的《塘汇祠堂记》就提到的蓉洲公李忠清出资重修李氏家族在浙江嘉兴府塘汇镇的李家祠堂，应该算是李忠清"功成名就"后的"光宗耀祖"吧！其兄洪钧号和衡，历署名山、彭水等县。

李璠字鲁珍，号宗望。十五岁丧父兄，奉母张氏居宜宾于贫寒中。早年在县试中，以一篇《王猛扪虱》脱颖而出，深得知县车锡侯（山东海阳人，乙丑进士）的器重，但因清制非原籍而不得入试，李璠孤儿寡母不可能千里迢迢回原籍。所以县试虽为第一名，但是结果无效。从此李璠放弃考试，而游交于名士公卿之间。后入南溪知县唐炯（鄂生）幕府为僚，从此走上仕途。咸丰十一年，川滇边界叛乱。李璠率兵击退"滇匪"，继代署南溪县令，并调署筠连、兴文等县，任富顺县丞，充筠庆营统领。同治八年（1869）丁母忧，复出后被提升为直隶州知州，核省府库银。事竣，授定远（今武胜）知县，并卒于任上，清代抗日将领罗应旒（星潭）为之作墓志铭。朝廷赠二品虚衔。李璠早年尊时任成都知府的浙江仁和籍叶树东（云塍）为师，风雅文字，交往于朱海门、叶桐君、王培荀（雪桥）、程廷桂（君月）、程廷杓、王侃（迟士）王吾高父子、牛树梅（雪桥），杨引传（薪圃）、张宜亭、何恺堂（锦帆）、陈曦谷等人之间。一生著述甚丰，惜尽失散，后由故友赵心一寄回一卷文字，遂刻为《醉墨山房仅存稿》，含文集、诗集、诗话、公牍四种共两册。巴金先生晚年写到李璠："我曾祖不过是一百多年前一个封建小官僚，可是在大家叩头高呼'臣罪当诛''天王圣明'的时候，他却理解而且赞赏文徵明的'诛心之论'，这很不简单！"[①]

李璠有一子二女，儿子叫李振镛，后来改为李镛，号浣云。他这一系后来被称为老幺房（四川话老幺即为最小）。李镛就是巴金小说《家》《春》《秋》中高老太爷的原型。

从李镛下一辈起，李氏大家族采用了统一的名序。姓名中第二字按辈分分别为"道尧国治、家庆泽长、勤修德业、世守书香"，第三字的偏旁按辈分是五行相生：金生水、水生木、木生火……"道"字辈从水，老大房和老二房各有一子，即李道源（洪钧子）和李道江（忠清子），还有一女适张氏。老幺房（即李镛的子女）有"道"字辈六子三女：长子道河即巴金的父亲，次子道溥，三子道洋，四子道瀛早夭，五子道沛，六子道鸿，长女道沅，次女道湘，幼女道漪。

---

① 巴金：《思路》，《随想录》，人民文学出版社2018年版。

有了这些历史和人物的背景，我们就可以回到这张旧照了。这张照片中共有前后三排人。我们以与巴金先生的亲属关系来描述其中的人物。

中排正中是巴金的祖父李镛，这时候他已经是李氏家族的辈分最高的长者了。老大房和老二房的众多"尧"字晚辈们以四川话称呼他为幺爷爷。

中排李镛右侧以年龄依次为大堂伯李道源、二堂伯李道江、堂姑母（适张氏，故又称张姑妈）、父亲李道河、二叔李道溥、三叔李道洋、大姑母李道沅适濮氏（故又称濮姑妈）。

中排李镛左侧依次为：五叔李道沛（即站立的小孩）、继祖母（李镛继室）濮贤娜、道源夫人陈氏、道江夫人邓氏、道河夫人陈淑芬、道溥夫人吴氏、道洋夫人濮良容，最后一人不详。

后排八人应为道源和道江的儿子"尧"字辈们。道源和道江同为李璠之孙，他们的儿子一起排行。以李镛身后为中心，中右一为老大尧栋（号松生，道源长子），中左一为老三尧梁（号兰生，道源三子），中右二为老四（名佚，号梅生，道源四子），中左二为老六李尧采（号寿眉，道源六子），中右三为老七尧模（号葵生，道源七子），中左三为老八尧楷（号质夫，道江长子），中右四为老九尧柱（号石青，道源八子），中左四为老十尧杜（号棣之，道江次子）。照片所缺的老二和老五均为道源子，皆早夭。

前排中间男孩也应当是"尧"字辈，正中应是李镛长孙尧枚，其左右不详；前排右侧两个女孩估计应当是李镛的次女道湘和幼女道漪；前排左侧远处还有一个小孩，是谁已不可考。

此照片应摄于19世纪90年代末期。以照片上李镛左侧身旁继配濮夫人所生之子道沛和前排正中李镛长孙李尧枚的大小来看，照片摄于1898年左右可能性最大，时值李镛四十五岁。这样算来这张照片迄今已有一百二十余年的历史了。另外据2022年12月仙逝的逾百岁老人李济生（巴金幼弟）回忆，这张照片应当是摄于成都东珠市巷李氏家族公馆大门内侧，而不是有人猜测的正通顺街李氏公馆内。当时李氏大家族居住在两所紧紧相邻的公馆，其中老大房和老二房（均为李璠后代）所居住的公馆，门开在东珠市巷；而老幺房（李璠后代）所居住的公馆，门开在正通顺街。由于李道江当时的显赫地位,并被称为"北门首富",东珠市巷公馆明显比正通顺街公馆更豪华(据李济生回忆,东珠市巷公馆比邻近的城墙还高),园子也被当时四川名宿林思进称为"西徐东李两名园"之一。旧时还有"南唐北李"的园林楼宅之说。清代体制严格,李道江当时以同知衔才能修这样的家宅。李氏家族在东珠市巷公馆大门内侧留影显然更"光宗耀祖"。

从巴金先生的书信与作品以及现存巴金大哥李尧枚的书信看来,当年的李氏家族无疑是专制没落的一个封建社会缩影。从这张照片也可见一斑,等级森严,辈分严明,男女有别。照片正中是李镛,辈分最高的家长老太爷;左侧按年龄依次为"道"字辈子女;右侧则是相应的女眷,也是依其夫君的辈分年龄严格为序;后排则是"尧"字辈子弟(并按传统右为尊);女婿外孙一概不入。只有两个例外:一是李镛当时的幼子(五子)李道沛(其时四子李道瀛早夭,六子李道鸿尚未出生)站在父母之间,算是印证了一句民间俗话"皇帝立长子,百姓爱幺儿(四川话:小儿子)";二是前排的几个孩子太小,根本无法按辈分理论,否则在后面既站不稳、又看不见。

关于照片中的不少人物,巴金先生在他的作品和回忆中都有介绍,我们不妨选择其要:

关于祖父李镛,巴金曾多次写到过他。"他是一个能干的人。……做了多年的(县)官,后来'告归林下'。他买了不少的田产,修了漂亮的公馆,收藏了好些古玩字画。"同时他又是"旧家庭制度的最后的卫道士"。"(《家》《春》《秋》中的)高老太爷是我的祖父,也是我们一些亲戚朋友的家庭中的祖父",是封建旧家庭的专制家长,但是"他并不知道他的钱只会促使他的儿子们灵魂的堕落,他的专制只会把孙子们

巴金祖父李镛

逼上革命的路"①。但是即使是这种家族及其家长也还有开明的一面。例如，在那个时代有一种迷信观点，说照相会勾走人的灵魂。李氏家族的这张历史性照片就是对这种迷信的否定。另外照片上的李道溥、李道洋、李尧采、李尧楷等若干人，后来都曾赴日留学；不仅如此，李镛的子侄襄赞新政、参办实业，这都算得上是走在时代潮流的前沿。更为有趣的是李镛本人与被胡适誉为"只手打孔家店"的吴虞诗词往来，过从甚密。李镛历知宜宾、南部、南溪等县事，晚年定居成都，民国九年（1920）农历己未除夕病逝。晚年李镛与"五老七贤"等在成都的名流诗书往来，包括方旭（鹤斋）、林思进（山腴）、邓元鏸（纯丰）、赵藩（樾村）、王永言（咏斋）、盛光伟（壶道人）、吴虞（又陵）等。并著有《秋棠山馆诗词》（见《李氏诗词四种》），其中词作若干首被选入《嘉兴词征》。

濮贤嫏号书华，是李镛原配汤淑清故后所娶继室，李镛的前四个儿子和三个女儿都是汤氏所出，只有五子为濮氏所出。六子为濮氏故后李镛收房的姨太曾氏所出，另一位收房的黄姨太则无出。旧时的继室夫人往往是大家族的老闺女，濮贤嫏就是来自当时成都望族濮氏。旧时还讲究"亲上加亲"，李镛的三儿媳也来自濮家，李镛还把大女儿李道沅嫁到濮家。濮氏祖籍江苏溧水，也是世代书香门第。濮贤嫏工诗词画，与上辈文湘、文绮，同辈贤姐，精于诗词，同为濮氏四闺秀，被著录于多种诗目。《益州书画录（附录）》说她"天性夙惠，素耽艺事，主嗜'六法'，尤工花卉，有佳作累累，为世人珍赏"。她的《蝶恋花·画蝶》（晓梦醒来无觅处。幻影南华，笔底传消息。吮粉调脂谁省识，滕王旧谱翻新得。软翅才舒风约折。碎锦迷金，做就罗裙色。可惜一丛花影隔，娉婷飞去娇无力）被收入《南京诗文集》（该书收入濮家四人诗作）。此书系近四百位金陵历代文人墨客之撷英集萃。她的作品则被汇刻为《意眉阁诗词》，收入《李氏诗词四种》，近年来又被收入《江南女性别集·初编》（黄山书社）。

巴金几乎没有写到过他的大堂伯李道源（号湘泉）；有关他的生平现在传下来的也不多，只知道他在光绪二十三年（1897）署四川达县知县，

---

① 巴金：《家庭的环境》，《巴金全集》第十二卷，人民文学出版社1989年版。

他的长子李尧栋（号松生）在宣统年间做过江油县典史。二堂伯李道江号青城，候补道员，早年曾任剑州知州，后受命参与兴建成都劝工场（旋改名"劝业场"）。当年成都的殷实富户有"南吴北李"之说，而"北门一带的首富"就是李道江一家①。巴金《塘汇》文中提到的二伯李青城就是他。但除这些以外，关于李道江生平现在能看到的也不多。李豫川著《现代禅门高僧圣钦法师的一生》一文记叙有一段与李道江相关的史事："民国六年（1917）四月，川军和滇军在成都进行巷战；迨至七月，川军又与黔军在成都展开巷战。繁华锦城沦为战场，弹雨纷飞，炮火遍地，虎兕横行，龟玉尽毁，死伤枕藉，呻吟载道。法师（俗名贺永茂）乃约李道江、谢子厚、张立生诸居士，以'四川佛教会'名义，向社会各界募捐，以救济难民。并分头穿街入巷，慰问罹难家庭。又购买大量药品，聘请中西医师十二人，为难民及伤病员诊治包扎。"（《禅刊》1997年第6期）其妻邓氏（中排右五）为邓元鏸之女。邓元鏸不仅是一位官僚，也是一位围棋名家。

巴金的父母李道河和陈淑芬

巴金的父亲李道河在光绪二十八年到二十九年在四川大足县当过典史，后回省候补知县，同时入官班法政学堂本科班。光绪末年他以最优等资格毕业（共有最优等、优等、中等、差等、最差等五种），宣统年间任四川广元知县，其间他赈济灾民、筹备自治、增办新学、兴办行会、

---

① 巴金：《家庭的环境》，《巴金全集》第十二卷，人民文学出版社1989年版。

设改警局、选举孝廉。巴金曾记叙过李道河坐堂判案的情形,觉得他刑讯严酷,但是他"的确没有判过一个人的死罪"。幼小的巴金曾经向母亲抱怨,母亲又对父亲劝说,父亲也就再没有用过某种严刑了。巴金还写道"在家里父亲是很和善的,我不曾看见他骂过人",他还写过一个讽刺剧《知事现形记》,让孩子们在家里演着玩。有意思的是辛亥革命后,巴金的祖父和叔父们都"感到悲哀",唯独"父亲没有表示什么意见",相反他却进入工商界,成为有名的成都商业场(劝业场后改为商业场)的董事。尽管"祖父从来不赞成送子弟进学校读书",但是父亲李道河却把巴金的两个哥哥送进了中学,遗憾的是后来李道河去世,则使巴金失去了上中学的机会。直到后来祖父去世他才上了外国语专科学校,后来又到了上海南洋中学和南京东南大学附属中学就读。巴金的母亲陈淑芬(祖籍浙江海盐)则是巴金自己所说的"第一个先生"。巴金写道:"使我认识'爱'字的是她。在我幼小的时候,她是我的世界的中心。她很完满地体现了一个'爱'字。她使我知道人间的温暖;她使我知道爱与被爱的幸福。她常常用温和的口气,对我解释种种的事情。她教我爱一切的人,不管他们贫或富;她教我帮助那些在困苦中需要扶持的人;她教我同情那些境遇不好的婢仆,怜恤他们,不要把自己看得比他们高,动辄将他们打骂。母亲自己也处过不少的逆境。在大家庭里做媳妇,这苦处是不难想到的。但是母亲从不曾在我的眼前淌过泪,或者说过什么悲伤的话。她给我看见的永远是温和的、带着微笑的脸。"①

巴金的二叔李道溥

巴金的二叔李道溥(号华封)早年中举,后留学日本,毕业于著名的法政五期

---

① 巴金:《我的几个先生》,《巴金全集》第十三卷,人民文学出版社1990年版。

速成班。回国后李道溥先到北京,在朝廷里任度支部(原称户部)行走郎中(大概相当于现在的司局级巡视员),实际工作经"法部调派高等检察厅行走"。李道溥回川省亲时,被四川总督赵尔巽看中,上奏朝廷调留李道溥回四川襄办新政。除了在司法、立法、自治方面襄办新政(坐办自治筹办处、参议审判庭筹备处,并兼任总督署会议厅审查科员等),他还执教于四川通省法政学堂,并向工商界讲授宪法草案。其间李道溥曾奉委票捐(总)局总办(宣统二年裁)。宣统三年上谕"李道溥以道员用"。辛亥革命后李道溥开始了完全的法律事务生涯。民国二年(1913)七月十八日李道溥取得了司法部发出的第一五七七号律师证书(见司法总长梁启超颁发的部令,中华民国司法部布告第二十号)。李道溥继续在四川法政学校执教,教授民法概论与民法继承。洪宪时期,法政协会曾一度遭到严禁。民国五年十月,四川法政协会重新开设,选举出李道溥为会长。李道溥同时又自己开办法律事务所,成为当时成都赫赫有名的挂牌大律师。与其同时,成都南门指挥街有律师叶大丰开业,与北门李道溥(号华封)同享盛名,在民间素有"南北两峰(谐音)"之誉(《四川近现代文化人物续编》第205页)。民国十四年(1925)十二月李道溥在成都去世(《甲寅》),享年五十岁(虚岁)。李道溥擅长诗文,著有《箱根室集》,今佚。巴金早期一直把他当"守旧派,甚至把他写成《激流》(《家》最初连载时名《激流》)中的高克明"(巴金《怀念二叔》),还在文章中批评二叔把女儿嫁到有钱但是品德很坏的人家。晚年反思则看到了二叔当年优点的另一面:不仅鼓励和帮助过巴金与三哥李尧林出川念书,而且早年在家教巴金和三哥语文时也用历史故事教他们要讲真话、要有骨气。对于巴金在家中收发进步刊物,二叔客观上也采取了容忍态度。二叔先娶妻吴氏(中排右三)无出,吴氏故后继娶妻室也姓吴,子女多早夭,后来幸存的子女多为后来的继配刘氏所出。

巴金的三叔李道洋(号亮卿),随二兄留日,回国后也做了短暂的南充知县,辛亥革命弃印而去(见《南充县志》),民国初在四川高等巡警学堂任民事诉讼法教员,后在二哥律师事务所做事。巴金写道:"(《家》中高克安的若干故事)都是从我的三叔那里借来的。我三叔虽

巴金的三叔李道洋

然在外面玩小旦、搞女人、抽大烟，可是他写的一笔好字，又能诗能文，也熟悉法律，在二叔的事务所里还替当事人写过不少的上诉状子。"①"据说他在花去了自己分到的遗产之后，挖空心思，发挥剥削才能，抓回来一些东西，修建了这个宅子（'憩园'）。"另外"发起脾气来就喜欢打人（孩子）"。李道洋的妻子濮良容（中排右二），是李镛继室濮贤娜的侄女。

巴金的五叔李道沛（字若愚），在巴金的两部作品里扮演了原型，"克定还是我的五叔"②；"五叔的死"又使巴金"想出了一个杨老三的故事"③。五叔是祖父晚年得子，又是继祖母的唯一孩子，虽然绝顶聪明，但是从小娇生惯养，后来"撒谎、骗人、偷钱、偷东西、打牌作弊、他无一不精，一切为了个人的享乐"。除了这些以外，巴金提到五叔的还有包养妓女、欺骗祖父。最后他病死在了监狱里。真实生活中巴金的四叔早夭，小说里则没有二叔。所以生活中的二叔三叔五叔的故事，反映到了小说里三叔四叔五叔的身上。

巴金的大姑母李道沅，被巴金他们这一辈称为濮姑妈，也有着《家》中姑母的影子，她的女儿就是巴金说的"也有过一个像梅那样的表姐"。后来"表姐做了富家的填房少奶奶"，最后"成了一个爱钱如命的可笑的胖女人"。④

巴金一生中写得最多的家人可能就是他的大哥李尧枚了。巴金说"觉新是我大哥，他是我一生中爱得最多的人"⑤；又说大哥是"爱我最深的

---

① 巴金：《谈〈秋〉》，《巴金全集》第二十卷，人民文学出版社1993年版。
② 巴金：《谈〈春〉》，《巴金全集》第二十卷，人民文学出版社1993年版。
③ 巴金：《谈〈憩园〉》，《巴金全集》第二十卷，人民文学出版社1993年版。
④ 巴金：《谈〈家〉》，《巴金全集》第二十卷，人民文学出版社1993年版。
⑤ 巴金：《谈〈家〉》，《巴金全集》第二十卷，人民文学出版社1993年版。

人"①。除了手足情深外，巴金还说大哥是给自己智力的最初发展提供帮助的两个人之一。巴金的幼弟李济生也说大哥"是我们这一辈接受新思想的启蒙人"。五四新文化运动唤醒了他被遗忘了的青春，他买回新书报，和三弟李尧林、四弟巴金、六堂妹、香表弟等一起阅读、接受新思想，并组织了一个研究会；后来他又为更年幼的弟妹们组织了一个驱驰学会（并且还自办了一个刊物《驱驰》），读新书报，学习新思想；他还创办了一个启明书店，专卖新书。他先是说服继母和二叔，帮助三

巴金的大哥李尧枚

弟和四弟离开四川外出求学；后来又把三个堂弟和表弟亲自带到上海；他在家庭已经陷入困境时，拿出钱来资助四弟赴法勤工俭学。但是大哥作为长子，生于那样的时代，那样的社会、那样的家庭，使他的一生充满了传奇般的悲剧色彩。尽管他自幼聪颖，是李家的第一个中学生，并以第一名毕业，梦想着到上海或者北京上大学，再到德国研修化学，但是这种梦想在那个时代是不属于长子长孙们的。以1911年底（12月28日）成都发生兵变为例，整个大家族撤走避难，只留下长子李道河和长孙李尧枚在家彻夜守护。所以长子长孙往往必须承担更多的责任，为家庭做出更多的牺牲，不得不放弃很多机遇，特别是留学海外。他的父亲就是一个先例，两个叔叔（道溥和道洋）都留学东瀛，但是父亲道河作为长子就没有这样的机会。大哥尧枚自然也成为他们这一代的牺牲者。他不得不牺牲了自己的感情、牺牲了自己的梦想，奉命成亲，又到商行做事，"为了这二十四个银元就断送了自己的前程"。"他一面信服新的理论，一方面已久顺应旧的环境生活下去"。"（父亲去世后，来自）其他各房的仇视、攻击、陷害

---

① 巴金：《做大哥的人》，《巴金全集》第十二卷，人民文学出版社1989年版。

和暗斗都使他难于应付。他永远平静地忍受了一切"①，"含着眼泪忍受了一切不义的行为"，可是他却默默地保护着弟弟妹妹们，引导着他们接受新思想，奔向新生活。他为人宽厚，以德报怨。就连他办的启明书店，也由于一位并不善待他的叔叔的要求，用这位叔叔的儿子做经理，终因用人不当经营不善而关闭。"大哥终于作了一个不必要的牺牲者。……其实他是被旧制度杀死的"。出身地主家庭的大哥受新思想新时代的影响，先参加实业（商业场），后曾自办启明书店，最后卖掉地产从事金融投资。投资初期小有成功，远亲近邻们都托他代为投资。投资总会有赢有输，盈利给他人，亏损摊在自己身上，托他投资的人也就多了起来。最后因病出现巨大亏损，又进一步因病而血本无归。投资就有风险，最终导致大哥之死。

"（大哥）的三十多年的生活，那是一部多么惨痛的历史啊！"（巴金《呈献给一个人》）"为我大哥、为我自己、为我那些横遭摧残的兄弟姐妹，我要写一本小说，我要为自己、为同时代的年轻人控诉、伸冤。"这本小说起初叫《春梦》，连载时叫《激流》，成书后叫《家》。《家》《春》《秋》也统称为《激流三部曲》。

还有一个照片上没有人物，需要补充于此。他就是巴金的三哥李尧林（他是巴金的亲二哥，但是按浣云公李镛的孙辈大排行，巴金一直称呼他三哥），因为他不仅是巴金作品中的一个重要角色，也是巴金早年生活中的一位重要人物。李尧林，笔名李林、杜华。教育家，翻译家，1903年生于四川成都。20世纪20年代，他和巴金一起离开成都求学。30年代毕业于燕京大学，并以优异成绩获得金钥匙奖，后在天津南开中学教授英语近十年，其学生不少后来成为各领域的学术大家或院士，这包括叶笃正、申泮文、关士聪、黄裳、黄宗江、周汝昌、周珏良等。抗战时期在孤岛（上海租界）从事翻译工作，译有《悬崖》《月球旅行》等作品，编入《李林译文集》（人民文学出版社2005年版）。1945年，李尧林病逝于上海。巴金说三哥是最关心他的人。

---

① 巴金：《做大哥的人》，《巴金全集》第十二卷，人民文学出版社1989年版。

"我并不是写我自己家庭的历史,我写了一般的官僚地主家庭的历史。"①这本小说描写的家庭代表着千千万万封建礼教下的专制家庭。而巴金先生亲自保留下来的这张旧照,就正是这个家族,这段历史最真实的写照!

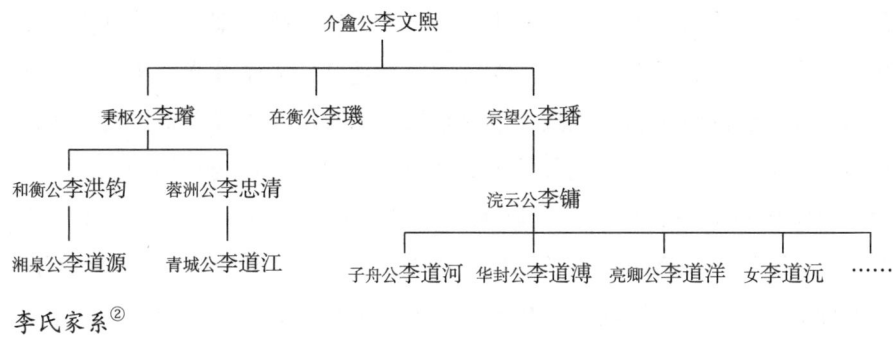

李氏家系②

二、历代母系家族

在中国叙述家史,往往只着笔于本姓,也就是父系。在漫长的中国历史上,家庭中男性的责任是通过科举走上仕途,而家庭子女教育承上启下的重大责任往往落在主妇肩上。这在清代尤甚。这是由于清代的两项政策:做官一般不得在本地,科考则又必须回原籍。这样丈夫常常千里迢迢到外地做官,无论是否随行,主妇都成了家庭教育的关键人物。如果是留守,主妇的责任更重大。江南厚文重科举,很多大家族在选媳妇时特别注重品德和才学。这就是更高一个层次上的"门当户对"。巴金先生虽然生于四川,但是他的祖上,无论是父系,还是各代母系,能考证出来祖籍的绝大多数都来自江南。因此本书选用了能找到历代母系家族诗文,但由于篇幅,仅仅限于直系,而不涉及旁系。

(一)**海盐陈氏**。巴金的母亲陈淑芬,祖籍浙江海盐。据陈氏后人

---

① 巴金:《谈〈家〉》,《巴金全集》第二十卷,人民文学出版社1993年版。
② 该表及后汤氏、庄氏、盛氏家系表,只包括明清两代承先启后且有完整著述留存者,绝非完整家系。

回忆，陈氏一家由陈淑芬的父亲子钦公（名不详）于咸丰年间父丧后与兄妹一起随母亲从湖南入川，投奔已在四川的伯父和叔父。子钦公后来在巴县、宜宾、南部等地做幕僚。子钦公娶汤氏（永仙）、龙氏、白氏，共有四子六女。长女陈淑芬适浙江李道河，生四男四女（三子李尧棠即巴金）；陈淑芬故后，继配邓景蘧生一男一女。次女陈淑莹，适浙江人高子诚（名椿荣），有子女八人。三女陈淑玉，适江西人李炜光，生一子。四女陈淑婉，已订婚未嫁而亡故。五女早夭。六女（名不详）适洪实生（汤永仙姨侄），生三子。子钦公长子陈仰祖，字启田，宣统年间为四川通省劝业道邮传科典史，娶高氏，继配高雅君（原配之妹），共有子女十五人。次子陈荫祖，字越樵，长期担任西康省财政厅主任秘书并曾兼任西康省银行常驻监察人，娶浙江冯碧岑，又娶刘凤秋，共生子女十人。三子早夭。四子陈怀祖，字砚农，后改名陈林，在邮政部门任职多年。曾任贵州、山西邮务长，娶汤佩芬（汤永仙内侄女），生子女九人。目前了解到陈氏情况尚少，而且还没有发现祖辈诗文。陈氏资料有待于进一步考证。

（二）西营汤氏。巴金的祖母汤淑清（号菊仙）和外祖母汤氏（号永仙）都来自武进西营汤氏。她们共同的高祖父汤健业（号莳芥），是西营汤氏入川始祖。西营汤氏系常州名门望族。其始祖为汤廷玉。汤廷玉子怡菊公汤迪，明代弘治间任常州卫指挥佥事，并卒于任上。其子菊隐公汤冕在扶柩回乡常熟后，就落籍常州武进西瀛里。从此，该家族生生不息，代代相承，从"农耕之家"到"耕读之家"，从"耕读之家"到"诗书之家"，形成汤氏融入常州后特有的家族文化，涌现出了一大批名人雅士。汤氏四世祖思琴公汤日跻的《遗嘱》和五世祖琴川公汤元衡的《遗训》，在汤氏家族历史上起了重要的历史作用。汤氏的辈分排序为"大业贻名世，清心永孝思。本源惟水木，善守远垂之"。汤大奎、汤荀业、汤贻汾，祖孙三代殉国难。汤贻汾与其妻董婉贞和子女（长子汤绶名、次子汤懋名、四子汤禄名及女儿汤嘉名）共六人，都是杰出的画家。《清史稿》言：清画家闻人多在乾隆前，自道光后卓然名家者，唯汤贻汾、戴熙二人。其代表作品有《姑射停云图卷》《秋坪闲话图轴》《隐琴图轴》，均藏于故宫博物院。汤世澍、汤定之等也是近现代著名的画家。汤用中、汤成烈等则是著名的学者和诗文作家。

至第七世三房的汤自振有三子，汤大绅、汤大绪、汤大维。汤大绅字宾鹭，号狷庵，又号药冈，为乾隆七年壬戌会魁探花，授翰林院编修，其子汤修业便是常州词派创始人之一张琦的岳父。汤大绪子即为汤健业。汤修业无子，遂以堂弟汤健业第五子汤贻谟为嗣。汤大维的重孙汤成彦（号秋史，汤淑清在诗注称他为三叔祖父）是道光进士，晚年在四川。汤成彦所塾弟子缪荃孙亦为（光绪）进士。缪氏历主江阴南菁、济南乐源、南京钟山等书院，创办江南与京师图书馆，后被征任清史馆总纂（未赴任）。

正如汤健业自我描述的"浮沉西蜀，忽忽二十余年"，他宦游四川凡二十余年，历任四川龙安府经历，太平县、安县、南充、温江、新繁等县知县，"大计卓异"升巴州知州，因从征廓尔喀旋升署石柱直隶同知，后加署嘉定府通判仍署石柱厅，嘉庆初卒于任上。《嘉定府志》按云嘉定府通判总理嘉定犍为并川西井研等州县盐务督捕事务，实为盐官兼捕官，故《四川盐政史》又把汤健业记为犍为盐捕通判。汤健业不仅政绩卓异，而且军功累累，为维护中华疆域做出贡献。汤健业著述甚丰，其中《毗陵见闻录》广见著录。常州籍学者叶舟先生评论此书为目前所见唯一一部全面描绘常州风俗典故的笔记著作，其内容包括风土人情，民间传说，文人掌故等诸方面。并有《红杏山房集》今佚，还辑有《汤氏一家言》（署名汤时阶），见《清代毗凌书目》卷五，注"未见流传"。由于诗义集今佚，无法得知当时汤健业结交了哪些朋友。不过从清代四川大文豪李调元的《雨村诗话》中，可以看到汤健业与李调元（号雨村，罗江人，乾隆二十八年进士）和司为善（号乐斋，巫山人，嘉庆七年进士）等人诗词往来。李调元在长诗《题莳芥世长夋台旧照》中盛赞汤健业："我归于田几一年，布衣草屦游田园。杜门谢客百不问，惟闻人说按尹贤。问尹何贤清且廉，听讼往往得平凡。青天其号汤其姓，其名心知不忍言。我闻君子居邦也，事其大夫之贤者。步屧寻花一登堂，乃知相知十年且。世家鼎甲冠三江，独有刘蕡第竟下。平生至孝媲泷冈，我题爱日真堪诚。……"

汤健业有六子五女。汤淑清的祖父汤洪名是汤健业的孙子（汤健业次子汤贻泽出）；汤淑清的授业（诗词）恩师是她的外祖母赵书卿（字

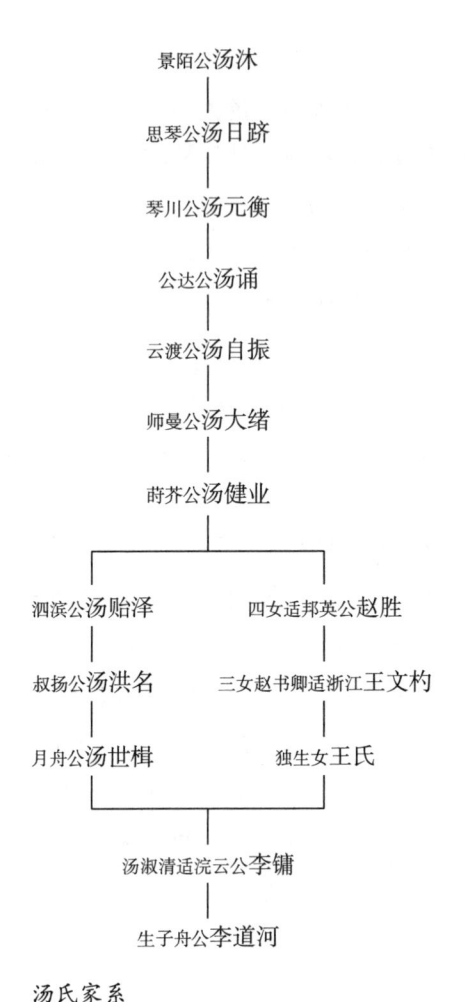

友兰，号佩芳，后改佩芸，室号澹音阁），也是汤健业的外孙女。汤健业的四女儿适同邑赵胜（字邦英），赵遐龄（字九峰）之子。汤四小姐与赵胜有四女一子，其中三女儿赵书卿与其二姊赵云卿（字友月，室号寄愁轩）和小妹赵韵卿（字友莲，号悟莲，室号寄云山馆）一起被称为"兰陵三秀"。巴金先生的父辈多数是汤氏舅舅授业，巴金和他的哥哥姐姐们早年读私塾时也是受业于汤氏舅公。

（三）**毗陵庄氏**。汤健业的妻子庄氏是同邑庄贻苣之女，他的祖母庄氏（汤自振妻）是同邑庄纬之女。这两位庄氏夫人，都是出于毗陵庄氏。汤自振妻庄氏的父亲叫庄纬号子达，汤健业妻庄氏的曾祖父叫庄绛字丹吉。庄绛与庄纬是亲兄弟，他们的父亲是毗陵庄氏第九世的耳金公庄鼎铉。毗陵庄氏为明清时期江南最著名的望族之一，康熙年间太子太傅保和殿大学士兼礼部尚书王熙说："大江以南，山川秀美，人文荟萃，毗陵庄氏家世尤盛。"毗陵庄氏，其世泽之绵长、功名之显赫、学问之宏深、道德之崇尚，名人之辈出，府第之辉煌，六者集于一族，是世所罕见的。毗陵庄氏源自安徽凤阳，经镇江、金坛，徙毗陵。始迁祖为秀九公。秀九的曾祖庄必强，字守长，又字弱翁，号义亭，宋徽宗大观三年（1109）己丑科贾安宅榜进士，先后任常州知府和翰林学士。秀九徙常，以务农经商为本，然传至第四世庄𬋩，考中明弘治九年丙辰科进士之后，毗陵庄氏子弟才转向功名仕途。

```
景陌公汤沐
　│
思琴公汤日跻
　│
琴川公汤元衡
　│
公达公汤诵
　│
云渡公汤自振
　│
师曼公汤大绪
　│
蒔芥公汤健业
　│
┌─────────┬─────────┐
泗滨公汤贻泽  四女适邦英公赵胜
　│              │
叔扬公汤洪名  三女赵书卿适浙江王文杓
　│              │
月舟公汤世楫  独生女王氏
　　　　　│
　　　汤淑清适浣云公李镛
　　　　　│
　　　生子舟公李道河
```

汤氏家系

庄柽,字诚之,号鹤溪,知宝坻,先后任吏部主事、员外郎、郎中,放河间知府,处处有德政,不媚权宦。庄柽著述甚丰,有《梦溪遗稿》(今佚),刊《书经六卷》《周易四卷》。再传至第八世庄起元和庄廷臣同祖兄弟,于万历三十八年庚戌科双双考中进士,分别徙居常州郡城西门织机坊和东门马山埠,人称"西庄"和"东庄",从此家声大振,一发而不可收,累世科甲,门庭煊赫。庄廷臣,字龙翔,号凝宇,始任永嘉县知县,有惠政,卓异天下第一。历任礼部主事、员外郎、郎中,江西湖东道副使,湖广右参政分守下荆南道,广东按察使分守广南道,浙江右布政使分守金衢道,湖广右布政使分巡郧襄道,湖广左布政使。其分守郧阳时,纷纷议建魏珰生祠,廷臣独争之力,楚人重其气节。官至太仆少卿。著有《诗经逢源》八卷,并与其堂兄起蒙和起元同著《四书导窾》和《诗经导窾》。庄廷臣有五子五女,小儿子就是庄鼎铉。庄鼎铉与其兄庄履丰同撰《古音骈字续编》五卷(原编一卷,为明杨慎撰),流传于世。庄鼎铉有二子,就是庄绛与庄纬。庄纬之女嫁给汤自振。庄绛虽以高才生补博士弟子员,考授同知,但是终生治学,有《著存堂诗文稿》(今佚)。他与继配董银台(广西苍梧道参政董应旸之孙女)特别重视教育子女。他们的五个儿子中,三进士、一举人、一副榜:楷(康熙癸巳进士,原配陆出,其余皆董出)、檖(康熙庚子举人)、敦厚(雍正甲辰会魁)、大椿(雍正己酉副榜)、柱(雍正丁未进士)。庄柱本已被殿试考官拟为状元,后被雍正皇帝调置二甲第二。故时有联戏云:"几乎状元及第,也算五

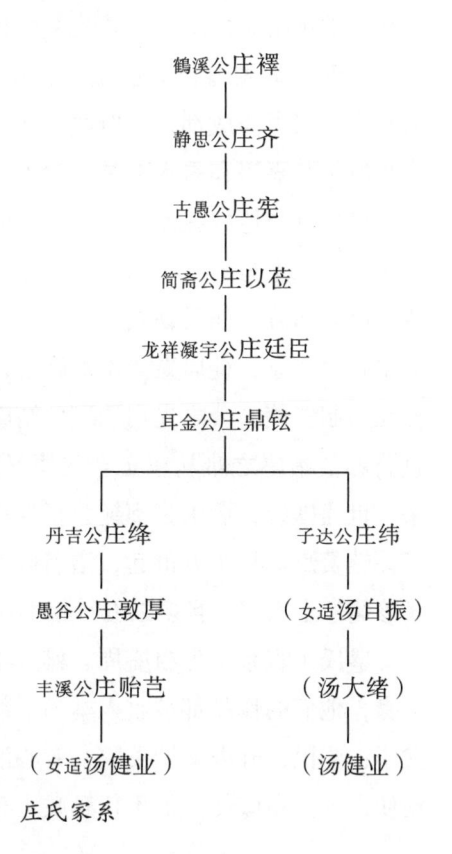

鹤溪公庄柽
│
静思公庄齐
│
古愚公庄宪
│
简斋公庄以苣
│
龙祥凝宇公庄廷臣
│
耳金公庄鼎铉
├─────────────┬─────────────┤
丹吉公庄绛   子达公庄纬
│   │
愚谷公庄敦厚   (女适汤自振)
│   │
丰溪公庄贻苣   (汤大绪)
│   │
(女适汤健业)   (汤健业)

庄氏家系

子登科"。庄绛孙多人，其中庄柱的两个儿子，一榜眼（庄存与，乾隆乙丑），一状元（庄培因，乾隆甲戌），人亦称其父子为"清代三苏"。庄存与的同榜状元是他的表兄弟钱维城，亦属罕见。庄敦厚的孙女（二子庄贻苞出）就嫁给了汤健业。毗陵庄氏与朝中权贵、地方名门如状元杨廷鉴、吕宫、赵熊诏、钱维城，以及唐顺之、刘纶、赵翼、洪亮吉、盛宣怀、瞿秋白、吴祖光之上祖等家均有姻亲关系，不在本文讨论范围内。从庄檡开始，庄氏家族特别注重子女的品德教育，他和历代传人的遗嘱成为武进庄氏的家规家训。因此几百年来，科甲蝉联，人才辈出，其中状元一名、榜眼一名、传胪一名、翰林十一名、进士三十五名、举人八十二名、贡生五十四名，受皇帝诰敕者计二百一十四人次，被誉为"中国第一科举家族"。2016年庄氏故事引起了中纪委高度关注，专门派员来常州调研，拍成纪录片。11月1日，中纪委和监察部网站在首页要闻的位置上推出了《江苏常州庄氏：读圣贤书做豪杰事》一文。

（四）闻湖盛氏。巴金的曾祖母（名佚）来自闻湖盛氏，郡望浙江秀水（嘉兴类似成都，一府两县同治，成都府是与成都和华阳两县同治，嘉兴府是与嘉兴和秀水两县同治），是李氏同乡。她的父亲盛善沆入川为官。盛善沆与他的叔伯兄弟盛濂可以算作闻湖盛氏入川始祖。盛氏后人盛（承）平先生写道："嘉兴盛氏先祖为广陵（今扬州）人。北宋靖康末年盛瑄扈跸南渡，初居临安（今杭州），传至盛辕为元代提举使，因赘于嘉兴朱张穹寿家，徙居嘉兴南汇廊下，为嘉兴盛氏之始祖。谱载：辕父佑仲仕元为制置使，公之先司谏瑄公靖康之难扈跸南渡居钱塘临官驿侧，朱张宣公亦值靖康之难从康王至建康又随定都临安居临官驿旁，两姓同从汴来，世通姻娅，后朱张梅趣公复自钱塘徙居嘉禾之墅泾，无嗣，公乃以季子讳辕赘焉。从十五世起，谱名取'本支百世，善积庆馀，敬承祖志，宝学珍儒'十六字，且多以五行相生列序，二十世前尤著。"

盛氏（直系）先祖盛周、盛万年、盛民誉为明清进士，盛枫则是文史大家，他们的作品都被收入本书下部。盛周为官，出知东昌府，不媚严嵩父子；为民，开办文湖书院，专心治学。盛万年官至广东、贵州、江西按察使，云南布政使。他不仅勤政（有《拙政篇》），而且知兵（有《岭西水陆兵纪》二卷），包括配备火炮的船上水兵，这在四百多年前的明代中国，是非常不容易的。盛民誉为官亲民，这在他的诗文中多有反映。盛枫著述甚丰，尤其是所集《嘉禾征献录》（又名《檇李先民录》），是研究嘉兴明代清初的重要历史文献，可谓嘉禾史料集大成者之一。

李盛两家在四川交往甚密。巴金的祖父浣云公李镛在四川南溪当知县前后近十年，他的表舅盛桢（号维周）就在南溪县衙做了十年刑名师爷。盛桢的长子盛兆麟（号伯庚），即李镛的表弟，也是李镛的幕友。在清末民初成都名人篆书大家壶道人盛光伟的印谱中，给李氏后人刻的印章比比皆是，亦为旁证。不仅如此，维周公盛桢还当过巴金祖母汤淑清的兄弟们的塾师（见汤淑清《晚香楼集》）。李、汤、盛三家关系密切交集，于此可见一斑。

（五）**溧水濮氏**。巴金的继祖母叫濮贤娜（号书华）。濮氏先祖于南宋淳祐年间由河南卫辉迁溧水。濮氏家族在今溧水县柘塘镇地溪村有濮氏祠堂，建于明朝，堂号"孝友堂"。祠堂共三进，雕梁画栋，是方圆数十里内规模最大的祠堂。濮贤娜的高祖父濮兰芬字乾一号明健，曾祖父濮绍辎号浑斋，"世有隐德"（《江苏省地方志》第七十五卷《义苑二》）。祖父濮瑗于清道光六年（1826）考中进士，成为濮氏家族中第一代经科考而得官者，历任四川安岳、犍为、彭县、江津、华阳等知县，犍为、峨边通判，简州、涪州知州。濮瑗虽远离故土，但山高水远隔不住他的思乡之情。道光十六年，濮瑗捐银两千两，翻修了濮氏祠堂第二进院内的堂屋。堂屋门上原有块匾题"孝友堂"。匾上落款是："裔孙琅圃率子文遥、文昇、文昶敬立。"堂上有副对联："世守贤良思存方正，敬承德荫克振家声"。濮氏沿用的十六字排辈便从那时起始，只是"守"字辈因试避讳改为"文"。作为濮氏家族中第一个进入官场的人，濮瑗一生勤学敦品，为政清廉。不仅多有政绩，且曾协修道光《重庆府志》，主修道光《安岳县志》和咸丰《简州志》。

文湖公盛周
｜
肖湖公盛惟谦
｜
若华公盛万年
｜
崑柱公盛士元
｜
演仙公盛以约
｜
容闾公盛民誉
｜
丹山公盛枫
｜
栖霞公盛支煋
｜
雪泉公盛百榖
｜
根斋公盛世组
｜
餐霞公盛善沆
｜
女适嘉兴李璠
盛氏家系

濮瑗言传身教，不仅以身作则为后代树立楷模，而且曾刻有"清白吏子孙"图章世代传承。有一个濮瑗教育子女的故事："诸子曾侍立大树下，辩论汉宋宗旨，濮瑗因指着大树对诸子说：'人必高于树也，始俯悉其全体。今有东仰者识树之陌日，吾尽之矣。复有西仰者识树之阴，亦日吾尽之矣。所见固亲切，然各得树之一面耳。群儒之窥圣人，何以异于是？'诸子受其启发，读书务于精进，后来先后成才。"（张乃格《江苏民性研究》2004）正是这样的启迪、这样的榜样，濮瑗的后人贤才辈出，至今不断。

濮瑗生四子二女，四子依长幼为濮文暹号青士、濮文昇号蘧生、濮文昶号椿余、濮文曦号幼笙，二女为濮文湘号芷绡，濮文绮号弹绿。长子濮文暹和三子濮文昶同科中咸丰九年（1859）举人，后来又同科中同治四年（1865）进士。濮文暹先供职于刑部，任主事、员外郎、郎中等职。十余年期间，濮文暹"居心平恕，察事精详"，著有《提牢琐记》，当时被奉为成法。这是由于这段经历，他与近代武侠大刀王五和通臂猿胡七都成为朋友。京察一等简放河南开封府遗缺知府，题补南阳府知府，中间数经调署开封彰德，升用道员，赏戴花翎，加二品衔，"传旨嘉奖"。他治理黄泛，主政有方，"政声洋溢于中州，盛德之称满于人口"。濮文暹著有《见在龛集》《见在龛杂作存稿》《上元名宦录》存世。濮文暹是当代话剧表演艺术家濮思洵（苏民）和濮存昕的曾祖父和高祖父。

濮文昶曾任孝感知县、麻城县知县、汉阳县知县。任内曾赈济饥民，还主修《汉阳县识》并作叙。后以"才优识裕、气度端凝"调署随州知州。濮文昶著有《春渔诗集》和《味雪龛词稿》，其中九十九首词被选入《金陵词钞》。

二子濮文昇，咸丰十年出任营山县知县，同治六年（1867）调署资阳县，同治七年回任营山，直至同治九年。同治十年濮文昇出任涪州知州，次年因病离任；同治十二年濮文昇回任涪州，年底奉旨会办闻名一时的黔江教案，因而次年离任；光绪三年（1877）冬再度回任涪州，光绪八年卒于任上。濮文昇工诗词，精书法。他的白鹤梁题记，书隶体，遒逸疏爽，令人悦目。涪陵蔺市龙门桥东原来立有濮文昇德政坊，四柱三门五楼，高七米，坊上刻有"龙凤呈祥"字样，纪念濮文昇治理涪州的功绩，1961年冬拆除。

四子濮文曦,光绪二年(1876)丙子科(江宁府)举人。光绪十三年在四川候选知县时,曾随唐炯调员迅赴云南,办理矿务。光绪十六七年出任浙江绍兴府新昌县知县,"议修邑志"。著有《记穆珠索郎事》一卷。

濮瑗之后各代,人才辈出,无法一一加以叙述。但是特别应该提到的是濮瑗后代的女辈,其中也不乏英才。尤其是他的两个女儿和诸多孙女中的两位,精于诗词,长于书画,堪称濮氏四闺秀。长女濮文湘(适江苏宝应朱策勋)著有《怀香阁诗钞》,次女濮文绮(适浙江何镜海)著有《弹绿词》,孙女濮贤娜(号书华,濮文昇出,适嘉兴李镛)著有《意眉阁集》并有画流传于世,孙女濮贤姐(号荔初,濮文曦出,适长沙蒋寿彤)著有《拈花小社遗稿》二卷,都被著录于多种诗文编目。

濮瑗身后别无他物,仅有藏书千册。值得一书的是濮瑗的藏书中,有一册大黄封面的珍本《红楼梦》,当时此书可谓异端邪说,其中多有"触忌"或"碍语",作为官宦世家,藏有此书也是罕见。无独有偶,"甲戌本"脂砚斋评《石头记》,刘铨福藏,为残十六回本。上有濮氏兄弟濮文暹(青士)和濮文昶(椿馀)二人之题跋。跋文不长,连款识、地点、时间共仅七十字,全录于下:"《红楼梦》虽小说,然曲而达,微而显,颇得史家法。余向读世所刊本,辄逆以己意,恨不得起作者一谭。睹此册,私幸予言之不谬也。子重其宝之!青士、椿馀同观于半亩园,并识。乙丑孟秋(同治四年,1865)。"自从胡适博士于民国十六年(1927)购得这部"甲戌本"以后,便深信此本是海内最古的《石头记》抄本,并称之为最近四十年内"新红学"的一件划时代的新发现,也被红学家们(顾颉刚、俞平伯等)奉若至宝,引发了经久不衰的研讨。由于《红楼梦》的版本问题是新红学的核心问题之一,本文就不加以更多讨论了。

蓬生公濮文昇这一支,与李氏结亲多重。濮文昇的女儿濮贤娜嫁给巴金的祖父李镛为继室;濮文昇的孙女濮良容号德华(濮贤忧出),嫁给了李镛的三子李道洋;濮文昇的孙子濮良埙号颂川(濮贤忧出),则娶了李镛的长女李道沅;濮良埙和李道沅的长女濮思湉号桐仙,小名凤,就是巴金名著《家》中梅表姐的原型。

(六)**昆明张氏**。最后要提到昆明张氏,这是巴金大嫂张和卿的家族。大哥和大嫂都是巴金名著《家》的重要原型，因此本书收入昆明张氏文献，列为编外编。张氏世居云南省云南府昆明县城外，后因咸丰滇乱而迁入城内。张和卿的曾祖父张德荣在云贵总督衙门任职。祖父张涛，字湛僧，号海槎，斋号知错必改轩。同治九年（1870）恩科云南举人。光绪三年（1877）入川为官，"夏有合州管厘之行，冬有移创鄪厘之委"；五年八月署四川珙县知县；六年权宁远府厘务；七年受四川总督丁宝桢檄委查要案，并襄赞盐茶道唐炯改革盐务；九年六月任四川南川知县至十九年，任内后期两调闹差，并升知州衔。张涛在珙县任上，对当地少数民族研究颇深；在襄赞丁宝桢、唐炯改革盐务中，曾有七天内通过云南商人王炽筹得白银十万两的故事传为佳话；在南川的十年任期中，更是成就甚多，尤其是他主持编修《南川公业图说》，开创中国地方志的一个新风格。丁宝桢对他的评价有"洁己奉公，才具明笃，心地诚实，办事认真"等语。在清季官员的"守、年、才、政"四格考核中，他获得的评价是"清壮优敏"，具体评语为"精明练达、有才有为、数术兼纯、循声夙著、堪膺保荐"，他自己的《勉行纪略》更是总结自尽一生为官从政的经历，为此他给自己起的室号叫知错必改轩。父亲张景仓号小槎，光绪二十三年丁酉科云南乡试举人，光绪二十七年任四川省重庆府南川县海鹤书院山长，光绪三十年四川昭化知县，光绪三十二年因"公正朴实、堪以委派"，奉总督命到江津查案，同年中江知县，光绪三十四年改任清溪（今汉源）知县，宣统元年回任昭化知县。张景仓著述甚丰，有《鹃啼血稿》《旋滇咏（稿）》《矜慎吟（稿）》各一卷，今均佚。唯其同乡民国第一届国会议员、蔡锷尊之为师的赵藩"挽昆明张小槎大令景苍"之联流传至今："循绩嗣先人，阅历变迁，终得遄归正丘首；争难勖诸季，扶将细弱，莫令久郁望乡心。"

  国史、方志、家谱，是中华文明传承的重要内容。从以上的讨论，我们看到这些家族的历史如何浓缩到巴金的家族中。

李治墨

2008年7月22日初稿拟就

2024年2月24日增补修订

万重桑海　潜闭琴书
——浣云公李镛逸事

李镛，号浣云，生于四川，但因籍贯浙江嘉兴，按清制不得在四川科考。虽然也算满腹经纶，但只能在千里迢迢的故乡嘉兴捐得监生。候选县丞、候补知县出身，历任宜宾、南部、南溪知县。其中在南溪前后两任，将近十年。这在当时候补官员多如牛毛，实授或署理知县通常只能任职一两年的常例下，也算是破格了。卸任后回成都定居。李镛原配江苏武进菊仙女史汤淑清，汤氏故后继娶江苏溧水书华女史濮贤娜，濮氏故后纳曾氏、黄氏，共育六子三女。其中，他和汤淑清的长子李道河，就是当代作家巴金的父亲。关于他的生平，其三子李道洋曾详著《先府君行略》，惜佚已久。这里只讲述他的几个小故事。

表彰孝道

光绪十九年（1893），李镛在南溪任上，所辖李庄镇出了一件事：某左姓青年外出谋生，染病亡故。所剩一弱妻、一婴孩、一老母在家。其母闻子亡，伤心过度，眼瞎身病，卧床不起，得媳罗氏忍痛含悲百般照顾。因家贫缺乏营养，罗氏分出自己哺育婴孩的乳汁喂婆婆，一时传为美谈。

哪知天有不测风云,邻居失火,殃及左家。危急中,罗氏抱出婴孩,返身扑进火海,抱起婆婆外冲,不料却被房梁塌垮压倒烧死,其事迹被赞为"以奶乳姑""以身殉姑"(旧时文言称公婆为舅姑或翁姑)。知县李镛奏请朝廷旌表。旌表的圣旨下来,满城的秀才倒开始各种风言风语:既是善举,何无善报?致使这义妇坊的正联无人敢写。

李镛找到了此时从资州回乡探亲的名士包汝谐。包汝谐(1831—1919),号弼臣,晚年号谷叟,南溪人,清同治六年(1867)中举,曾任盐源训导、邛州学政、资州学政长达二十多年,培养出大批人才,清代蜀中唯一的状元骆成骧即出自其门下,被当时任四川学政的何绍基赞为"叙州三杰"之一。包汝谐应李镛之邀,疾书一联:

孝道达重泉,乳姑而生,卫姑而死;
天经昭一炬,烬妇之骨,旌妇之心。

于是李镛就把包汝谐这幅名联用在李庄镇会光寺左罗氏坊了。

这个故事原见于1985年的《龙门阵》杂志。查民国《南溪县志》,罗氏乃左世洪(又作鸿)妻。县志中并无左在外出中死去的记载,更没有"以奶乳姑"的说法,只说了"姑杨氏老且病,日卧床褥。(罗)妇入门,奉事维谨",而且"以身殉姑"发生同治十三年九月(见《县志·舆地》和《县志·列女》),远在李镛就职南溪十余年前。不过《县志》上也是一笔糊涂账,廪生黄鼎写的碑文说:火灾次日上报后,"县主李主遣使祭,且察被灼情形。得实,遂详督宪。奉旨旌表,准许建坊"。查南溪职官,同治十年后并无李姓知县,直到李镛就任。这段碑文确实有段张冠李戴了。《县志·列女传》中有"十二年详请旌表建坊",未写明帝号。鉴于同一篇文章前面是同治十三年,这后面十二年代表光绪十二年是合理的,然而这中间有着十多年的时差,不可能是次日祭奠考察继而详请。不过后面一段碑文也倒说明一些问题,"然资无所措,里人王君泽邦、苏君大成始倡义举,约集同人捐资凑会,交众管理生息。至光绪壬辰(十八年)剧(聚)金数百尔,始鸠工立石。……坊既成,爰书于石,以志不朽"，后来延误的原因之一是资金。所以这段历史的脉络应该是：火灾发生于同治十三年（1874），左罗氏"始以身负姑，继以臂挡火"，殒年二十一岁。由于无谓的争议，此事被搁置。光绪十二年（1886）后才由新令李镛详请旌表，继而筹资。十八年建坊，十九年落成。此前李镛邀请当时南溪本土最有名望的儒学大师包汝谐为左罗氏撰联，得以巧妙化解争议，进而旌表建坊，确实是这段历史中的亮点。

兴办教育

兴办教育首先需要资金，长期以来除了府县学师能从财政"养廉奉银"中得到少量拨款外，主要经费来自各种苛捐杂税，所以名目繁多，千奇百怪，致使"贫士以为诟病，师儒因之失尊，川中官绅久知其弊"。光绪十六年南溪知县李镛奉上宪札饬，实行改革，举办学田。他首先召开"县人会议"，借鉴"邻封江安和富顺两县办法，按租稳捐谷折银呈缴"，并且明确规定本县居民"止捐一次，后不再收"；外地"寄籍外籍（或）无业官绅商贾自愿捐者，又添收猪鳖，每支百文。一矣置业，租息数用，即行停止"。随即李镛即在十多个乡镇设置公业学田。望水寺一处"此业由知县李镛断，拨代退去稳钱……"，从此教育经费来源稳定，局面一改。

经费解决后，师资人才是关键。南溪自古人杰地灵，晚清名家甚多。除了前述包汝谐一族昆仲数人外，还有其师曾壁光一族。曾氏最出名当是曾鹤龄，曾在户部郎中任上对晚清朝野发出"安不忘危，外宁内忧"的呐喊之声。南溪当时还有位名士陈科殿，"少工制艺，才思敏捷。每制文周，庭行三百步，操笔立成"，光绪十四年乡试中举，但"七赴礼闱不第"，可是仍然课徒作文，努力不懈，而且为人清高耿直。曾鹤龄曾"惊曰：君精劬太过，得不畏呕出心肝耶？科殿笑曰：我自乐此不疲也"。知县李镛对他自然十分重视，全力延揽而不果。"李镛幕友盛（《县志》原文误作胜）伯庚语人曰：县尊以礼为罗，罗南士（南溪名士之简称）几罄。惟陈君清介拔俗，如云间翔鹤，非俗网所能罥罳也"。这也是一段趣事。

李镛任职期间南溪学子表现不凡，其中曾继光先中解元（乡试第一），继中进士。他是南溪光绪年间高中的唯一进士。

书画金石

李镛一生喜好字画。经过长年努力，他的收藏甚丰。其中包括大量名画，例如清初四大名画家之一的石涛和尚。石涛（1642—约1707），法名原济（又作元济），本名朱若极，字石涛，又号苦瓜和尚（大涤子、清湘陈人等），广西全州人，晚年定居扬州。明靖江王后裔，幼年遭变后出家为僧，半世云游，以卖画为业。早年山水师法宋元诸家，画风疏秀明洁，晚年用笔纵肆，墨法淋漓，格法多变，尤精册页小品；花卉潇洒隽朗，天真烂漫，清气袭人；人物生拙古朴，别具一格。工书法，能诗文。存世作品有《搜尽奇峰打草稿图》《山水清音图》《竹石图》等。著有《苦瓜和尚画语录》，被誉为中国画一代宗师。李镛藏有一本十二开大的石涛花卉册页，价值不菲，爱不释手。民国初年被四川大军阀王瓒绪（1885—1960）以大洋五千块强行买去。后来被四川维新名士杨啸谷（号竹扉，1885—1969，康有为之弟子）带来的两名美国教授以黄金二十条从王瓒绪手中强行买走。虽然价格不低，临了王瓒绪还万分感叹："东西太可惜了，哪里去寻求第二本？"（见《四川文史资料》）

李镛还珍藏有《高凤翰花卉册》，此册共十二页，其中有十页是画，有两页是跋文，画于乾隆十一年（1746）。高凤翰（1683—1749），山东胶州人，扬州八怪之一，又名翰，字西园，号南村，又号南阜、云阜，别号因地、因时、因病等四十多个。晚因病风痹，用左手作书画，又号尚左生。性豪迈不羁，精艺术，画山水花鸟俱工，工诗，尤嗜砚，藏砚千，皆自为铭词手镌之。著有《砚史》《南阜集》。

邓元鏸为《高凤翰花卉册》题记（草禅书屋主人陈广鉴先生辨识）曰："是为浣云亲家所藏高南阜先生画册第四，乃先生晚年之作。古木寒鸦，幽花怪石，通总十二叶。一种荒落冷逸之趣，非食烟火人能知此风味也。题咏亦奇妙。郑板桥诗云，'西园左笔寿门书，海内朋友索向余。短札长笺都去尽,老夫赝作亦无余。'可见当时欲觅板桥赝作尚不可得,今又隔百数十年,而浣云亲家收藏真迹,若是之,当能不让人艳羡耶!光绪乙未六月一日,无锡邓元鏸识。"

李镛对高凤翰兴致盎然,爱屋及乌,不计真假。广鉴先生还考证出另外一个有趣的故事,就是李镛藏《高凤翰菊石图》:"反复欣赏这幅《菊石图》后,李浣云认定这不是高凤翰的真迹,退一步说,就是郑板桥的赝本也是宝贵的,并请王永言题记。与邓元鏸为高凤翰册页题记一样,王永言先抄录郑板桥的诗,这首诗的意思是高凤翰的画和金农的字,在当时非常抢手,不论尺幅大小,只要有高、金的名字,一概拿走,就连郑板桥自己的仿作也被人一扫而光。可见时人对高凤翰艺术的高度认同,几近癫狂。郑板桥诗中所描述的境况,也为后世鉴别高画的真赝带来困惑。王永言在题记中先说自己不具慧眼,难辨真赝,继而赋诗称以不工整的章草书题记,无异佛头放粪。最后附和李浣云……所谓'买褚得薛,不失其节'。"王永言题记(广鉴先生辨识)为:"西园左笔寿门书,海内朋交索向余。短札长笺都去尽,老夫赝作亦无馀。此板桥诗也。 浣云三兄以此幅苍秀超绝,非南阜左笔。的是板桥赝作,尤可宝贵。属为题识并录前诗于上方。顶无慧眼,恶敢评骘。爰次均一首奉博一粲尔。 自笑难工蚕尾书,佛头放粪颇惭余。可知赝本胜真本,寒云初陈社雨馀。王永言咏斋 己亥二月"。

王宸(1720—1797)字子凝(又作紫凝、子冰),号蓬心(又作蓬薪、蓬樵),晚署老蓬仙(蓬樵老、潇湘翁、柳东居士、莲柳居士,自称蒙叟、玉虎山樵、退官衲子,江苏太仓人)。王时敏六世孙,王原祁曾孙。乾隆二十五年举人,后中进士,官居永州知府。王宸书法似颜真卿,多藏古碑刻。山水承家学,以元四家为宗,而深得黄公望法。枯毫重墨,气味荒古,脱略形似,仿王绂尤得神髓。王宸中年的画,干皴中尚有润泽之趣。到了晚年则枯而且秀,山石都在形似间。著有《绘林伐材》《蓬心诗钞》,卒年七十八岁。与王玖、王愫、王昱合称小四王。

《寒林图》是蓬心老人王宸高龄七旬时临摹的一幅名画,纸本镜心,72×44厘米,近三平尺。他自己为之题了很长的款识:"余于去夏

寒林图

得见李营秋寒林图真本，清澈高妙曲尽笔墨能事。文侍诏题有长歌极欲赏之，悬之斋壁如遇北风图矣。壬辰六月时当得暑，适云巢学长先生索画，追摹其意，不识能少解烦愁否。蓬心弟王宸。"裱边尚有芮善长跋："蓬心太守画干笔皴抹，神韵悠然。晚年所作惜墨如金，山石都在形似间，赏鉴家或病其枯涩。此幅作于壬辰是时先生年已七十而简淡中饶有润泽之气，知得力于营邱者深矣。旧为石埭沈渊公所藏，既为李浣云大令得之。民国庚午归余一树冬青馆，丙子秋分，芮青题记。"芮善（1880—1956），后名善，字敬于，祖籍江苏溧阳，生于四川成都，专攻四王。张大千对其青绿、浅绛山水钟爱有加，张说过自己画青绿山水追不上吴湖帆，画四王抵不上芮敬于，并曾以自己的二幅画换芮青的一幅画。芮青与齐白石、张大千、方旭、林思进为莫逆之交，也与黄君璧、陆俨少等友善，系四川近代著名山水画家、蜀中画坛领袖。其传统画学功底深厚，长于诗余，有霜草宦词（民国二十三年铅印本）。室名目前所见有"一树冬青馆""无相龛""碧桐馆"等。一树冬青馆得名不知所据,成都有冻青树街:冻青即冬青,凌冬青翠。清乾隆四川提督岳钟琪住址,以其府内有一株合抱的冬青树而得名。正如他在跋中所言,这幅画是他在1930年从李浣云后人手中所得。此画后流传法国,曾被高价拍卖。

就像这幅《寒林图》一样,李镛的那些名贵字画多在他身后失散。作家李劼人1962年在给李镛的七孙李西舲的回信中就说到李西舲托卖五幅字画,包括乾隆帝师张得天的小品梅石条。此时的托卖不过是贱卖,要价才是二十元,有意者只还价十五元。

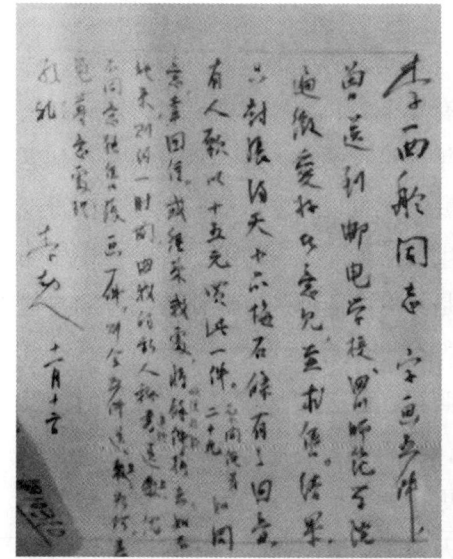

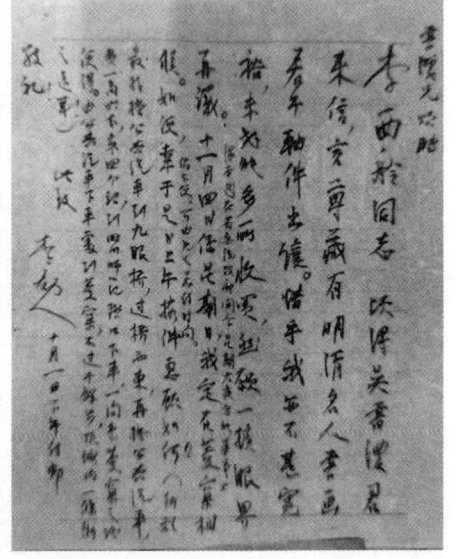

李劼人致李西舲的信

在成都发现的《隐葊印存》全八十页,收藏印五百〇七方,分属一百五十六家。其藏主啸轩主人何崝(士耕)先生在详尽的考释中,断定印谱中多数为清末民初印人沈贤修仿制、危辛夷题签。其考释中有"'浣云心赏''浣云鉴藏',是清代女画家席佩兰的鉴藏印"语。友人盛(承)平君考证云:"不是清中常熟女画家席佩兰用印,而是成都浙籍士绅李镛鉴藏印。"沈李两姓累通家世,过从甚密。巧的是,前面提到的

《寒林图》，裱边芮善长跋文即说该图："旧为石埭沈渊公所藏。既为李浣云大令得之。"其中沈渊公即是沈贤修，李浣云即是李镛。书画易手乃是交往之证。袁愈高《沈贤修印谱》前言载："沈贤修号禅和子，浙江吴兴人（据广鉴先生考证，沈氏后迁安徽石埭），生于1835年，卒于1914年，曾流寓成都作过小吏；学印从吴秋衣，真、草、隶、篆无一不精，又长绘事，交结甚广。"《隐菝印存》的这一页上实际有"浣云"印章三枚，而不是前述的两枚。

新旧两面

李镛自光绪二十年卸任南溪知县，从此定居成都。晚年四世同堂，除了子女多人，孙辈更达三十多人。虽有早夭者，家族仍然庞大。同时李镛又是幺房长辈，辈分高于另外两个的年龄更长的老大房（李道源系）和老二房（李道江系）。作为这一个大家庭的家长、大家族的族长，李镛身上不乏保守传统，不少故事已在巴金先生的小说《家》《春》《秋》中作为高老太爷的素材被充分借用；但人都是具有两面性的，就作为这样的封建老太爷，李镛也有另外开明一面。试举例若干：

（一）李镛家族最早采用电灯、照相、西医等西洋术，这在当时的社会上颇具争议。按照愚昧保守的观念，照相是会把魂钩走的。西医更是天方夜谭，特别洋医生与女病人的接触更违背"男女授受不亲"。李镛的长儿媳陈淑芬把洋医师请到家中，具备刀叉、西餐款待。这不可能是没有李镛的认可，至少是默许。

（二）李镛把两个儿子（次子李道溥和三子李道洋）送到日本留学法政，又认可两个儿子（长子李道河和次子李道溥）参加维新宪政，这在当时都是超前于时代的。他还允许两个孙子（李尧林即教育家翻译家李林和李尧棠即作家翻译家出版家巴金）到外国语学校专修洋文，也表现了很大的宽容。

（三）李镛及其侄李道江两家族，最早投资成都劝业场，并且参加劝业场董事会管理，率先开始从封建地主走向实业资本的逐渐转变；他的长

李镛与长孙李尧枚

孙李尧枚更是进入了金融投资。

（四）李镛交友之中不乏新派人物，有的甚至离经叛道。这留到下一段详细表述。

结交名士

李镛晚年家居成都，广为结交。各类朋友甚多，其中包括当时名噪西蜀的"五老七贤"。

《益州书画录·附录·宦游》中有云："王永言，号咏斋，字东生。县籍不详。工小篆，能诗。与李浣云、邓奕潜交情甚笃，诗酒唱酬，几无虚日。"王永言乃李镛堂侄李道江之岳舅，邓元鏓（字纯丰，号奕潜，1848—1925）则为李道江之岳父。邓是江苏无锡人，宦蜀已久。他不仅擅长诗画，而且精通围棋，与鲍鼎、王存善、黄绍萁并列为清末民初四大围棋棋谱编撰家，其所编撰的《弈潜斋集谱》是一部大型综合性围棋汇编，也是他若干围棋书之代表。邓自刻诗集《石均轩诗四集》，并整理编辑诗画集多种。

说到李镛结交名士，尽管多数是传统保守的朋友，可是他也并不排斥"另类人物"。"五四"新文化运动名将吴虞，当时在四川应该是最为离经叛道的了。可是李镛父子几人与他都诗词来往，过从甚密。《吴虞日记》中记叙着他与李镛父子的密切来往，仅选若干：

（丙辰—一九一六年二月）十三日　星期（日）　晴　有霜……余对陈雪岑言，安澜所作《李浣云诗集序》，为其骈文之冠，称其工夫在长。雪岑述于安澜，安澜大喜。余始悟推奖人之有效，而讥骂人之无益也。……

（丙辰—一九一六年二月）十九日星（期）六　阴　杨怀清来刻字，言杨子霖未写毕之《秋水集》，交接后寄古岳斋杨汝南手。未竟之事如《李浣云诗集》之类，接托汝南承办云。

（丙辰—一九一六年十二月）十一日　星（期）一　李浣云来，请十八日（阴历）读画小集。……

（丁巳—一九一七年二月）十日星（期）六　晴　饭后坐轿至悦来，付钱一百文，已开戏矣。久之胡玉叔来。是日晤方和斋、李浣云、邓雨人、邹怀西、杨宝森、熊菊人、邓纯丰、钱叔元，谢保生诸人，碧秀演《拐魁》《挡幽》《桂香阁》三出，得赏二十六元，余亦赏渠四元故也。

（丁巳—一九一七年三月）四日　星期（日）　发玉叔、安澜信及词（前一日作《望乡人调》），并索方和斋、李浣云、李亮卿和。

（戊午—一九一八年三月）二十八日　星期（四）十六　晴　折订《悼亡诗》。早餐后，发曾圃君、存孙、柳亚孜、邓守瑕、陈独秀、范丽诲、恽铁樵、王菁农处《悼亡诗》。

令老王送余啸风、刘培之、胡安澜、张星平、胡玉叔、胡玉津、杜柴扉、何雨辰、方鹤叟、李浣云、李澄波、唐特风、江子愚、张梦余、孙少荆、张幼鉴、王云裳、康千里处《悼亡诗》。

（戊午一九一八年五月）五日　星期（日）　二十五日　阴　令老王过国民公报社取香祖夫人（吴虞之亡妻）篆书《后歌》原稿。因此稿今日报上已登完也。计成都散出支《悼亡诗》姓名如下：胡玉津、方鹤叟、胡玉叔、何雨辰、李浣云、胡安澜、张星平、杜柴扉、李晁父、刘荙子、吴坚仲、苏凤冈、李培甫、梁玉奎、杨南皋、章亥白、湛阳生、刘冬心、李哲生、陈梦云、余啸风、刘培之、李澄波、唐特风、江子愚、张梦余、孙少荆、王云裳、余畏尘、张幼鉴、康千里、潘立三、章太炎、林山腴、张重民、刘豫波、祝屺淮、刘敏斋、张醒华、陈岳安、方颉云、高石芝、方琢章、胡素民、王孟瑶、高蕴华、夏重和、赵尧生、罗瘿公、熊济周、陶调元、黄敬轩、吴绿庄、民苏报社。

日记中多次提到的"方鹤叟"即是成都昔日著名的"五老七贤"之首方旭，号鹤斋。"方和斋"为"方鹤斋"之误，邓纯丰就是前文中提到的邓元鏸，李亮卿即为李铺之三子李道洋。

吴虞还为李铺之家的《李氏诗词》题序诗：

潜闭琴书与俗辞，井春夫妇并人师。
高风为续梁鸿传，五噫愁吟过阙诗。

老子婆娑岁月赊，闲将道演阅繁华。
封胡羯末俱风雅，更羡班徐聚一家。

石帚新声付小红，玉田清响白云中。
青绫障底春如海，漱玉词人拜下风。

吴虞题词

> 大隐东方忆昔时，文章经国几人知。
> 万重桑海匆匆甚，黄绢长留绝妙诗。
>
> 　　　　　　　　　　后学吴虞又陵拜题

　　自光绪二十三年起，退休后的李镛确实退出"万重桑海"，开始了"大隐东方""潜闭琴书"的生活。

2014年7月初稿
2017年10月修订

勤勉笃实　温和宽厚
——李道河小考

李道河，号子舟，同治十三年（1874）九月二十二日申时生于四川，祖籍浙江嘉兴。当代作家巴金之父。

众说纷纭

研究或者评论巴金的人很多，往往都从巴金家族历史开谈。有关李道河的各种文字，众说纷纭，以讹传讹。多数始于道听途说，然后加以推理，譬如《巴金图传》（广东教育出版社2002年12月第1版）断言："巴金的父亲李道河是李镛的长子……但是他的官运和才干都不及其父，学识也不及两个去日本留过学的弟弟。"该作者的《巴金》（《嘉兴文杰》第2集，当代中国出版社2005年12月版）同样在这段话后还加了一句"所以（李道河）过得平平"（第327页）。这段话又被另一作者一字不差地抄入《巴金的家和〈家〉》（上海文艺出版社2005年2月版第5页），但是并未见到这些作者对（子舟公）李道河的才干和学识提出什么真实材料。又如论文《新与旧：巴金关于"家"的叙述》（2007年）说"巴金的父亲李道河不做诗"，显然与事实不符。再如关于巴金生平的文章《巴金与小说

〈家〉》(《新京报》2005年10月19日)说:"辛亥革命开始后,李道河辞官回家。"其中"辛亥革命开始后"和"李道河辞官回家"都不正确。凡此种种,不尽例举。

几年前有部网红小说《革命军》,题材选在清末四川广元,李道河也就成了书中主要人物之一,此为戏说,不足为凭。

本文基于对各种史料的发掘,对李道河的生平做一个小考,力图还原一个真实的李道河。

中西教育

李道河是晚清成都名绅李镛与其原配夫人武进女史汤淑清的长子(李镛家族有时与其二位堂兄家族通用大排行,李道河则行三)。

武进汤氏,世世代代,人才济济,文思不断,师资辈出。汤淑清的三叔祖父道光进士汤成彦就在成都教出了后来的清末大文豪缪荃孙。李道河与他的兄弟们当然自幼受业于汤氏舅父。

光绪二十八年(1902)李道河出任四川大足县典史(《爵秩全览》、民国《大足县志》)。光绪二十九年(1903)三月回到成都。

左起:李道河、李道溥、李道洋

光绪三十年（1904）以"过班"①知县身份前往北京引见（觐见皇上），因王大臣验看不顺利而滞留，直到九月份才得到朝廷谕旨（俱照例）发往四川知县，即回省候补（《东方杂志》第9期第66页）。可是那时各级候补官员多如牛毛，四川就有上千人。四川仅一百四十个县，就有五六百人在候补知县（《成都通览》）。李道河这一候补就是五年。

回到成都之后，李道河考入四川官班法政学堂学习。四川通省法政学堂是清末改革产物，为新政准备人才，始于1906年。时任四川总督锡良奉旨饬提学使方旭、候补道周善培在仕学馆的基础上，仿照直隶法政学堂章程创办官班法政学堂和绅班法政学堂，考取官班六十名（正佐各三十），绅班举贡生监二百四十余名（据说这二百四十余人是从全省一百四十二个县保送来的一千一百人中筛选出来的），调留日法政大学毕业生候补知府张孝移任官班监督，留日法政大学毕业生邵从恩任绅班监督。官绅两班法政学堂实行奖罚制度，学员毕业分最优等、优等、中等、下等、最下等五等。官班最优等者，由川督考察，"果系才志过人、学业优异者"，予以上奏请奖，并"先行委署"，授给实职。官班中等者"立予差使"。绅班优等者"酌派襄办地方共事"，如不及格者，官则"罚咨遣回籍"，绅则"不给凭、追缴学费"。不仅规定严明，而且也实施严格，确有最下等者。官班毕业共五十四名，其中最优等十九名、优等二十二名、中等十三名。绅班毕业二百四十四名，其中最优等二十四名、优等八十六名、中等九十八名、下等三十八名、最下等八名。李道河名列官班最优等毕业（《成都通览》），此时科举考试已经废除，要是在从前起码也应该相当于一个举人。清末《四川教育官报》刊有"官班学员第一年第二学期试验（考试）成绩表"，李道河的四门课程成绩分别是：财政学九十五分、刑法总论九十分、货币学九十分、警察学九十五分，只有品行勤惰八十八分（这与他在北京等候觐见先由王大臣验看不顺利类似，看来不善于走上层路线），总分四百五十八分，平均九十一分六厘，也是学期最优等。

---

① 过班：清中下级官员有种种班次。外官道员为最高班次，称道班；其次，知府称府班；再次，同知、通判、知州、知县称同通州县班；最后，佐杂称佐杂班。凡升迁班次即称过班，外官通常因保举或捐纳而提升官阶。

筹办自治

宣统元年（1909）夏季上谕批复"广元县知县端秀请假遗缺以试用知县李道河署理"（《奏设政治官报》十月初五日第740号22页）。由于时值变世，有关李道河在广元任职的事迹留下来的并不多，目前能找到的只有六七件事：

（一）赈济灾民：《重修广元县志稿》（民国二十九年版）的《食货志》（第3编第13卷104页）中"赈济"条有如下的记载："宣统二年，知县李道河赈济一次。"其他地方文献也记录着他到朝天（乐宣驿）等地亲赈饥民。

（二）筹备自治：此时正值立宪制萌芽之际，而地方自治是立宪之基础。因为立宪须以开国会，开国会首先在于地方自治，以培养合格的议员。地方自治就要成立各级议会。《重修广元县志稿》（第2编第6卷《建置制三》60页）记录有"宣统二年，先成立城、镇、乡会，然后选举成立县会"。广元城、镇、乡会的成立，是在李道河任上由他主持筹备和完成的。为了筹备自治，李道河首先主持把旧制"六乡、五十七堡"改划为"一城、二镇、七乡，以五十七堡分隶之"（《重修广元县志稿》第2编第4卷《建置制一》4页），并为此重新绘制地图。赈灾同时李道河亲临神宣驿、乐宣驿（朝天）、元吉堡、宣河堡等地调研和宣讲自治。筹备自治是这位官班法政学堂最优等毕业生在广元任上的一大亮点。

（三）增办新学：清季变法，改书院为学堂。在李道河任职期间，依托新的行政区划，增办公立高等小学和初等小学若干。

（四）兴办行会：教育会（设于鹰扬街昭忠祠）、农会（设于先农坛）等都成立于李道河任上。商会（设于下河街四王庙）和图书馆也在他任上得到发展。

（五）设改警局：广元警察局设立于宣统元年，并在宣统二年改为由知县亲自监督并增设守望分驻所（《重修广元县志稿》第2编第5卷《建置制一》22页）。

（六）选举人才：宣统二年（1910）七月"署广元县知县李道河详送附生王维桢、刘光汉"举孝廉方正（《奏设政治官报》七月初五日第998号12页）。王维桢、刘光汉都是清末四川新政的著名人物，不久刘光汉当选广元县会议长，后来还与刘伯承结拜兄弟（1917年，刘伯承时任熊克武部团长）。刘光汉也是当时四川省八大书法家之一。

（七）荣誉清官：在广元任职期间未杀一人（巴金《最初的回忆》），并有清官之誉。

宣统二年（1910）冬季"署广元县知县李道河调省（遗缺由成都府水利同知钱茂调署）"（《奏设政治官报》宣统三年三月初九日第1232号17页），于是他又回到了省城成都。

投入实业

李道河回省不久，四川保路运动兴起，随即武昌起义爆发。对于这改朝换代的变化，不同于当时旧官场上的守旧派，李道河"并没有表示什么意见"，反之他在家里"开始做新的国旗"。"他拿一大块白洋布摊在方桌上面，先用一个极大的碗，把墨汁涂了碗口，印了一个大圆形在布上，然后用一个杯子在大圆形周围印了十八个小圈。在大圆形里面写了一个'汉'字，十八个小圈代表当时的十八个省。……不久，中华民国成立，……又把大汉旗收起，另外做了一面五色旗"（巴金《家庭的环境》）。

从此李道河离开官场政坛，走入实业。自四川通省劝业道周善培（孝怀）与成都商务总会樊起鸿（孔周）开办成都劝业场，李氏两族（即李镛和李道江叔侄两房）就多有投入（一说李道江认股多，为劝业场之最），成为大股东。劝业场于宣统二年改名为商业场。在商业场各行各业中,凡是李镛家族有股份的,名义上都由老太爷李镛担任董事,李道河则作为实际代表履行职责。他人缘好,又没架子。既是法政高才生,又当过知县,所以得到广泛尊重。大家族内事务,虽由老太爷决策,实际上各种事务,也是李道河"总理"。

成都工商界(前左一为李道河)

成都劝业场

勤勉笃实　温和宽厚

李道河擅长诗书文牍，多有著述。但是生于变世，未见流传。清末民初四川文人胡淦在为李镛诗集写的序中提到"子舟大令（县官雅称）亦有集待梓"。李道河还写过一个讽刺喜剧《知事现形记》，由家中子侄排演娱乐。

李道河喜好京剧，当时在会府东街有成都最早的公共戏院"可园"，极大繁荣成都市面，李道河即为股东之一，时常带家人去看戏。巴金先生回忆："父亲对于京戏大概有特殊的嗜好，在那些时候一个戏园里要添演京戏聘请京班名角，总是由他发起。凡是由上海到成都来的京班角色，在登台以前总要先在我们家里的客厅中清唱几句，自然是父亲请他们吃饭。"

李道河自己的小家庭在那个时候可谓比较开明。巴金先生回忆："在家的时候父亲是很和善的，我不曾看见他骂过人。"（巴金《家庭的环境》）在广元作为知县，他兴办新学；回到成都作为父亲，他也要把逐渐成长的儿子们送进新学，而不是那时仍然盛行的私塾。头两个儿子李尧枚和李尧林都先后入读中学。但是这样做不是没阻力的，上面老太爷（李道河之父李镛）还在，很多事情李道河是自己做不了主的，可是他努力着。轮到三儿子李尧棠（巴金）该上中学时，李道河病故（死于李镛之前），巴金"进中学的希望便断绝了。祖父从来不赞成送子弟进学校读书，现在又没人出来替我讲话"。长子尧枚中学毕业"名列第一"，本来"希望再到上海或者北京的有名的大学里去念书，将来还想到德国去留学"。李道河却不得不按老太爷意志要李尧枚结婚成家，并到成都商业场去做职员。当时李道河对李尧枚"含着眼泪温和地说下去"，反映出他的无奈无助与对儿子理想的同情。李道河与夫人陈淑芬都相信西医西药，也不顾忌与洋人接触，甚至把洋医生请到家中做客，还专门配上了刀叉餐具。总的来说李道河夫妇也尊重家中下人。

巴金先生对他的父亲具有深厚感情，在他的不少文章中对父亲有着温馨的回忆。"父亲很喜欢我，他时时常带着我一个人到外面去玩"（巴金《家庭的环境》）。巴金把李道河称为"爱我的人"（巴金用过这种说法的还有母亲陈淑芬、两位哥哥李尧枚和李尧林）。另据巴金先生的侄子李致先生回忆，1941年巴金阔别四川多年后首次回到成都，在大嫂家找到多封父亲李道河过去的家书。巴金请大嫂上街为他裱糊好，带离四川珍藏。这些家书估计都在"文革"中毁于一旦。

有人质疑，为什么李道河没有像他的两个弟弟和几个堂侄一样游学海外？在那个时代，长房长子或长房长孙要对家族承担更多的责任，要为长辈和弟妹们做出牺牲。以1911年12月8日成都发生兵变为例，整个大家族撤到乡下避难，只留下长子李道河和长孙李尧枚在城里家中彻夜守护，应对全副武装前来勒索骚扰的乱兵，所以长子长孙往往不得不放弃很多个人机遇，更别说负笈海外。

由于他的政绩与学识，李道河一直没有被当局遗忘。1915年4月成为第四届核准免试知事。同年11月6日由四川巡按使陈宧呈请，大总统钤印批令免送考询并予分发任用（《北洋政府公报》1915年11月11日第1261号）。直到1916年1月30日北洋政府发布的"免于考询之保荐核准知事"名单（全国共四百六十六员，分发四川四十四员）中仍有"李道河　浙江嘉兴人"（《北洋政府公报》1916年2月6日第31号），不过此时的李道河总理家政、勤勉实业，早已无意于官场了。

李道河早年娶比他小三岁、同为浙江裔的女史陈淑芬，生四子五女。1914年陈氏病故后，继娶江西裔女史邓景蘧，又生一子一女。1917年李道河病故于成都。

2014年4月急就于附雅斋

2019年4月修订

学理深纯　才识明通
——李道溥小考

李道溥号华封（又作华峰），光绪二年（1876）十月初三卯时生于成都珠市巷，祖籍浙江嘉兴。他是晚清成都名绅李镛与其原配夫人武进女史汤淑清的次子（李镛家族有时与其一位堂兄家族通用大排行，李道溥则行四）。巴金先生晚年文章《怀念二叔》（收入《随想录》）就是写的李道溥。

游学东瀛

李道溥携其三弟李道洋于光绪末年游学东瀛，关于李道溥在日本究竟就读于哪一所学校，最初的说法似乎比较单一：在早稻田大学学习法律。这一说法源于巴金本人："二叔和三叔在日本留过学，大约是在早稻田学法律吧。"（《巴金全集》第19卷

负笈东瀛的李家四人

620页）因为巴金先生的文章和书籍广传于世，长期以来这种说法也最为流行，无人质疑。

2008年，笔者到台湾业务出差，开会时临时需要查资料，于是打开电脑上网百度。大出我意料的是，找到的中文资料竟全是繁体字，而且源于当地网站。这本来并非奇事，只是未曾想到而已，有点"不识庐山真面目，只缘身在此山中"。于是我就开始查询感兴趣的各种文史资料，查询李道溥时，竟出现了一条来自台北故宫博物院的奏折，让我喜出望外（同时还在台湾图书馆查到其他有价值的文史资料），但是只见索引，实际资料并没有上网。其后我动脑筋想办法，也拜托了数位台湾友人，均无果，还是等那类资料数字化后，在网上找到。清末四川总督赵尔巽在宣统元年的一份人事奏折中说"李道溥前往日本游学入明治大学法科专门部肄业"，这份奏折随即被朝廷恩准。后来的一些清末民初公文，也几次出现过明治大学字样，可能都源于此。既然这些都是朝廷（或政府）官方文件，似乎更为可靠。

2009年我找到一份关于民国初年四川法政学校资料。资料显示，教师档案中记录李道溥于"日本法政大学专门法科毕业"。因为四川法政学校档案应该源于李道溥本人的登记记录，应该最为可信。

早稻田大学、明治大学、法政大学，三种说法，扑朔迷离。当然李道溥可能不止就学于一所大学。所以李道溥留日究竟念过几所大学？究竟毕业于哪所大学？我一直有志于查询这几所大学档案及相关史料，无奈一登录网站就被日文难倒，但有趣的是这三所大学均列东京（日本）"六大名校"之中。

蒙在三菱公司任职的"发小"朱鸣兄鼎力相助，得其在日友人与三所

学理深纯　才识明通

大学都进行了查询。在早稻田与明治两大学档案中均未发现李道溥的学籍记录；在法政大学记录中则查到了他的记录。后来笔者又进一步查到李道溥是法政速成科第五期（1908年，光绪三十四年，即明治四十一年）卒业生（毕业生，法政速成科第五期毕业名单见本文附录）。他是法政大学毕业生，当可定论，再无疑义。

说到法政速成科，则有一段有趣的历史。19世纪末，随着洋务运动的发展，中国学子开始走出国门。最初到日本的留学生学习普通科的较多，专门学习法政的较少，而清末新政实施恰恰最需要这方面人才。为此清驻日公使杨枢和他的前任汪大燮向慈禧太后上奏，建议在东京建立一所速成法政学院，他们的建议得到了当时法政大学的校长，有日本"民法之父"称誉的梅谦次郎的支持，得以实现，于1904年在法政大学"为中国人士新设一法政速成科，专授法律、政治、经济学。从此日华学生相集于一堂，互相勉学，诚盛事也"（梅谦语）。当时中国学生在日本各大学学习法律、政治、经济的人也有一些，但"以华语通译教授法律、政治等学科者，则又唯法政大学一校而已"。其教学主旨是"本大学之法政速成科以教授清国现代应用必要之学科，速成法律行政理财外交之有用人才为目的"。当时的学科分目是"法学通论及民法、商法、国法学、行政法、刑法、国际公法、国际私法、裁判所构成法及民刑诉讼法、政治学、经济学、财政学、警察监狱学、西洋史、政治地理"。法政速成科前后总共五期，毕业逾千人。

法政速成科第五期更是来历非凡，故事传奇。光绪二十七年（1901）年清廷实行新政后，废除科举制度有个过程。1902年首先废了翰林院。光绪皇帝上谕，自次年起，凡新科进士之授职翰林、中书、部曹者皆令入京师大学堂肄业。1903年正月，京师大学堂专门成立进士馆。1904年四月进士馆正式开办，计收癸卯科（二十九年，补行辛丑壬寅恩正并科）进士八十余名，隔年再收甲辰科（三十年）进士三十余名，计划肄业三年。由于1905年废科举，故进士馆只此二班。1906年，学部奏请：除癸卯进士毕业期近仍留馆肄习，俟毕业后再行派遣出洋游历外，所有甲辰科进士现在馆肄业之内班（翰林等住馆生），均送入法政大学补修科，肄习一年毕业；其外班（六部曹仍在本部当差者）之分部各员有志游学者，分别选择送入法政大学速成科，一年半毕业。至因有事故未经到馆之翰林、中书，拟由学部电咨各省，催取各员赶紧来京，与外班各员一体送入速成科肄业。遂有进士群体东渡之盛况，是为法政第五期。当然不少进士已在此前游学东瀛或西洋。

有趣的是第五期入学进士人数中日双方记录不一样。是年八月初四日，学部致驻日大臣电文，开列甲辰进士内班进士馆学员（在馆两学期及以上），应入法政大学补修科者三十八人，内班（在馆仅一学期）、外班及未经到馆应入法政大学速成科第五期者五十四人，凡九十二人；但若以当时法政大学方面的记载，进入补修科者三十七人，入读速成科第五期者五十八人，实为九十五人。

就笔者目前掌握的史料，李道溥并非癸卯或甲辰的进士或中书，但是能与如此一批有实际经验的进士（部曹或外官）在速成科第五期当同学也是一段奇特而且价值非凡的阅历。

日本学者实藤惠秀在其《中国留学生史谈》（第一书房1981年日文版，蒙扶桑女史龙丽华姊为我翻译有关内容）一书里，从洋洋千余名法政速成科毕业生中列举了二十名成为政界或学界领袖的人物，包括汪精卫、胡汉民、杨度、刘春霖、骆成骧等；还列举了二十五名"令人（拍案）断指而叹"的"鸿儒硕彦"，李道溥名列其中。当然此书未必全面，法政速成科的著名人物绝不应该缺少宋教仁、陈天华等革命领袖。不过，李道溥是其中佼佼者之一，应无疑问。

襄助新政

李道溥旅日学成后归国是在光绪三十四年（1908）。他先是来到京城，在朝廷里任度支部（原称户部）行走郎中（大概相当于现在的司局级巡视员），实际工作经"法部调派高等检察厅行走"。

宣统元年中期李道溥回川省亲时，被四川总督赵尔巽看中，于是赵写折子上奏朝廷调留李道溥回四川襄办新政。赵尔巽奏云："再查川省应办新政甚多，本省各员曾经出洋游学毕业者尚属无几。兹查户支部行走郎中李道溥前往日本游学入明治大学法科专门部肄业回国，请假省亲来川。查该员学理深纯、品行端正，拟请留川办理各项新政，俾资臂助。如蒙俞允仍恳恩准敕部照章免扣资俸，以昭激励。除取具该员履历咨部查照外，谨附片具陈，伏乞圣鉴训示。谨奏，宣统元年七月二十六日奉。朱批：允行，该部知道，钦此。"这一奏折在清廷军机处的记录中为《川督（又）奏留郎中李道溥办理新政等片》，内容简述为"奏为度支部行走郎中李道溥回川省亲该员曾留学日本学有专长请准留用"。这就是那封藏在台北故宫博物院里的奏折。

这样在宣统年间，李道溥就成了川督赵尔巽办新政的一位重要助手。他在四川参与的新政主要有以下四项官方职责：审判庭筹备处参议、自治筹办处坐办、法政学堂教员、总督署会议厅审查科员。关于这几项工作，现在都找不到更多的细节，只是赵尔巽评价他"办自治一事尤为勉尽义务，卓著成绩。该员才识明通、志虑纯正，于法学极有心得，实属方今有用之材"。

这时期周善培（孝怀）和樊起鸿（孔周）在四川办劝业道和商会。樊"设立宪政研究所，聘倪大章、李道溥、陶思曾为义务讲师，讲解当时清政府所颁的宪法草案"（《四川近现代文化人物续编》第213页）。据说他还署理过四川洋务总局总办事务，因此与在成都的洋人多有交往。

这期间李道溥奉委票捐（总）局总办。票捐（总）局的主要职能是发行彩票，利济公用，补助兵工厂，余款悉入藩库（布政使司银库）。宣统二年新刑律实施，彩票在禁止之列，票捐总局遂裁撤。

宣统三年二月初四，赵尔巽奏请朝廷嘉奖李道溥。在这篇《奏请将调川度支部郎中李道溥量予恩施片》中，赵尔巽先是强调人才难得："预备宪政，体大事繁，亟须得人相助为理，乃克集事。惟新进之士，或不免涉于偏歧；老成之材，又间有囿乎闻见。"然后借用成例："查前内阁侍读张国淦，宣统二年经黑龙江抚臣周树模奏陈才具学行，请以道员留江补用，已蒙　俞允。"最后奏道："俯准将该员度支部郎中李道溥量加京秩，抑或以道员分省补用，以资任使而裨要政之处，出自　逾格鸿慈。臣

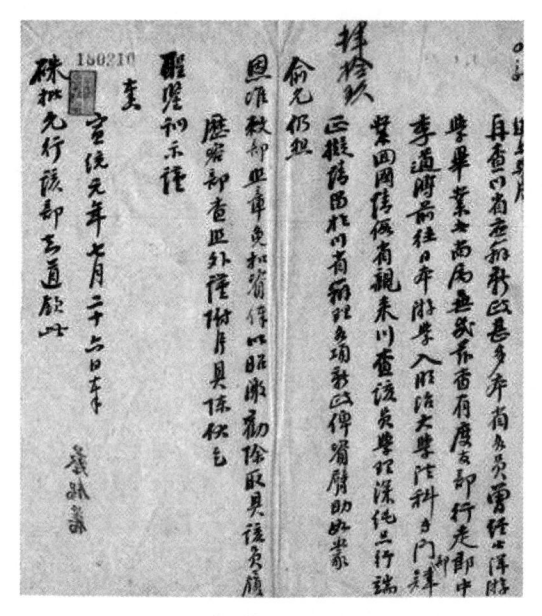

赵尔巽奏李道溥折片

为办事需员、激励人才起见,用(勇)敢上陈。"朝廷朱批是:"李道溥以道员用,该部知道,钦此。"至此,李道溥从正五品郎中升为正四品道台。前后两封奏折和朱批,都由我的另一"发小"叶扬波教授为我提供了《奏折政治官报》铅印本,准确无误。

当年四川保路运动兴起,随即武昌起义爆发。

法律服务

辛亥革命推翻了清王朝,建立了民国。根据巴金先生的描述,李道溥对此反应还是比较平静的。从此李道溥走上了完全的法律事务生涯。

民国二年(1913)七月十八日李道溥取得了司法部发出的第1577号律师证书(见司法总长梁启超颁发的部令,中华民国司法部布告第二十号)。

四川法政学堂在民国后改为四川法政学校,李道溥继续在那里执教,教授民法概论与民法继承。在民国三年（1914）四川法政学校教员表上，有这样的记载：

姓名	履历	担任科目
……	……	……
李道溥	日本法政大学专门法科毕业	民法概论
……	……	……

洪宪时期，法政协会曾一度遭到严禁。民国五年十月，原法政协会四川支部职员余纯熙、钟俊、谢池春、李渊漠主持重新开设四川法政协会，并选举出李道溥为会长，足见其时李道溥在四川法律界的地位。

李道溥同时又自己开办法律事务所，成为当时成都赫赫有名的挂牌大律师。其事务所开在正通顺街李氏公馆内，他的三弟李道洋在事务所做文书，五弟李道沛有时也来帮忙做点文字工作，两个弟弟都写的一笔好字。据说李道溥的法庭辩论也很精彩。他长兄李道河的幼子李济生先生回忆："记得在大门外面墙壁上，原来还挂着一块绿色椭圆形、长约一米的大木牌，上书'大律师李道溥事务所'字样。"（纪申《记巴金及其他：感想·印象·回忆》第208页）与其同时，成都南门指挥街有律师叶大丰开业，与北门李道溥（号华封）同享盛名，在民间素有"南北两峰"（谐音）之誉（《四川近现代文化人物续编》第205页）。

从现在看得到资料上，李道溥在成都与当时的名流如吴虞（字又陵）、盛光伟（号壶道人）、方旭（号鹤斋）等都有交往。吴虞曾愤愤地把周择、徐炯等九人列为"小人之尤"。他在日记中写道："刘（吉之）同孔保之、李华峰皆不以周择为然。"李道溥曾经与周择在法政学校（堂）是同事，他对周究竟有何意见，现已不可考。1916年吴虞诗《秋水集》梓，他又在四月十一日日记中写下"……李华峰兄弟……诸人皆要余诗"。《壶道人日记》卷五民国十四年（1925）八月十七日载："李卜贤（即李尧枚，李道溥长兄李道河的长子）来见，欲求（盛）吉皆（壶道人从侄）为（李）华峰书五十寿屏，十二张也。"数日后又载："函致华峰，为（盛）吉皆说项未得复。"壶道人还亲自为李道溥刻了一枚"律师李道溥印"章。李道溥五十寿辰，有贺词曰：川中自治规章，多出先生之手，云云。

巴金笔下的二叔

巴金早年一直把李道溥当作"守旧派，甚至把他写成《激流》（《家》最初连载时名《激流》）中的高克明"（巴金《怀念二叔》），还在文章中批评二叔把女儿嫁到有钱但品德很坏的人家。晚年反思则看到了反映二叔当年优点的另一面：不仅鼓励和帮助过巴金与三哥李尧林出川念书，而且早年在家教巴金和三哥语文时也用历史故事来教导他们要讲真话、要有骨气，并对于巴金在家中收发进步刊物，二叔客观上也采取了包容的态度。

壶道人治律师李道溥印（印模）

其他

李道溥先娶妻吴氏，无出。吴氏故后继娶妻室也姓吴，子女多早夭。后来幸存的子女多为继室吴氏故后再续弦的刘氏后来所出。李道溥擅长诗文，著有《箱根室集》，应已得梓印，惜未见流传。

民国乙丑十月二十八日（1925年12月13日）李道溥在成都去世（盛光伟《壶道人日记》载），享年五十岁（虚岁）。五四运动的猛将吴虞在其日记写道："（乙丑）冬月二十五日星期六（1926）一月九号阴　阅《甲寅》，……李华峰均死矣。"

不过他也没有完全被忘记。据回忆，当年的四川劝业道周善培老人50年代还在上海向巴金先生问及李道溥的后人。

李道溥去世前把自己一家托付给长侄李尧枚（巴金的大哥），在李氏大家族分家后，其长房和二房两家人曾经长期生活在一起，直到抗战爆发，民不聊生，才不得不分开。

2014年3月写于附雅斋
2014年4月22日校订

附　录

法政速成科第五班卒业生名录（法律部）

1908年（戊申，光绪三十四年，明治四十一年）

黎湛枝（广东）	凌士钧（浙江）	陈培锟（直隶）	岑光樾（广东）
单毓华（江苏）	边守靖（直隶）	陈　光（福建）	尤　瓒（福建）
朱哲湘（湖南）	郝继贞（直隶）	刘庚先（湖南）	杨允舛（江苏）
范贤方（浙江）	石述彭（广东）	尚希宾（直隶）	姚树圻（江苏）
王官寿（江苏）	孙智敏（浙江）	郑　？（福建）	郑　蕲（福建）
籍郁恩（直隶）	张　诒（直隶）	张恩寿（江苏）	朱点衣（安徽）
虞廷恺（不详）	李光第（广西）	徐家光（浙江）	李景纲（直隶）
黄鸿翔（福建）	林钟瑛（福建）	李湛田（直隶）	林上楠（福建）
彭运斌（河南）	陈炘侯（福建）	周之桢（湖北）	采戡时（湖南）
章圭琢（江苏）	鲍　朴（安徽）	房金锜（山东）	张国溶（不详）
龚福泰（不详）	陈赓虞（直隶）	李道溥（浙江）	杨遵路（江苏）
宋承家（江苏）	余信芳（浙江）	李德鉴（安徽）	朱润时（湖北）
杨　拱（福建）	徐兆玮（江苏）	冯国鑫（江苏）	徐伯敏（山东）
吕　策（四川）	王人骥（福建）	石鸣镛（江苏）	彭守正（湖北）
岳式梁（直隶）	程宗伊（河南）	张鼎勋（湖南）	潘恩元（江洲）
陈正猷（贵州）	吴荣鈵（浙江）	陈　纬（四川）	陈树基（浙江）
张景宗（广东）	钟刚中（广西）	叶金扬（江苏）	周保尧（江苏）
王景镕（江苏）	杨展云（福建）	周鸿仪（安徽）	高儒濂（浙江）
狄楼海（山西）	阮性言（浙江）	朱文焯（不详）	刘兴甲（奉天）

笪世熊（江苏）	王运孚（湖北）	胡兆沂（江苏）	顾文郁（江苏）
尹耕莘（浙江）	胡国洸（四川）	柴宗溁（浙江）	房绍庚（福建）
吴肇嘉（广西）	苏高鼎（江苏）	屠庆溥（江苏）	胡宝村（湖北）
张　彭（江苏）	胡　榕（江苏）	邢启才（江苏）	史鸿册（直隶）
饶　炎（四川）	李继桢（湖北）	林步青（福建）	义在朴（湖南）
邓　启（四川）	赛沙敦（山东）	曹善同（直隶）	郭　经（不详）
荣　升（吉林）	陈登山（湖北）	李镇坤（湖南）	翁纯义（湖南）
郭则缙（福建）	董毓琨（直隶）	何养模（浙南）	陈并乡（四川）
张会培（江苏）	沙兆镛（直隶）	王时润（湖南）	刘闻尧（山东）
张暎竹（山东）	邱鸿逖（湖北）	曹宗翰（山东）	马光炘（福建）
谢　鉴（贵州）	陈　樵（福建）	严东汉（奉天）	侯维鸿（不详）
周诒柯（湖南）	张　煊（广东）	王齐会（浙江）	翟师彝（湖南）
夏慎初（四川）	刘重熙（不详）	卞　勇（奉天）	王雄风（安徽）
杨立堂（安徽）	李凤翔（山西）	王　琔（浙江）	盛延龄（云南）
孙汉池（湖北）	陈崇憼（四川）	黄炳琳（不详）	陈道华（广东）
何凤岐（广西）	赵家璧（湖北）	舒业顺（湖南）	张培恺（湖北）
方在瀛（安徽）	赵东藩（奉天）	何宗瀚（湖北）	陈国镛（广东）
尹毓杰（山东）	赵澜超（盛京）	侯承煮（安徽）	戴　堃（湖南）
武毓荃（直隶）	康兰颍（山西）	申炳奎（直隶）	谢明良（贵州）
鄢正铨（湖北）	王灿英（浙江）	关和钧（广西）	吴拱辰（不详）
依星阿（湖北）	朱　树（不详）	黄中恺（湖北）	姚文彬（福建）
蔡之韶（贵州）	李　诚（湖北）	叶毓嵂（广东）	张　浩（不详）
苗连三（山东）	贺临高（江苏）	浩恩泽（湖南）	杜承休（湖北）
陈九达（湖北）	张礼由（浙江）	巴蘅滨（江苏）	何宗森（湖北）
支　锦（奉天）	李世栋（徽北）	黄方堃（安徽）	明纯修（山东）
沈维韩（湖北）	孟昭仁（奉天）	允　元（奉天）	

毕生倾注　教学翻译
——读孤岛中李尧林的电影记录

巴金先生的故居在被清理资料时,发现一个英文笔记本,上面是从1939年到1944年观看电影的记录。根据年代和文种,大家猜测是李尧林先生的遗物。于是这本笔记的扫描复制本,就被寄给了李尧林当年的挚友杨苡老人。杨先生确认,这本看电影的记录,确为李尧林的笔迹。于是疑团揭开。

李尧林先生是巴金先生的三哥(家族大排行,实为亲二哥),两人年龄相差仅一岁多,因此自幼形影不离。在1920年暑假,兄弟两人一起考入了成都外国语专门学校,从补习班读到预科、本科,在那里接连念了两年半的书。1923年兄弟两人在大哥的支持下,一起离开在成都的大家庭,乘船远赴上海、南京等地求学。到了1925年李尧林考入苏州东吴大学,巴金到南京养病,两人才分开。

李尧林先生在东吴大学就读一年后,转入北平燕京大学,主修英文和英文教学两个专业,以优异成绩毕业,获得金钥匙奖。1931年李尧林到天津南开中学任英文教师,培养了很多杰出的学生。直到1937年7月,日寇轰炸天津,炸毁南开中学单身男教员宿舍,李尧林才离开南开。其后李尧林在耀华女中任教,并借住在学生冯文光先生家中。1939年8月天津发生特大洪水，淹没了市区的百分之八十，借宿又变成了不可能。9月李尧林先生离开天津前往上海，与四弟巴金相会。

由于特定的历史环境，李尧林先生在上海孤岛留下来的史料不多，只有巴金、黄裳、鞠躬有少量记述。黄裳生前最后的文章之一《先师李林和他弟弟巴金》写道：

> 李先生平时驱遣寂寞的方法是翻译。译冈察洛夫的《悬崖》。给他以支持和鼓励的是文化生活出版社的朋友和他的旧学生们。译笔的精美使话剧演员在录取考试中朗诵一段译文作为"试卷"。李林译的《悬崖》根据的是一个英译简本，出版于孤岛的上海，是文化生活出版社的《译文丛刊》之一。
>
> 李先生的活动范围只在居处附近，国泰电影院和兰心剧院，他在前者看电影，后者听音乐。我常常作为陪客同去。兰心是工部局乐队的演奏场所，水准不低。他喜欢坐在中排右边座，看电影也是如此。此外，就是逛书摊，买英文旧书。记得我买过一册俄国布宁短篇的英译本送给他，他高兴地说，也许就是他翻译的底本之一。

随着历史渐远，有的记忆也开始模糊了。黄裳先生这篇文章一开始就说："1942年前后，先师李（尧）林先生从天津移居上海。"黄裳先生在1948年4月写的《〈莫洛博士岛〉译后记》也说："在六七年以前，李林先生从天津来到上海。"其实各种史料都证明李尧林是1939年9月27日中秋节（天津水灾后）到达上海的。

鞠躬院士当时还是中学生，他从少年的视角回顾了同住一寓的"三爷叔"李尧林对他多方面的影响，从中可以看到对音乐的欣赏是李尧林孤岛生活中的重要部分。四弟巴金与李尧林先生在孤岛一起生活了十个月，他回忆道："对工部局交响乐队星期日的演奏会你从来没缺过席，西洋古典音乐的唱片更是你分不开的伴侣。"

来到敌后孤岛，李尧林一方面疗养那被饥寒劳损了的身体，一方面从事英文文学翻译。短短的几年，他用笔名"李林"翻译了六部名著，包括《悬崖》《无名岛》《战争》《月球旅行》《伊达》《阿列霞》。另外还有两部没有翻译完的作品，一部《莫洛博士岛》，后由他的学生和好友黄裳续译完，共同署名出版；另外一部《阿布洛莫夫》，未竟，译稿今佚。

翻译之余，除了听音乐，他看了很多电影。这本电影记录就详细记录着五年左右时间里李尧林所看的电影。

笔者有幸看到这本笔记。封面上有School Exercise Book（学生练习本）、The Wing On Company, Fed. Inc. U.S.A.（美国展翼公司生产）和Series "N"（第N系列）的英文字样。李尧林长期执教中学英文，使用这样的练习本在情理之中。

翻开封面，工整简洁的记录跃然入目，清秀飘逸的笔书令人赞叹。全部笔记共六页，除了阿拉伯数字外，基本都是英文字符。

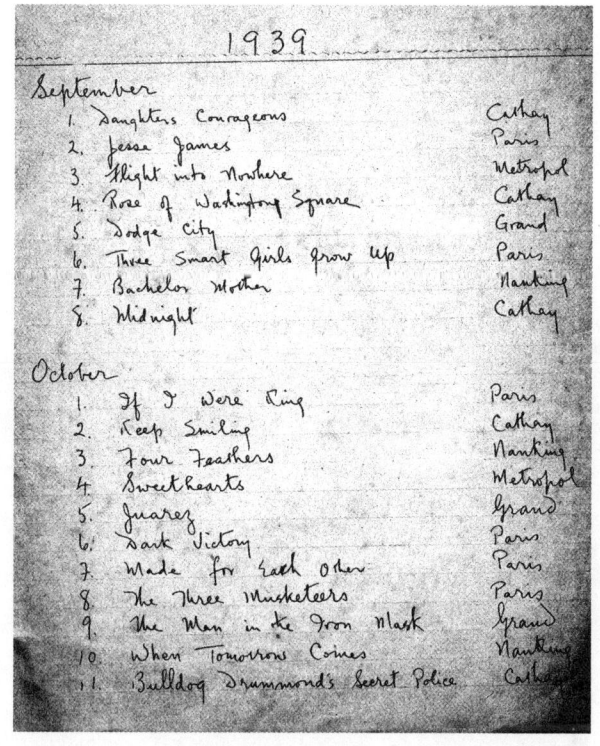

李尧林的电影观看记录（1939）

第一页正上方是"1939",然后换行接着"September",即九月。再换行后接的是用阿拉伯数字按月编号的电影观看记录,每行记录一部,接着数字编号的是影片名,最右方是看该部影片的电影院,每年终统计当年总数。到上海的第一个月,他就看了八部影片;第二个月是十七部;第三、四月各为二十六部和二十四部,这样在刚到上海不到四个月的时间里,他就看了七十五部影片。其中四部影片名前,他加了"@"符号,用意未加说明,猜测是提示关注;影片 *The Great Waltz* 在记录中出现了三次,后两次他在影片名前分别加了"2"和"3",表明他已经看了第二、三遍。这部影片名直译为《大圆舞曲》或者《大华尔兹》,但是当时熟知的译名则是《翠堤春晓》,是介绍奥地利音乐大师约翰·施特劳斯的美国传记大片。记录中他看的第一部影片是在"*Cathay（Theatre）*"即"富丽宏壮执上海电影院之牛耳,精致舒适集现代科学化之大成"（当时广告语）的国泰大戏院,今为国泰电影院。

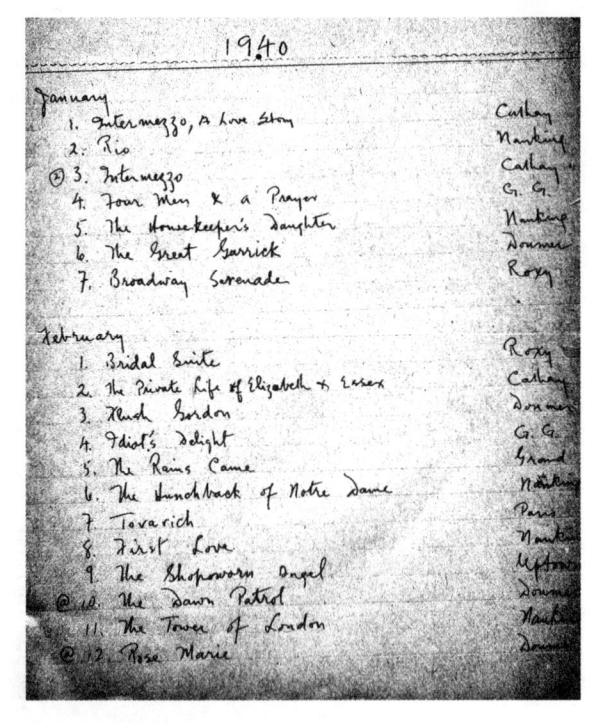

李尧林的电影观看记录（1940）

接下来是1940年的记录，这一年总共看了一百一十四部电影，平均每月近十部，少则五部，也有多到十三四部的月份。标注"@"的影片有七部，重复观看的影片也继续用数字代表观看次数。从是年八月起，片名前的标注又加了三角（四部）和五星（九部）的标注，其具体用意已不可考。这一年有六部影片看了第二遍，看了第三遍的只有一部：*They Shall Have Music*，当时译为《青少年与音乐》，获当年的奥斯卡金像奖最佳配乐提名。

再下来是1941年的记录，总共九十四部，平均每个月不到八部。他继续采用了片名前"@"（八部）和遍数标注，6月也用了两次三角。9月在*Washington Melodrama*（即《华盛顿剧情》）和*The History is Made At Night*（即《谍网情迷》）前还打了钩。有趣的是4月开始，他不连续地在电影院后也加了数字，始于Paris巴黎影院"19"，估计是在该家影院看的第十九场影片。接近年底，每场电影后，该影院观看的次数都有记录。截至该年底，国泰居首，为四十六场；Doumer杜美大剧院其次，为四十五场。从10月中旬开始，他又在影片名后加了数字标注，应该是当月的具体日期。从中看到10月22日这一天，他看过两部影片。这一年有七部电影看了第二遍，其中包括*Pride and Prejudice*（即名著《傲慢与偏见》）和*Rebecca*（即希区柯克导演的《蝴蝶梦》）。这一年记录上还有他在上海看的唯一的中文电影《家》，是在Astor沪光大剧院看的。

1942年记录有七十八部，平均每月七部半，标注"@"的有十一部。不过他在这一年第四次观赏了*They Shall Have Music*，这第四次还在记录上打了钩。其他的则有四部电影重复观看，其中*Maytime*（即《五月时光》）他两次观看都加"@"标注。

1943年记录只有三十六部，平均每月三部。其中下半年加起来不到十部，8月和10月一部没看，记录上打了×，11月和12月也都只各有一部。这一年没有在影片前加"@"标注，但是有八部影片前打了钩。这一年他看的非英文片名的电影，明显增加，其中5月他看的法文片*Le Million*注明没有字幕。全年重复观赏的电影只有一部*Teras Bulba*（即根据果戈理名著改编的《塔拉斯·布尔巴》）。1943年底，李尧林把当年看的三十六场和此前观看的三百六十一场加在一起，记下了"397"这个数字。

1944年是记录中的最后一年，只有三场记录。两场是在1月，其中一场没有字幕的德文片，李尧林把片名译为《天涯海角》。5月，他看了这一生中最后一场电影Travelling through Asian（即《游历亚洲》），是在杜美大戏院看的第九十五场电影，而此前1月的两场都是在国泰，使国泰达到八十八场。加上这一年的三场，李尧林在上海孤岛的不到五年里看的电影达到四百场整。

简要分析四百场记录，有三十部电影他加注"@"标记，二十六部电影他加注其他符号（三角、五星、打钩），看过两遍的电影十八部，看过三遍的电影一部即《翠堤春晓》，看过四遍的电影一部即《青少年与音乐》。在李尧林重复观看或加注"@"标记的电影中，与音乐有关的影片居多，其中《翠堤春晓》和《青少年与音乐》更是著名的音乐题材片。减掉重复，他看了三百七十七部不同影片，其中包括一部中文片，那就是与他本人家事有关的影片《家》。

为了增加对孤岛时期李尧林生活的了解，我又翻开了巴金先生的《随想录》。在《我的哥哥李尧林》一书中，巴金先生回忆道："我同他一块儿在上海过了十个月……一个星期里我们总要一起去三四次电影院。"截至巴金1940年7月上旬离开，李尧林看了一百四十五部电影。按照巴金先生的说法，绝大多数电影是他们兄弟二人一起观看的。可以想象他们二人在一起曾经对这些电影有过多么亲密热烈的交流，所以这本电影记录也见证了他们兄弟的亲情和共同志趣。1940年8月以后李尧林在电影记录中加注了新的符号，虽然不确知其含义，但是我觉得可能是他在为今后与四弟的交流做的提示。

当然，陪同李尧林去国泰电影院观看过电影的还有他当年在南开的得意门生黄裳先生，所以这本电影记录还见证了深厚的师生情谊。

这本电影记录的后期，李尧林观看的电影明显减少。对此，李健吾先生《挽三哥》中的一段回忆可以作为很好的脚注："（沦陷后的租界）生活越来越高，他没有能力维持下去了，然而他不开口，……门也索性不出了……"是日本军国主义剥夺了李尧林观看电影的机会。

人们不禁会问，李尧林怎么会在不到五年中看了四百场电影？是排遣寂寞吗？战争时期，孤岛隔绝了他大多数朋友和亲人；是喜爱音乐吗？与音乐题材有关的电影确实占了很高比例。但是他看的几乎都是英文电影（其他西文片也多有英文字幕），我觉得我找到了更深的答案，这是他在学习。

李尧林先生一生两大事业，中学教师和文学翻译，都与英文紧密相关。在南开等中学，他培养了许多杰出学生，叶笃正、关士聪、申泮文、黄裳、黄宗江、周汝昌等，都名列其中；而且他的教学方式独特，反映出深厚的功底。在上海孤岛，他翻译了多部外国名著，有"名著名译"之美誉，虽然只有七种流传于世，但是涉猎长篇小说、中篇短篇、三幕剧本、科学幻想等多方面。巴金先生写道："他从事翻译只算是'客串'，可是他工作时构思、下笔都非常认真……他常常为了书中的一字一句，走到我的房间来自己反复念着，并且问起我的意见。译稿有时还要修改抄录几次，才拿出去。"巴金称赞他的译稿"确实是值得一读的"。

为了做好这两大事业，李尧林努力地学习，看电影是其中的一项。他认真观看、认真记录，给我们留下这份珍贵的记录稿！

学英文、教英文、译英文……这似乎是他短短一生中的一条线索。

2018年

花怜人瘦　人比花愁
——从兰陵三秀看汤氏女性文化传承

美国女学者曼素恩教授的著作《张门才女》（英文），描述常州词派创始人之一张琦一门几代女性在诗词上的成就，其中最关键的人物就是其中的汤氏女性——张琦夫人汤瑶卿。她在教育张门四女一子（另一子早夭）上起了重大作用，不仅个个成才，而且又把这一教育传统传给了再下一代，其中四个女儿更被誉为"毗陵四才女"。

在漫长的中国历史上，家庭中男性的责任是通过科举走上仕途，而家庭子女教育承上启下的重大责任往往落在主妇肩上。这在清代尤甚，是由于清代的两项政策：做官一般不得在本地；科考则又必须回原籍。这样丈夫科举后常常千里迢迢到外地做官，无论是否随行，主妇都成了家庭教育的关键人物。如果是留守，主妇的责任更重大。江南厚文重科举，很多大家族在选媳妇时特别注重品德和才学，这就是更高一个层次上的"门当户对"，汤瑶卿就是一个绝好的例证，但有意思的是就在汤瑶卿的近枝家族中，还有一位几乎一模一样的叔伯姐妹。

汤瑶卿的曾祖父汤自振，是武进汤氏始祖汤廷玉的八世孙。汤瑶卿的祖父汤大绅是汤自振长子，乾隆壬戌年会魁探花，赐翰林院编修。汤自振的次子为汤大绪，汤大绪的儿子为汤健业。汤瑶卿的父亲汤修业无子，过继了堂弟汤健业五子汤贻谟为嗣。汤健业有共六个儿子和五个女儿。其中第四个女儿嫁给了同邑（《汤氏家乘》误为无锡）赵胜。因为名佚，按中国旧例，闺中自是汤四小姐，出阁后应称赵汤氏，身后当为赵母汤太孺人。赵胜字邦英，与父亲赵遐龄（字九峰）一道，乾隆晚期随杜玉林（杜甫后人）入蜀，赵遐龄留任江津县典史、岳池县典史、金堂县典史、会理州苦竹坝巡检、蒲江县典史、安县典史，赵胜先后担任犍为县典史、秀山县石堤巡检、铜梁县安居司巡检，都是芝麻小官，在外颇为艰辛。"往事回思倍黯然，微官三试留西川"，"德薄敢期膺紫诰，家贫犹幸守青毡"。与张琦和汤瑶卿一样，赵胜夫妻也是育有一子四女。不过，赵胜与汤氏夫妇之子智力障碍，长女早卒。跟汤氏母亲学得满腹经纶、一身才华的是当时被誉为"兰陵三秀"次女赵云卿、三女赵书卿、四女赵韵卿。

不过与汤瑶卿不同，汤瑶卿有《蓬室偶吟》，赵汤氏的诗词未见流传，但是她"熟精选学"（紫垣潘时彤语）教育子女。正如三秀族兄赵桂生（字眉伯，号竹庵）为《兰陵三秀集》序云"三女史为余同辈，侍宦西川，秉母氏之教，皆好为诗。"所以今天只能从三秀的诗词中捕捉赵汤氏的文化传承了。

赵云卿字友月，适杨某归故里，未四十而卒。早年作品被编为《绣余小咏——友月诗草》（附《诗余》），收入《兰陵三秀集》；后期作品分为两部分，自己身边的被编为《寄愁轩诗存草》，录诗二百首；寄给小妹赵韵卿的另一部分也以《寄愁轩诗词》为名，被附刻入韵卿《寄云山馆诗钞》。

赵书卿字友兰，号佩芳，后改佩芸。适浙江山阴王文枃，未四十而寡。因无子，故后依女（及婿）生活。早年作品被编为《绿窗吟稿——

《兰陵三秀集》封面

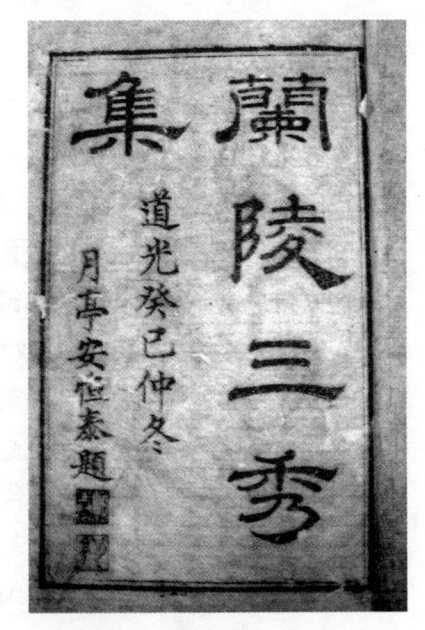

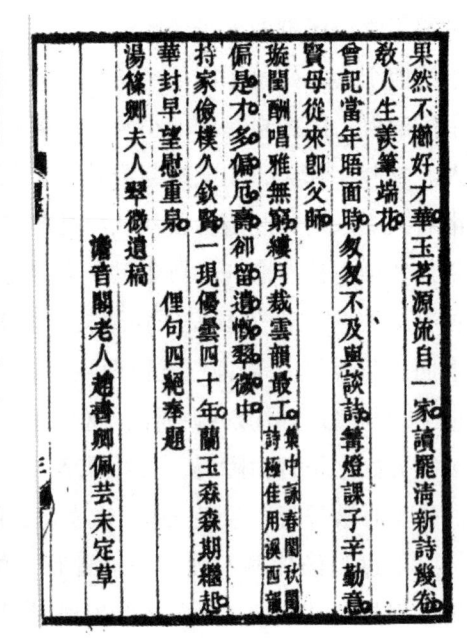

《寄愁轩澹音阁诗词》书影　　　　翠微吟馆遗稿赵书卿题辞

佩芳拙草》，收入《兰陵三秀集》；后期作品也分为两部分，寄给小妹赵韵卿的一部分以《澹音阁诗词》为名，被附刻入韵卿《寄云山馆诗钞》；留在自己身边的另一部分被编为《澹音阁诗词》，交给了前来看望她的表弟汤成彦（号秋史，道光进士，缪荃孙之师），后来由汤成彦带出四川，交给了另外一个表弟张曜孙（号仲远，张琦和汤瑶卿之子）。其中词部被收入《国朝常州词录》（缪荃孙辑）和《小坛栾室闺秀词汇刻》（徐乃昌辑）。有趣的是在台湾图书馆收藏的《小坛栾室闺秀词汇刻》誊稿本中《澹音阁词》署名赵书卿佩芸，刻印出来变成了赵友兰，以至于后来著录闺秀诗词的多种著作，都没有把赵友兰与姊妹赵云卿和赵韵卿联系起来。赵书卿还作画，晚年部分画作署名澹音阁老人。

赵韵卿字友莲，号悟莲，适吴县潘曾莹，亦未四十而寡。她一直以寄云山馆为室名。她最早的诗作被编为《寄云山馆诗钞——友莲拙草》，收入《兰陵三秀集》道光十三年版。道光十五年重刻《兰陵三秀集》时，又

花怜人瘦　人比花愁

澹音阁老人做的扇面

增加了《寄云山馆诗钞——友莲续草》，她后来的诗词则被编成《寄云山馆诗钞》诗十卷词二卷（附刻亲属诗词若干卷）。

虽因天高地远，词作当时未能像书卿那样被录入《小坛栾室闺秀词汇刻》，云卿词（四首）和韵卿词（五首），后来终于也被徐乃昌辑入《小坛栾室闺秀词钞补遗》中。

晚清国学大师缪荃孙在《云自在龛随笔》（卷四、条二一八）中赞道："兰陵三秀，赵氏姊妹也。……皆能诗画。"三秀幼有诗名，尝与朱希蕴、顾琳、曾宏莲、赵云霞、李锡桂等"诸女伴结吟社，邮筒来往，亦韵事也"（王培荀《听雨楼随笔》）。年及四十，云卿夭、书卿韵卿寡，命运潦倒、生活清贫。道咸名士王培荀评价她们："流寓于蜀，后来孤苦特甚。女子知书，果非福欤！"但是书卿与韵卿仍然在各自家中自强不息。丁碧溪女史描述说："友月早卒，佩芳夫亡，只一女，现居嘉郡（乐山），十指为活。"就是说她靠书画刺绣为生。王培荀感赞兼之，云："余嘱碧溪有延女师者荐之，亦风雅中厚意也。""妹友莲适潘某，潘以微员坐屯，每分俸津寄佩芳，以养其老母弱弟。今岁丁未，潘又卒，友莲又称未亡人，吁可悲矣。"赵氏一家之艰辛，可见一斑。

书卿、韵卿均年逾八十，历经嘉庆、道光、咸丰、同治、光绪五朝，晚年则与表弟媳陈季畹（汤成彦妻）、同乡左锡佳和曾懿母女等诗词往来，唱和不已。

赵云卿四十而夭，后期大多数诗作又未见刻本，所以传下来的诗词不多，但是却很有特点。比如她的《闺情回文》：

> 晴窗透影日横斜，寂寂春庭满落花。
> 清梦觉残香篆冷，轻烟笼柳晓啼鸦。
> 风摇桂影飘香乱，久坐闲堦玉露零。
> 鸿度远天秋夜静，半窗明月冷空庭。

这首诗无论从前往后读，还是从后往前读，都是工整完全的诗，可谓匠心别具。

近现代名家胡文楷所抄《寄愁轩诗存草》的抄本近年来在上海拍卖中高价拍出，也说明其诗词价值。

赵书卿最著名的词则是《渔家乐·本意》：

> 家住桐江临曲渚，富春山色长当户。
> 独棹扁舟傍烟屿，邀伴侣，桃花春水催柔橹。
>
> 渔弟渔兄忘尔汝，生成傲骨容狂语。
> 市散归来沽酒煮，长歌处，月明醉脱蓑衣舞。

这首词把渔夫们工余生活描写得活灵活现、栩栩如生。

由于《澹音阁诗词》被带出四川，得到了江南文人的点评，张琦子曜孙（仲远）评论赵书卿"天才俊敏，气韵芷逸。以近日才媛论之，足与《花帘词》（清代四大才女之一仁和苹香女史吴藻著）相抗衡矣"。道光进士汤成彦（秋史）则称赞她"精神深调，音谐畅洄。足平睨尧章，分镳玉田。至跌宕淋漓处，壮彩豪情，又直入苏、辛之室。词旨气韵，于倚声家之矩矱，不差累黍。此岂闺阁中所易睹哉。"清末才女曾懿（书卿闺友左锡佳之女）云："佩芸夫人，风雅宜人，兼工诗词；幼操柏志，今近古稀，著有《澹音阁诗词集》。"道咸名士王培荀更赞其"五律颇苍健"，今选两首：

渡石鸭滩遇雨
滩险寸心惊，危舟骇浪行。浓云遮日色，骤雨壮涛声。
作客知非愿，还家固有情。来朝乞风便，莫更阻归程。

舟至叙州登石凤庵楼
登岸上江楼，山川豁远眸。晚峰衔日照，远水带云流。
灯火孤城暮，风烟两岸秋。兴阑返舟后，魂梦续清游。

三秀之中，小妹赵韵卿流传下来的诗词最多，其中最为后人唱诵的是《青门引·咏雪兰》：

嫩蕊迎风吐，犹带湘江清露。移来幽室伴诗人，吟香纫佩，日诵楚骚句。
寒梅瘦竹宜同赋，好咏新词补。倘许素心相契，一枝合向冰壶贮。

这首词脍炙人口，被收入多种咏兰诗词集。她的另外一首《诉衷情·病起看秋海棠》：

碧梧庭院暑初收，凉意逗衣篝。为忆海棠开未，呼婢卷帘钩。
扶薄病，怯惊秋，强凝眸。西风萧瑟，花怜人瘦，人比花愁。

后人评说其全词脱胎于李清照的名篇《如梦令》和《醉花阴·重阳》词，"花怜人瘦，人比花愁"，与"帘卷西风，人比黄花瘦"比，可说是互不逊色，各有千秋。

其实赵韵卿还有一首七言长诗，是写给三秀共同的闺友左锡嘉的。

左锡嘉,阳湖名门左昂之六女。字韵卿,一字小云,又字浣芬。性至孝,有左家孝女之称。适四川华阳曾咏(道光甲辰进士、吉安知府)为继室。咸丰年间曾咏殁于太平军次,锡嘉扶柩归葬,自写孤舟回蜀图,为时人所称。后守节扶孤,自署"冰如"以明志,其子女孙辈成才者众,以老寿终于成都。左锡嘉扶柩携幼,孤舟回蜀,千里迢迢,历尽艰辛,至为感人。赵韵卿为之写道:

> 云茫茫,天苍苍。
> 孤舟一叶来长江,两岸哀猿号断肠。
> 孤儿幼女声凄怆,何处白云是故乡。
> 西风萧萧木叶黄,迢遥滟滪与瞿塘。
> 乱石磷磷排戟枪,滩声如雷响奔泷。
> 舟人推蓬心惊惶,仰天痛哭沥酒浆。
> 水底蛟龙齐潜藏,片帆稳渡真慈航。
> 万里归来慰高堂,承欢侍膳子职当。
> 琼枝玉树皆联芳,廿年如荼苦备尝。
> 闺仪懿德世无双,诗画清才千秋扬。
> 指日九重贲鸾章,荣旌绰楔增辉光。

    这首诗写得荡气回肠,感人肺腑,可称赵韵卿诗词中最佳之作。尽管赵韵卿诗词留下来的最多,但是因为没有被带出当时偏僻遥远的四川,未能得到更广泛的流传,近年来从南开大学馆藏清人别集数百种中择其稀见者选录一百六十一种集成《南开大学图书馆藏稀见清人别集丛刊》。《寄云山馆诗钞》得选其中,总算得到了恰当的认可。

    虽然未能留下自己的作品,甚至未能留下自己的名字,但是从她亲自培养出的三个女儿的文学艺术成就,不难看到汤四小姐自身的文学素养,也不难看到汤氏母亲在文化传承中的承上启下作用!

心细才明　办事勤敏
——汤健业小传附佚诗

汤健业，字时偕，号蓟芥，生于清代雍正十年（1732）六月，出自江苏常州武进汤氏世家，其始祖为汤廷玉。汤廷玉子汤迪，明代弘治间任常州卫指挥佥事，并卒于此。汤迪子汤冕遂从老家常熟迁居常州西营里（亦称西瀛里），史称"西营汤氏"。之后，汤氏子孙遂散居常州各处，其中在城中的主要居住于县学街和青果巷两处。至第七世，三房的汤自振有三子，汤大绅、汤大绪、汤大维。汤大绅字宾鹭，号狷庵，又号药冈，为乾隆七年（1742）会魁探花，授翰林院编修，其次子汤修业便是常州词派创始人之一张琦的岳父。汤大绪子即为汤健业。汤修业无子，遂以堂弟汤健业第五子汤贻谟为嗣。汤大维的重孙中有汤成彦，号秋史，道光二十一年（1841）恩科进士。汤成彦是清末大文豪缪荃孙的老师。

汤健业，监生出身，乾隆四十二年捐府经历，分发四川龙安府，开始了在四川的官宦生涯。他在这个职务上直到乾隆五十二年，道光《龙安府志》（卷六"职官·题名"）也记载后任江西陈宝鼎于乾隆五十三年接任，但是这任期内他并没有一直留在龙安府。乾隆四十六年汤健业署理太平县知县，他在太平的事迹记录较少，《太平县志》（卷六"秩官"）有他重建"黉宫、大成殿、崇圣祠"；《万源县志》（太平县后改名万源县）则说他重修文庙。

乾隆四十九年汤健业署理安县知县，县志对他的政绩评价甚高，说他"精勤吏治、境内整饬，以干练故檄委频，仍不遑宁处。署任最久……任内修筑监墙、劝修圣、武庙、移修先农坛，以培地脉。虽去任时大工未竟，而规模胜昔日"（《安县志》卷二四"职官"）。《嘉庆四川通志》记录安县儒学由"署县汤健业修建完整"（卷七七"儒学"）。在安县的几年里，虽然仅仅是署理知县，他主持诸多重大建设项目。首先是县城城墙，初建于明代成化年间，到了清代乾隆年代已经"年久倾圮，仅存基址"。乾隆三十八年开始重修，很快由于金川之役停止，"四十九年署令汤健业任内工竣"（《安县志》卷一〇"城池"），"包甃甎石，高一丈八尺、阔一丈四尺、周三里，计五百二十八丈八尺二寸，门仍旧制"（嘉庆《四川通志》卷二四"舆地·城池"）。其次是孔庙（圣庙），"五十一年署令汤健业改建正殿，加倍高厚"（《安县志》卷一八"祠庙"）。文庙之后是武庙，"甲辰五月乡人汤莳芥奉檄来署安令，谒庙后即欲撤而新之"，但是考虑到"工役繁重，骤需财力"，过了两年"年谷顺成，四境外和乐"，他才开工，"地不易而屋增美，作于是春三月，落成于十月"（《安县志》卷三〇"艺文"）。汤健业主持兴建或重修的项目还包括完成先农坛、县儒学、养济院等，涉及从城防到法治、从儒学到救济等多个方面。境内莲华峰相传李青莲少年游憩、杜少陵饮酒赋诗。汤健业觅得旧处、修复古亭，并且命名为翼泉亭。

由于他的出色工作，乾隆五十二年，汤健业被升授南充县知县，九月初八日到任，这时候他才真正成为七品县官。尽管是实授，但是他在南充留下的事迹不多，目前仅知道"五十六年知县汤建业新建（知县署）后署"（民国《南充县志》卷五"舆地志·公署"，"汤建业"为"汤健业"之误），这其实是因为他很快就被征调到四川总督幕中当差。这期间哪里临时有缺，也会让他去暂时署理一段时间，包括乾隆五十四年署温江县知县（《温江县志》卷七"官吏"，《志》中把他错为江西监生）；五十五年先短暂署简州知州（《简州志》卷之五"人物志·职官"），再署新繁县知县（《新繁县志》卷五"职官题名表"）到次年六月。清代著名诗人李调元有一首律诗《简州怀南充署牧汤莳芥时在制军幕》,就是诗人到简州想起曾在南充知县任上署理简州知州的老友汤健业,此时正在总督(制军)幕中。诗中还说汤健业"数年竟以幕为家"。到了新繁,关于他的记录多了一些,嘉庆《四川通志》说他添修知县署(卷二五"舆地·公署"),县志具体说他为县署修了西花厅一座(卷二"地舆·公署",名字误为"汤建业"),还说他在东湖修了耸翠亭(卷一六"艺文志")。在新繁更多的事迹记录在李调元所著的《童山文集》和《童山诗集》之中,已另有专文写出,此间不赘。清随明制,外官要每三年一次考核,称为大计。五十五年汤建业大计卓异,但真正在南充的时间并不多。

乾隆五十三年廓尔喀(今尼泊尔)入侵西藏。由于清廷驻藏大臣及噶厦官员偿银赎地,私自议和;并向朝廷谎报失地收复,奏凯班师,所以是一笔糊涂账。朝廷当然有疑心,责成四川总督调查。幕中汤健业奉命"经手巴勒布(尼泊尔别称)年需报销","复调赴打箭炉(今康定)帮办军务"。大计卓异本应送(吏)部引见,也被这些军务耽搁。

乾隆五十六年廓尔喀对西藏发动第二次入侵。年底乾隆皇帝派遣大将军福康安率军从青海南下入藏,其后川军分批随四川总督、成都将军、四川提督等陆续西向入藏。此刻在总督幕中的汤健业,也随总督孙士毅西行戍边。

乾隆五十七年巴州知州出缺,原拟调成都县知县胡廷章升署,但是吏部以胡"罚俸在十案之外,与例未符,行令另选合例人员请补"。三月协办大学士、尚书、署理四川总督孙士毅上奏朝廷"惟查有南充县知县汤健业,心细才明,办事勤敏。以之请升巴州知州,可资管理","必能实力整顿"。由于汤健业"在知县任内历俸未满五年,与例稍有未符,但人地相需",署任后"扣满年限,另请实授",可能是因为战事,总之汤健业被直接升任了。

同年十月,大学士署理四川总督孙士毅再次上奏朝廷:"石柱(直隶厅)同知姚令仪补授雅州府知府,所遗员缺查有巴州知州汤健业勘以升署。"朱批:"着照所请,行该部知道,钦此。"

所以汤健业在不到一年里就从正七品知县升为从五品(散州)知州,

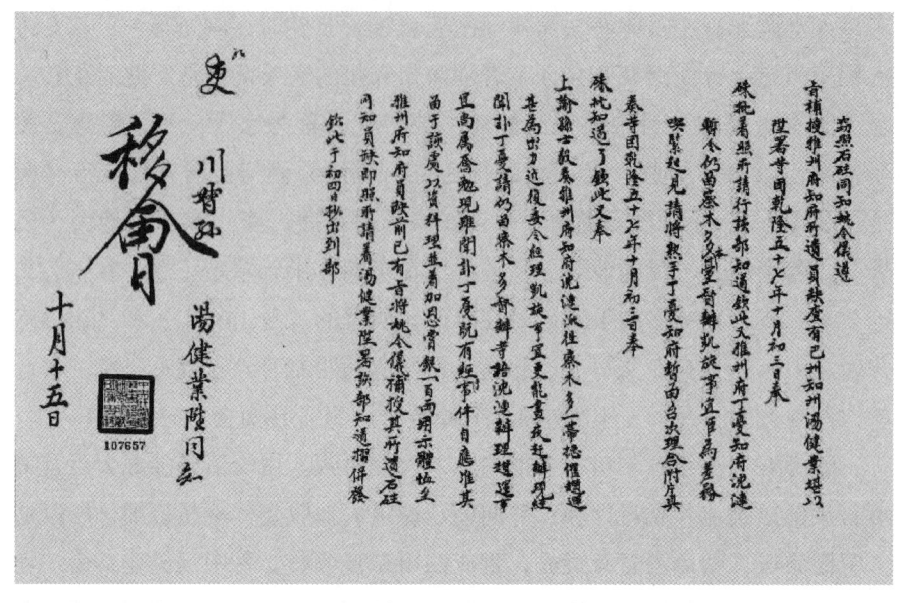

奏石柱同知员缺请以巴州知州汤健业升署

再升为正五品（直隶厅）同知。短短时间内连升四级，这在清代中叶很少见，往往只在紧急军务中才有可能，但是关于军旅中汤健业的记载很少，仅找到的两则摘录如下。

"同日（乾隆五十七年七月十六日）孙士毅奏言臣于六月十九日抵边坝，见该（兵）站并无牛马，停积饷银火药尚多。……派令随臣赴藏之知州汤健业驰赴前途，将前数站设法运清……"（《钦定廓尔喀纪略》卷三六）

另外一则是在后藏日喀则扎什伦布寺旁的关帝庙门背后，"乾隆五十八年钦差工部尚书和琳撰碑文"，碑文后有长长的参战有功人员名单，其中就有"直隶石柱厅同知汤健业"（《卫藏通志》卷六"寺庙"）。

由于在雪域高原征战，汤健业从未到任巴州和石柱厅，所以《巴州志》和《石柱厅志》里都查不到汤健业，但是在汤健业的任期内却只有署官（说明有未在任上的实授官）。五十八年汤健业解甲归来，马上就以石柱同知加署嘉定府通判。同治《嘉定府志》（卷二三"文秩"）"按：嘉定府通判总理嘉定犍为并川西井研等州县盐务督捕事务"，实为盐官兼捕官，故光绪《四川盐法史》（卷三〇"职官四"）又把汤健业记为犍为督捕通判。虽然《嘉定府志》中有李在文次年接任，但是李并没有到任，通判一直由汤健业署理，不过汤健业的很多时间仍然是在总督幕中。

乾隆五十九年八月六日，兼任四川总督的武英殿大学士福康安赴川东查办"私铸邪教"，汤健业就是不多的随行官员之一。八日途次内江时，收到朝廷紧急公文福康安调补云贵总督。十日，福康安"饬委随带办事之署成都城守营参将刘怀仁、石柱同知汤健业将四川总督兼管巡抚事银关防敬谨赍回，并王命旗牌拾面杆、上谕书籍以及未用火牌盐茶余引、钦部案件文凭书役文卷等项造册移交大学士署督孙士毅接受"。

直到嘉庆三年（1798）九月十二日四川总督勒保的一份奏折中还有"督捕官系署嘉定府通判（的）石柱同知汤健业"；同月二十八日，汤健业卒于任上。由于身兼三事（同知、通判、总督幕僚），他是在成都去世的。纵观汤健业一生宦途，多有建树，戎马边陲，保疆卫国。"心细才明，办事勤敏"，是对他的恰当评价。汤健业敕授文林郎、诰授奉政大夫。汤健业妻同邑名门庄氏、妾邹氏，有六子五女。

正如汤健业自我描述的"浮沉西蜀，忽忽二十余年"，他宦游四川凡二十余年，屡经调遣，又历征战；但是他不忘家学，著述甚丰。虽然其伯父汤大绅曾有编纂《毗陵觚不觚》的设想，堂兄汤修业也享有"毗陵文献"的美称，但是唯有汤健业实著《毗陵见闻录》。此书撰于乾隆五十九年至乾隆六十年间四川任中，后由其三子四川璧山知县汤贻湄刊于道光元年（1821），为多种清籍著录。现代常州籍学者叶舟先生评论此书为目前所见唯一的一部全面描绘常州风俗典故的笔记著作，其内容包括风土人情，民间传说，文人掌故等诸方面。汤健业还辑有《汤氏一家言》（署名汤时阶），见《清代毗陵书目》卷五，注"未见流传"。

汤健业的另外一部著作则是《红杏山房集》，此书成于几部同名书之前，可惜今佚。目前仅从四川的方志和书籍中发现诗四首，其中一首与李调元唱和新繁东湖耸翠亭，已有专文写出。其余三首抄录于此，以飨性情中友。

七言二首,见道光《隆昌县志》卷一二"古迹":

和隆昌石溪桥石壁古诗

寿世书成付汗青,循良应上御前屏。
剧怜竹屋萧萧夜,摭拾残编道阮亭。

数株衰柳为谁青,栏外山光似锦屏。
为问西川于役者,几人曾说草元亭。

根据王培荀《听雨楼随笔》(卷三·二八一条),隆昌石溪桥石壁有一绝句,乾隆中期知县朱云骏"为立亭征诗……时和者甚盛",但是《听雨楼随笔》只收录了上面两首中的前一首。有趣的是《听雨楼随笔》中把汤健业称为"汤参军健业",印证了汤健业时在总督(亦称制军)幕中。

七言,见《嘉定府志·艺文志》:

《嘉定府志·艺文志》书影

清明忆嘉阳

芙蓉九朵隔乌尤，远有蓬莱近十洲。

千古长公名士业，何人更上读书楼。

自注：予少时曾读书东坡楼故云

这首诗作于他在嘉定府的同知兼通判任上，此时的汤健业年逾花甲，功成名就。诗中颇显触景生情，忆及幼年。乌尤自是嘉定府（今四川省乐山市）的乌尤山，读书楼当为汤健业幼时攻读经史的武进东坡书院。苏东坡卒于武进，其故居后为汤氏宅。《艺文志》录诗时附小传："汤健业，字时偕，号莳芥，武进人，累官石柱厅同知，著有《红杏山房集》，录诗一首。"

除了诗文以外，汤健业还工书画，可惜没有作品传留至今。他画有一幅《萱庭爱日图》，道光《汤氏家乘》中录有众亲友为之题诗。

汤健业的孙子汤洪名（汤贻泽子）是汤淑清的祖父，汤健业的外孙女赵书卿又是汤淑清的外祖母，而汤淑清则是现代作家巴金的祖母。

成稿于辛丑中秋

东湖耸翠　岂羡瀛洲
——记武进汤健业与四川文豪李调元的诗词往来

汤健业（1732—1798），字时偕，号莳芥，生于清代雍正十年六月，出自武进西营汤氏家族。至第七世三房的汤自振有三子，汤大绅、汤大绪、汤大维。汤大绅字宾鹭，号狷庵，又号药冈，为乾隆七年壬戌会魁探花，授翰林院编修，其子汤修业便是常州词派创始人之一张琦的岳父。汤大绪子即为汤健业，汤修业无子，遂以堂弟汤健业第五子汤贻谟为嗣。

汤健业，武进监生，四川龙安府经历（乾隆四十二年）出身，历署西川诸县，因从征廓尔喀"大计卓异"升巴州知州（乾隆五十七年四月），旋升署石柱直隶同知（乾隆五十七年十月），后加署嘉定府通判仍署石柱厅（乾隆五十八年），嘉定府通判总理嘉定犍为并川西井研等州县盐务督捕事务，实为盐官兼捕官，故又称犍为督捕通判。嘉庆三年九月汤健业卒于任上。汤健业敕授文林郎，诰授奉政大夫。汤健业有六子五女。

李调元（1734—1803），字美堂，号雨村，别署童山蠢翁，四川罗江（今属德阳）人，乾隆二十八年进士。李调元与其父李化楠、堂弟李鼎元、李骥元皆中进士，有"一门四进士、弟兄三翰林"之誉，兄弟三人又合称"绵州三李"。李调元聪敏好学，治学广泛，与遂宁张问陶（船山）和眉山的彭端淑（乐斋）合称清代"四川三大才子"，又与钱塘袁枚、阳湖赵翼、丹徒王文治诸先生合称"林下四老"。李调元官至广东学政使、直隶通永兵备道（故文人墨客称其为李观察），乾隆四十七年获罪，先监禁后流放，途中改回原籍，削职为民，之后结识到四川做官的武进汤健业。

说到李调元与汤健业的交往，不能不从其父说起。李化楠（1713—1769），字廷节，号石亭、让斋，四川罗江人。乾隆六年中举，乾隆七年连捷进士，官至顺天府北路同知。任上颇有政声，被誉为浙江第一循良，官顺天时乾隆帝嘉其为强项令，卒于官。其工吟咏，喜藏书，邻宗祠造醒园。李化楠著述甚丰，其《万善堂稿》《石亭诗集》《石亭文集》，清婉雍容，名震一时，但其饮食文化巨著《醒园录》，才真正独树一帜。有其父必有其子，李调元也是醉心饮食文化，在《醒园录》基础上撰写成《醒园食谱》，全书记载烹调三十九种、酿造二十四种、糕点小吃二十四种、食品加工二十五种、饮料四种、食品保藏五种等共一百二十一种。李调元著述极丰，其巨著《函海》三十集，含括一百五十种著作；他藏书也为西川之首，建有"万卷楼"，藏书十万卷。

李调元不仅才气横溢，轶闻趣事也甚多，在此试举一二。少时被其父李化楠所出的上联"曹子建七步成诗"难住了，便说："李调元一时无对。"意思是自己对不出。不料，父亲大喜，因为这正是绝对。在广东学政任上郊游，看见崖上刻有"半边上"三个字，崖下路旁立一石碑，碑上刻一行字，曰："半边山，半段路，半溪流水半溪涸。"同行者解释说，这是宋朝苏东坡学士、黄山谷和佛印三人同游此地时，佛印为苏东坡出了上联，苏东坡对不上，只好请黄山谷将此上联刻碑于此，以示自仰，兼求下联。李调元笑着说："这下联，苏学士早已对好。"众人惶惑不解，他接着说："其实，苏学士请黄山谷写字刻碑与此，正是为了联对，这叫意对。"接着书出了下联："一块碑，一行字，一句成联一句虚。"众人听后，觉得无可非议，连声赞叹。

李调元的家乡宝林乡，清时在涪城、安县、罗江三县交界处。乾隆三十四年（1769）罗江县再次裁撤后，宝林乡划归安县。直到嘉庆七年（1802）恢复罗江县治，宝林乡重新划归罗江县。现今为了发展旅游，罗江已把宝林乡改为调元镇。乾隆四十九年，汤健业出任安县知县。这位舞文弄墨的江南才子，仰慕远近闻名的醒园已久；更何况乾隆二十五年，李调元礼闱落第后，随父李化楠交游于京师，与诸名公巨卿唱和，其中就有汤健业的同乡阳湖文豪赵翼（号瓯北，乾隆二十六年恩科探花）。汤健业就任后，自然首先拜访醒园，结交李氏名士。次年李调元回到宝林乡醒园，结交了安县父母官——时任知县汤健业，两人一见如故，彼此往来频繁，这可见于李调元的《重修安县武庙碑记》（《童山文集》卷七）："余与汤君本世好旧知，喜邻邑有故人，登堂相访之日，适武庙上梁之时，与汤君登楼共阅。"同一篇碑记中，李调元还赞扬汤健业："武进汤君蒔芥，今之循良宰也。家本江左甲科旧族，深于儒术故谙于吏治者，皆循良所为。其来治安邑，下车之初，人号神君矣。"

在安县两人的交往，李调元写到《题蒔芥世长夐台旧照》诗里了：

我归于田几一年，布衣草屦游田园。
杜门谢客百不问，惟闻人说按尹贤。
问尹何贤清且廉，听讼往往得平凡。
青天其号汤其姓，其名心知不忍言。
我闻君子居邦也，事其大夫之贤者。
步屦寻花一登堂，乃知相知十年且。
世家鼎甲冠三江，独有刘黄第竟下。
平生至孝媲泷冈，我题爱日真堪诚。
我亦事行役，从此亦生戒。
亲年易老人莫知，承欢菽水宜及时。
刻木即有古人心，徒贻后日空泪垂。
持图一展一回首，握管茫茫多所思。
诗成愿寄天涯客，堂有双亲莫远离。

可惜不久汤健业调任南充，两人只能诗书唱和了。

乾隆五十五年，李调元写了《简州怀南充署牧汤蒔芥时在制军幕》：

> 问道甘棠遍两巴，数年竟以幕为家。
> 鹤楼只作曾浮梗，牛鞞还成未代瓜。
> 蜀灶千山熬黑卤，吴船万里贩红花。
> 任他清俸平分牛，检点何如自坐衙。

这一年晚些时候，汤健业又调任新繁知县。新繁县今为四川省成都市新都区新繁镇。唐代新繁县属于成都府蜀郡管辖。唐文宗大和四年（830年）十月，李德裕以检校兵部尚书兼成都尹的身份，充任剑南西川节度使，后以兵部尚书召还。在剑南西川节度使任上的两年时间里，产生了《北梦琐言》所载李德裕开凿新繁东湖的逸事（见民国县志）。从五代开始，直到清末，新繁东湖频频出现于文人吟诗赋词之中，如宋人扈仲荣等编《成都文类》卷一一收录有新繁知县王益（王安石之父）《新繁县东湖瑞莲歌》以及新繁人梅挚的唱和之作，同书卷二九收录有宋徽宗政和八年（1118）宋佾所撰《新繁县卫公堂记》。乾隆五十五年，汤健业出任新繁知县，当然附庸风雅，吟诵东湖。不仅如此，他还在东湖修筑了一个亭子，取名耸翠亭。落成伊始，汤健业即自赋诗一首：

> 翠柏老千古，新亭敞复幽。
> 水深鱼暗度，风静鹊还啁。
> 星汉当窗列，芙蕖隔槛浮。
> 此中有真趣，何必羡瀛洲。

李调元随即依韵和诗《新繁和汤莳芥建业〈耸翠亭〉韵》：

> 卫公遗迹处，亭阁发其幽。
> 大雅一龙啸，巴歌尽鸟啁。
> 荷翻鱼暗戏，萍动鸭初浮。
> 窈窕人何处，关雎第一洲。

见《童山诗集》卷二九（辛亥）上，以下诸首诗均同卷。

顺便说一下，近年来学术界对于现存的东湖是不是唐代开凿的东湖有争议，其中一种说法是现存东湖是同治三年知县程祥栋疏修东湖时另外选址重修，但是汤健业于乾隆末年在东湖修的耸翠亭至今尚存，并有民国要人吴良桐（云南省府秘书长）所题名联"疏条见人影，曲篱闻鸟声"佐证，说明这个现存东湖至少不是同治三年重选搬迁的新址。

不久赶赴新繁汤健业六秩花甲寿庆的李调元又写了七律一首《赴新繁预祝汤莳芥仍用简州寄怀原韵》：

　　介寿何须下里巴，弦歌早已遍千家。
　　满堂共祝如松柏，有客惟知雪枣瓜。
　　若问谪仙推我李，却惭献佛借君花。
　　论诗一字心甘服，屈宋何妨遣作衙。

随后李调元再次抒发对耸翠亭的钟爱，又赋《耸翠亭》：

耸翠亭

参天楠盖影童童,耸翠新看立水中。
何必楼高方得月,应知亭敞最宜风。
莺从柳底穿梭似,鱼跃渊中破镜同。
毕竟红颜多命薄,开花无子为谁红?

李调元仍难尽其兴,三赋《耸翠亭杂咏六首》:

楼阁居然似画图,城阴阙处一亭孤。
到来便觉清无暑,要算刀州第一湖。

玲珑四面水光鲜,翠盖田田六月天。
恰似西湖堤畔路,柳梢只欠小渔船。

分明人语草桥东,只隔荷花路不通。
钓得金鳞三十六,一起喧动水晶宫。

前身应是高常侍,历遍三川句益奇。
赢得庭空诸吏散,竹窗深处课儿诗。

城中亦复有蛙啼,总为湖深认作溪。
自是今年春雨足,水田处处叫秧鸡。

蝉声何处费寻求,古木森森绿树稠。
最是晚凉宜洗马,桃花树下看骅骝。

是年六月初五,乃汤健业(虚岁)花甲大寿。李调元是这样记述的: "辛亥六月五日,新繁莳芥汤明府六十初度。是日宴集东湖耸翠亭,调适由濛趋祝,忝居座首。天光树影,清风徐来,荷气袭人,酒香扑鼻。咸曰:今日不可无诗,以畅雅怀。谬做首联,诸公依次秉笔,主人诗伯也,谊义不容辞。诗成，共得二十韵。主人郎婿皆能诗，例得备书。雨村、治斋、谨堂、乐斋、莳芥、仪甫、牧堂、泗滨、苏台、剑函。"其中雨村为李调元，乐斋是司为善（巫山人，嘉庆七年进士），莳芥即汤健业，仪甫是李其椅（字凤木，通江县人，戊午举人，官巴县教谕），泗滨乃莳芥公汤健业之次子汤贻泽，其他人尚不可考。诗云：

令尹悬弧日，新亭初构时。
兰亭重有序，（雨村）莲幕尽能诗。
清白江无愧，（治斋）龚黄政可媲。
敢持山作寿，（谨堂）直指海为卮。
胜会延三益，（乐斋）冰渊凛四知。
开筵争校射，（莳芥）虚牗听弹棋。
松老犀千甲，（仪甫）菱窥镜一池。
蝉鸣疏欲断，（牧堂）燕舞合还离。
草阁横秋水，（泗滨）深林漏夕曦。
荷香飘冉冉，（苏台）竹动影迟迟。
系马长堤外，（剑函）流觞曲水湄。
嘉殽烹鹿脯，（雨村）野味荐蹲鸱。
坐待南薰拂，（治斋）旁宜丝竹吹。
金罇倾绿醑，（谨堂）玉树映丹枝。
绕屋云霞灿，（乐斋）临轩锦绣垂。
堂前双凤舞，（仪甫）膝下六龙随。
客唱南飞鹤，（牧堂）星从北斗驰。
双兔今可网，（泗滨）五马早相期。
天上开千叟，（苏台）人间介一眉。
龟龄应不老，岂但祝期颐。（雨村）

这首联句长诗，始于李调元，终于李调元，可见李调元与汤健业交情之深，友谊之厚。汤健业也给李调元写过一些词，可惜汤氏所著《红杏山房诗钞》（同名诗集有好几个，汤氏为之首）已佚，有待今人考证。

关于与汤健业的交往，李调元是这样记入他的《雨村诗话》（卷一二）的：武进汤莳芥建业，同年世交，署安县令，常往来醒园见访，后署新繁令。署中有东湖，莳芥筑一亭于中，名曰耸翠亭。成适值寿日，余与诸人联句于中。莳芥有《自题耸翠亭》云：

翠柏老千古，新亭敞复幽。
水深鱼影绝，林静鹊声稠。
青白江如此，龚黄志未酬。
此中有真趣，空自羡瀛洲。

这段文字源于万卷楼藏板（版）十六卷本《雨村诗话》。与本文前面所录《童山诗集》中同一首诗文字不太一样（不同处见加点处标出，后同），而《童山诗集》中的那一首诗，与《新繁县志·艺文志》中的著录则是一致的。《童山诗集》刻于李调元身后的道光九年（1829），在之前嘉庆元年刻印的《童山诗集》卷一二中有《耸翠亭杂咏》七首，除了多出一首外，原有六首中也有三首略有不同。现一并录出于下：

楼阁居然似画图，城阴阙处一亭孤。
到来便觉清无暑，要算刀州第一湖。

玲珑四面水光鲜，翠盖田田六月天。
恰似西湖堤畔路，柳梢只欠采菱船。

分明人语草桥东，只隔荷花路不通。
钓得金鳞三十六，一起喧动水晶宫。

前身应是高常侍，历遍三川句益奇。
赢得庭空诸吏散，竹窗深处课儿诗。

自是优游刃有余，时携万卷校虫鱼。
昨朝丝竹喧阗甚，别着藤床卧看书。

平田水满有蛙啼，流入湖中渐作溪。
自是今年春雨足，菰蒲处处叫秧鸡。

乱蝉声曳度方舟，古木森森绿叶稠。
最是晚凉宜洗马，桃花树下看骅骝。

所有这些文字都印证：东湖耸翠，岂羡瀛洲；雨村莳芥，情深谊厚！

丙申初夏于美西附雅斋

才具明练　为守兼优
——记清代四川贤吏吕朝恩

吕朝恩是清代乾嘉时期四川的一位官吏。他的真实籍贯不明、生卒年月不详，就连他的字号也失考，但是他的仕途经历却反映了时代的一角。

现有史料中对吕朝恩出身记录相对比较完整的是来自台北故宫博物院《明清档案》（A326—119）中的一篇奏对："顺天府宛平县人，由律例馆供事从优议叙正八品。"这里他的籍贯被记载为顺天府宛平县，但这只是寄籍，并非真实籍贯。清制，科举原则上必须在原籍参加考试，但是考虑到在朝官员中（特别是其中汉员）外地籍贯多，所以对他们也有所变通，就是有条件地允许他们的子女寄籍北京，有点类似现代的报临时户口，大多在顺天府的大兴县或宛平县。口子一开，各种理由或者借口下冒籍的也就不少。顺天乡试就算不比江南容易，也远比江南名额多。所以如果在某家谱牒上看到兄弟二人，哥哥是江苏武进人，弟弟顺天大兴人，就往往是这种情况。律例馆是清初就设置的掌修撰法令、审定条式、颁行全国的官署，隶属刑部。供事则是在京官署书吏的一种，任职满一定年限，经考核合格者，可转为低级官员。

卅年宦绩

离开律例馆，吕朝恩"选授任重庆府经历（正八品），乾隆五十二年（1787）三月初一日到任"（《明清档案》A326—119，亦见道光《重庆府志》卷四"职官"），从此他就在四川开始了整整一生的官宦生涯。五十五年（1790）八月起以重庆府经历署叙永厅永宁县丞（正八品）（光绪《叙永永宁厅县合志》卷二一"职官"），驻赤水，今属贵州。任职时间不长，因为厅县合志记载继任者次年四月就到任了（同前）。五十六年（1791）又以重庆府经历署眉州州判（嘉庆《眉州属志》卷三"职官"）。正式州判应为从七品，但是吕朝恩只是署理。五十八年（1793）府经历"俸满保荐"，署新津县知县（道光《新津县志》卷三〇"职官"）。正式知县应为正七品，但是吕朝恩也只是署理。同年改署通江县知县（道光《通江县志》卷六"职官"），但是这部道光《通江县志》只说"吕朝恩乾隆年间任"，显然非常含糊，也不完全正确，应该是署理。清代自中叶以后，地方候补官员多如牛毛，僧多粥少，任上官员走马灯似地来去。

乾隆五十九年（1794）八月署南部县知县（道光《南部县志》卷一一"职官"）。在任时间虽然短暂，但是吕朝恩留下了值得考证的可观业

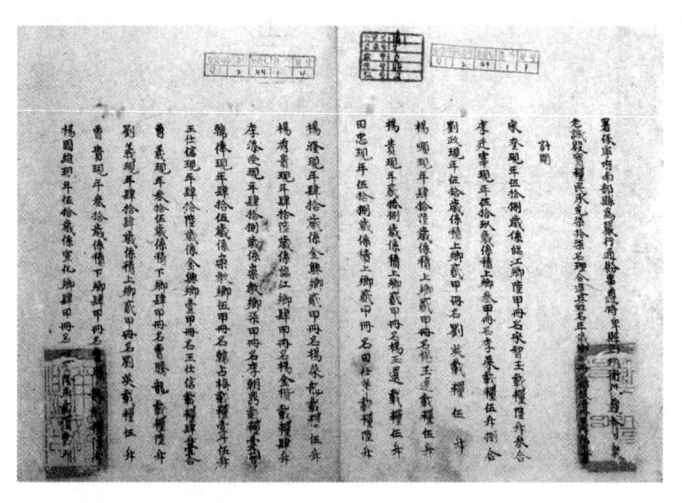

南部知县吕朝恩造报招募

绩。十二月十三日署知县吕朝恩申报的《署四川保宁府南部县备造卑县及儒学、盐大使、典史各衙门额设各役及里保甲长名数清册》非常清晰，广为引用，已经成为现代研究清代吏治的重要档案史料。例如其中《署保宁府南部县造赍典史衙门额设招募殷实粮民承充一案清册》记载：卑县典史"傅兆东衙门额设招募老诚殷实衙役，共一十六名"。短短的记录，把人员编制、用人标准，都写得清清楚楚，显示了他的官吏才干。直到这个时候，吕朝恩的知县职务都是署理，而非实授，所以实际上他还只是府经历品阶。

同年吕朝恩调补垫江县丞，嘉庆元年（1796）三月初六日到任（《明清档案》A326—119，亦见咸丰《垫江县志》卷五"职官"），随即调赴达州军营。吕朝恩从此被征调参加四川总督英善率领的对入川白莲教的围剿，并且屡立战功。"嘉庆元年十二月二十四日奉上谕英善等奏，夺占马鞍山贼卡巢杀贼匪情形一折。……县丞吕朝恩……俱著咨部议叙……"（嘉庆《四川通志》卷首之八"圣训八"）嘉庆二年（1797）二月（成都将军观成等会合剿办）"……县丞吕朝恩，著即以知县用"（《大清仁宗睿皇帝实录》卷一四），随即补授郫县知县（《明清档案》A326—119），八月十一日"又议署四川总督英善奏郫县知县员缺可否准以垫江县县丞吕朝思升补一疏，奉谕旨吕朝恩准其升补，余依议"（《嘉庆帝起居注》卷二）。这次不再是署理，吕朝恩正式出任郫县知县。不过嘉庆《郫县志》（卷二四"职官"）记载吕朝恩"由律例馆供事考授正九品议叙"，显然有误。不仅与《明清档案》中"从优议叙正八品"相异，而且与他被"选授重庆府经历"的实际品阶不一致。十二月二十五日奉文到任，实际仍在军中，郫县事实际由举人出身的广西朱振源署理（嘉庆《郫县志》卷二四"职官"）。

嘉庆三年（1798）九月"知县吕朝恩，著赏戴蓝翎"（《大清高宗纯皇帝实录》卷之一千四百九十九。此时虽然嘉庆帝已经即位，太上皇乾隆的实录还在持续）。嘉庆五年（1800）吕朝恩短暂署理富顺知县（道光《富顺县志》卷之八"职官"）。

关于吕朝恩回任郫县的时间，《明清档案》（A326—119）奏折中说："（嘉庆）八年军务告竣……差竣回任。"但实际应为嘉庆五年。这不仅与嘉庆《郫县志》（卷二四"职官"）中他"嘉庆五年任"的记录相吻合，而且有清廷奏谕为证。"嘉庆六年三月二十七日……成都府知府赵秉渊转据郫县知县吕朝恩详送……"（台北《历史语言研究所现存清代内阁大库原藏明清档案》第174094—174095页）如果此时吕朝恩不在任上，就应该是署郫县知县的其他某某人了。

七年（1802）知县吕朝恩"重建申明亭，在县东门城外"（同治《郫县志》卷一五"学校"）；八年（1803）知县吕朝恩"重建先农坛，在城东门外一里处"（同治《郫县志》卷一七"祠庙"）。在吕朝恩任职期间，郫县发生的其他事情还包括重修般若桥、八里桥、学宫、育婴堂，文昌庙添祭、大成殿挂匾等。八年九月四川总督"勒保奏，川省历年承办军务出力文员。请分别鼓励。……知县吕朝恩等八员，（加）知州衔"（《大清仁宗睿皇帝实录》卷一二〇）。清制散州知州是从五品衔。嘉庆九年（1804）二月初九，吕朝恩丁母忧离职，按律回籍守制二十七个月（《明清档案》A326—119）。直到十一年五月初九服满起复，六月二十六日"又将服满之原任四川郫县知县吕朝恩带领引见，奉谕旨吕朝恩著发往四川以知县用"（《嘉庆帝起居注》卷一一）。经过到北京的引见，吕朝恩再次成为候补知县，十二月二十六日回到四川。但实际上他很快又被征调，参办凉山抚彝军务。

十二年（1807）四月二十八日四川总督管巡抚事勒保奏报："犍为县知县程尚濂患病解任调理，经臣于嘉庆十二年三月初三日具题，开缺所遗员缺系冲难中缺，应归部选。经臣声明川省现有应补人员，容俟拣员另行请补在案。兹据布政使董教增、按察使姚令仪详查，有候补知县吕朝恩，年力壮盛，办事勤奋，堪以题补犍为县知县等情。前来臣覆查吕朝恩才具明练，办事勤干，以之题补犍为县知县，实堪胜任。该员系曾经得缺引见奉旨仍发四川以知县补用之员，今题补知县衔缺相当，毋庸另请实授，亦毋庸送部引见，谨题请旨。"批红"该部议奏"（《明清档案》A326—119贴黄），"又议复四川总督勒保题犍为县知县员缺请以候补知县吕朝恩补授一疏，奉谕旨吕朝恩依议用"（《嘉庆帝起居注》卷一二）。虽然调任犍为，吕朝恩实际上仍在凉山抚彝军务中。

十三年（1808）"七月四川总督勒保奏报、生番缚献首逆乌卜乞降。凉山军务全竣。得旨奖赉。……知县吕朝恩……（赏）花翎"（《大清仁宗睿皇帝实录》卷之一百九十九）。《四川通志》（卷首之十二"圣训十二"）说得更详细："十三年七月十八日内阁奉上谕，本日勒保由六百里奏报生番缚献首逆乌卜。……另折保奏在事出力文武各员加恩，均照所请。……知州衔犍为县知县吕朝恩（等四人）著以同知直隶州升用。吕朝恩本有蓝翎，并著赏换花翎。"这样吕朝恩就有了同知和直隶州知州的正五品衔，并赏戴花翎。这以后，吕朝恩在犍为着实干了几年，也做出了一番政绩。

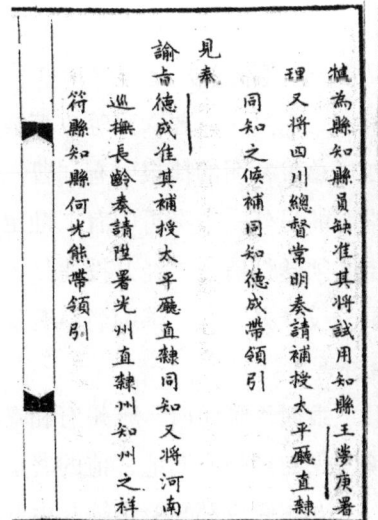

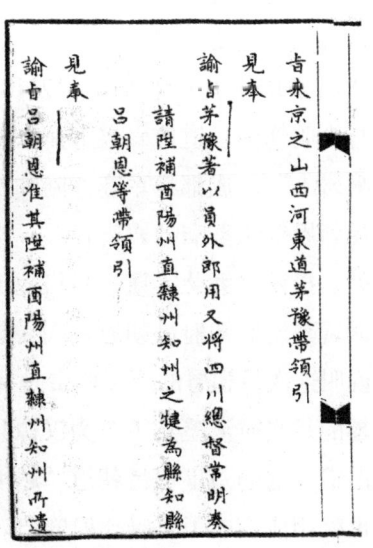

吕朝恩署马边同知赏戴花翎

《嘉庆帝起居注》十八年癸酉六月十三日吕朝恩引见准其升补酉阳直隶州知州

"十八年（1813），（吕朝恩）擢授（酉阳直隶州知州），未到任"（《酉阳直隶州总志》卷一二"职官志"）。为了这次擢任，吕朝恩再次进京觐见。"（六月十三日）又将四川总督常明奏请升补酉阳州直隶州知州之犍为县知县吕朝恩等带领引见，奉谕旨吕朝恩准其升补酉阳州直隶州知州"（《嘉庆帝起居注》卷一七）。未到任的原因当然是他又一次被调办军务。《总志》介绍吕朝恩为"顺天宛平进士"，实为不确。另查台北故宫《数位典藏与数位学习联合目录》，直到嘉庆十八年正月二十一日，还有就犍为新开盐井纳税一事，朝廷给嘉定府知府宋鸣琦、犍为县知县吕朝恩的批复。

十九年初嘉定府知府宋鸣琦"以卓异班奉部签升广西苍梧道"。他在自撰年谱中写道："予于五月卸府篆，……署篆者为酉阳刺史吕君朝恩，昔官犍为令，夙好也。"（《心铁石斋年谱》）同治《嘉定府志》知府名序中也有"吕朝恩，宛平县供事，嘉庆十九年署"（卷二三"职官"），只不过府志里没有显示接篆于宋鸣琦，这是因为宋鸣琦任期内也常奉调公差，其间有几人临时署理知府。吕朝恩实际署理嘉定知府的时间非常短暂，虽然《数位典藏与数位学习联合目录》有一片川督常明奏折提到署嘉定府知府吕朝恩，落款日期为嘉庆十九年十一月十一日，而且这段时期中，吕朝恩仍然主要在调办军务之中。《四川通志》（卷九五"武备·边防"）中有嘉庆十九年上半年"四川啯噜岩夷匪亦因乏食出掠并伤毙居民，总督常明饬建昌道曹六兴等剿办"，"六月……曹六兴等攻克清溪夷巢（啯噜岩）"。成都将军赛冲阿和四川总督常明的捷报中有"曹六兴率署知府吕朝恩等讯据啯噜岩夷目"，常明的另外一个奏折中有"勘定之啯噜岩等处、投诚之磨朵等堡，户口地亩必须趁姑清查，经升授建昌道曹六兴与饬派署嘉定府知府吕朝恩带同委员分投查办"（《国朝名臣奏议》卷一），说明这次吕朝恩的更多职责是抚彝善后。

有趣的是当时清溪县（今为汉源县）隶属于雅州府，雅州府和嘉定府同属建昌道。这趟差事中吕朝恩"越境"来到雅州府属地，他的署嘉定府知府，也就相应变成了署雅州府知府。十九年底成都知府出缺，由并不在任上的雅州知府叶文馥调署；而雅州知府印务，四川总督常明奏请由吕朝

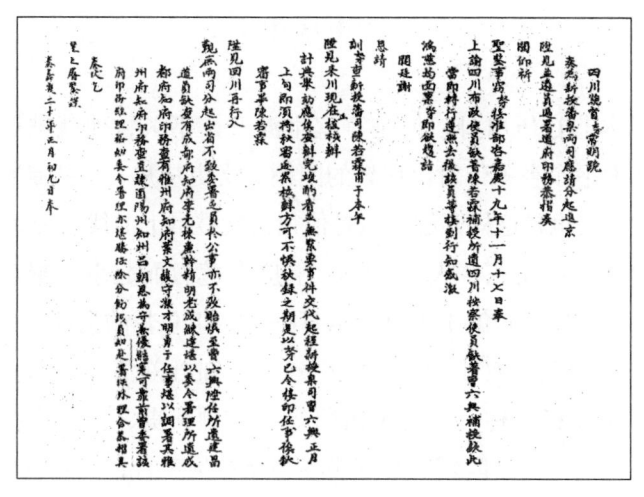

吕朝恩调署雅州府知府奏折（全）

恩正式接署，"查直隶酉阳州知州吕朝恩为守兼优，结寔可靠，前曾委署该府（雅州府）印务，经理裕如。如委令署理，亦堪胜任。除分饬该员即赴署任外，理合恭折具奏，伏乞皇上睿鉴。谨奏"。"嘉庆二十年正月初九日奉朱批：知道了。钦此"（《国朝名臣奏议》卷一）。

"二十年（1815）七月十一日内阁奉上谕，常明等奏，查明军营出力文武员分别保奏一折，此次剿办……自应量予鼓励……直隶州知州吕朝恩、吴升俱以知府升用，先换顶戴"（嘉庆《四川通志》卷首之一二"圣训十二"），吕朝恩正式戴上了从四品知府顶戴。有趣的是这次获奖人员中还有后来成为吕朝恩女婿的盛善沆，"留川省，无论题调缺出补用（按察司经历）"。

此后再也未见关于吕朝恩的下一步材料，但是从他此时年龄（虚岁六十左右）推测，致仕退休的可能性比较大。

吕朝恩为官三十年左右，一半地方政务，一半军旅戎机。这是一番非常罕见的不平凡经历！

文吏从戎

吕朝恩本非行伍出身，但是官宦生涯开始不久，他就被调赴达州军营，参加在太平东乡一带对白莲教的围剿。文吏从戎，一般是督办后勤补给，吕朝恩当然也是这样开始，但是他很快就被推上前线，带兵打仗了。

乾末嘉初，四川东乡人王三槐，响应白莲教而起事，聚众一度多达万余人。嘉庆元年（1796）十月十六日护理四川总督的刑部右侍郎英善奏曰："十三日卯刻，奴才督率参将卢廷璋、知县刘清、县丞吕朝恩、照磨张锡谷、千总杨廷柱、外委宋占魁等，带领兵勇，分路直扑麻柳场贼巢；匪众悉力抗拒。旋闻新宁赴麻柳场一路枪炮声音，探知道员李宪宜、副将富明阿，率同大竹县知县刘佳琦、盐大使李基善，分带兵勇，前来夹击。该匪等首尾不能兼顾，纷纷溃散。"（《清中期五省白莲教起义资料》第一册）同年十二月十三日英善又奏："是以一面密饬各营卡严加准备；一面密派县丞吕朝恩，千总廖廷超，义首卫国平、王丕承等，带领义勇三百名，巡检朱向隆、把总把总张应禄、义首王寀禄、李逢春等，带领义勇三百名，各往普子岭一带相度地势，分起埋伏。"（《钦定剿平三省邪匪方略正编》卷二四）"县丞吕朝恩一路义勇绕至贼前，迎头截杀，毙贼六七十名。义勇阵亡四名，受伤九名。余匪滚箐落涧，往马鞍山窜逃"（同前），显然吕朝恩这位小小的县丞，已经在领兵打仗，而且初战告捷，取得战斗胜利了。"县丞吕朝恩，……俱著咨部议叙"（同前）。

围剿继续进行，朝廷派来了新的统帅成都将军观成。他在次年二月初七日的奏折中说明了他与副帅英善和勒礼善的布局应对，"臣等一面飞饬县丞余钰、吕朝恩带领八百义勇驰往马鞍山协同该处守卡都司"（同前书，卷二五），还提到"经历盛世绮等带领乡勇二百名"，这位盛世绮就是前面提到的盛善沆的叔父。二月十八日观成等再奏，"臣等密派参将吕朝龙等带领满汉屯土官兵三百名，县丞吕朝恩、典史陈栋带领乡勇二百名。绕赴贼匪后路抄袭截杀"（同前书，卷二六）。马鞍山的战斗颇为激烈，多名佐领、防御、知县、典史阵亡，但是清军取得了最后的胜利。转机出现于反间谍与获取对方军事情报，"据委员县丞吕朝恩盘获奸细郭联宗、徐文举、周聪元三名,一并委员严加讯问。据该匪等供称"(同前书,卷二八)。紧接着上谕,"所有盘获奸细之县丞吕朝恩,著即以知县用;冲入贼队之土把总王保,即赏千总衔;出力乡勇人夫优加奖赏,以示鼓励"(同前)。吕朝恩算是立了头功,随即补授郫县知县,这一战例也被写入后代反谍情报战历史书。

二年八月二十六日总统诸军兼摄四川总督宜绵上奏说明他的部署:"另派原任总兵杨秀,副将雷仁,游击刘大魁,都司张东林、盖乾开,守备七十三,知县吕朝恩,教谕高汝仪,候选从九品李蔼等,挑选精锐兵勇,由王家寨直取毡帽山。"(《清中期五省白莲教起义资料》第一册)九月初六他汇报作战经过奏曰:"杨秀等仍由正路进攻,密派知县吕朝恩、教谕高汝仪等带领乡勇,觅小路绕赴贼寨后面攀援而登,直至山顶。由上压下,两路攻击,贼匪溃败,被我兵歼戮殆尽,亦即占领毡帽山。"(《钦定剿平三省邪匪方略正编》卷四九)吕朝恩再建奇功,但由于此役"首逆俱向通巴一路奔逸,仍未就获",致使朝廷大大不满,除了正路杨秀稍有赏赐外,"其余各员著于……各首逆全数擒获后再行奏请"(同前)。十月初八宜绵奏报战局不利,"臣飞饬参将王清弼等带领官兵,知州刘清、知县吕朝恩等带领乡勇绕道赴援,进抵龙城寨地方,均被贼匪拦截"(同前书,卷五三)。

直到嘉庆三年八月清军攻破安乐坪,生擒王二槐,算是初步完成了这次围剿目标。九月"上谕内阁曰勒保(乾嘉时代清军战斗力明显不如清初,临阵不断换帅早已是家常便饭)奏查明生擒首逆王三槐时随同打仗之镇将及在事出力之文武员弁义勇人等开单进呈(前有十人赏赐不同)……知县吕朝恩著赏戴蓝翎"(同前书,卷七九)。蓝翎为鹖羽所制,赏予有军功的文武官员,但仅仅是知县吕朝恩获得这一荣誉,是很不容易的。统率此次围剿,侍郎、总督、提督、将军就有四五人,文武高级官员甚众,四川一省调兵近两万。若不是单独领兵或立奇功,县丞知县这种些许小吏,是上不了《钦定方略》的。吕朝恩屡屡被提到,并获奖赏,可见其功,既是这样,也有几处原奏折上提到吕朝恩,但是到了《钦定方略》也被略去,例如前文提到的嘉庆元年英善第一篇奏折,在《钦定方略》就被省略为"十三日卯刻,臣督率参将卢廷璋、知县刘清等,带领兵勇,分路直扑麻柳场贼巢"(同前书,卷二一)。嘉庆二年九月二十五日宜绵奏言:"经百祥同副将雷仁、游击哈三泰、王相龙、知县吕朝恩等督率兵勇,分投搜捕,歼戮四五百人。"在《钦定方略》也被省略为"经百祥同副将雷仁等分投搜捕,歼戮四五百人"(同前书,卷五一)。

战斗并未结束,余党仍在逃窜,围剿逐步转为清剿。嘉庆三年十二月初六勒保又奏言:"查达州为粮饷重地,且系贼匪往来熟径,不时出没窥伺……当派署达州事候补同知直隶州黄铣,知县吕朝恩、李霖选派附近各寨乡勇星驰剿捕。"(同前书,卷八五)嘉庆四年"十一月建昌道刘清赴太平安设滚运台站檄赴东属周家河守站。腊月大股贼七八千突至,寨多屯粮而新立未固也,寨兵少不敢出战,凭栏以守,贼旋退。予(朱向隆)度其且夜至,重赉乡民,勉以协力防堵。漏三下,贼果至,火光烛天。寨三重,贼已破头围。众恟惧时,郫县令吕朝恩适以催粮至寨,因与分地而守,尽力堵御。寨顶有关帝庙,其祷焉。天明贼逡巡去,金一位得神助云"(李兆洛《安岳知县朱(向隆)君传》,见《养一斋文集》)。元年马鞍山一役,吕朝恩和朱向隆曾分兵设伏;此役他俩又合兵分地而守,配合自然是天衣无缝,抵御了七八千围兵。

因为这次围剿发生在东乡县,一些现代研究人员把吕朝恩误为东乡县丞,其实他是由垫江县丞应征调来东乡太平一带参战。从嘉庆五年开始,吕朝恩先署理富顺,后回任郫县,逐渐淡出军务。嘉庆八年清剿基本结束,九月二日"上谕内阁曰(四川总督)勒保奏,川省历年承办军务出力文员。请分别鼓励。……郫县知县吕朝恩(等八员)……加恩赏给知州衔"(《钦定剿平三省邪匪方略续编》卷一八)。

此后吕朝恩又曾两度被征调,第一次是参加凉山抚彝军务,第二次是参加瞻对抚藏军务,可惜至今尚未发现关于吕朝恩更多的细节描述。只知道第一次后吕朝恩赏戴花翎(花翎为孔雀羽所制。作为从五品知州衔知县被赏戴花翎,在清代实不多见)并以同知直隶州升用;第二次后直隶州知州吕朝恩以知府升用,先换顶戴。可见他是有功之臣。

才具明练　为守兼优

施政犍为

根据目前能够看到的资料，吕朝恩前后在十三处任职，其中九处为主官。虽然他在各处都有政绩，比如南部县的档案、郫县的庙亭，但是记录最多的还是在他主政长达六年之久的犍为县。据不完全统计，嘉庆《犍为县志》提到吕朝恩名字二十余处，提到与他直接或者间接相关的事情四十余处。嘉庆《四川通志》除了提到他的军功外，也提到他在犍为修城和办学。民国《犍为县志》更有他的政绩专条。有趣的是"民国志上·职官表"（卷一六）上把他任职期写为"嘉庆十二年"开始，而同卷政绩专条则写成"嘉庆十四年任"。这其实就是因为任职公文上是前者，而真正离开军务全职回任是后者。他任职期间的主要事迹，摘取其要，有以下几个方面：

"清嘉庆十三年（1808）知县吕朝恩将犍为县城垣全城加高约二尺，并修犀江门左城身九丈，犹取石材于惩非镇，所取石材即原旧城墙基石也"（民国《犍为县志》）。加强城防，这在当时应该是最为紧迫的首要

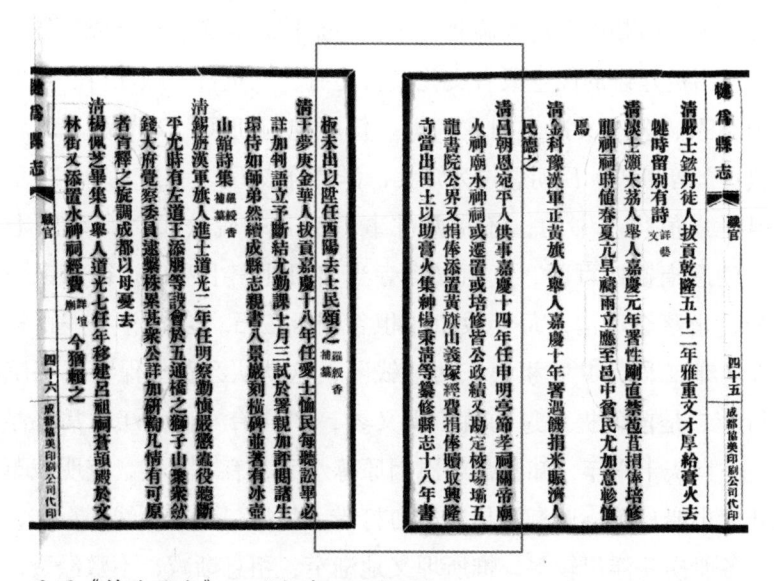

民国《犍为县志》之"宦绩·吕朝恩"

任务，当然是吕朝恩上任后立即开始的项目。近年来有文章写道："光绪十四年（1888），犍为知县吕朝恩同驻防军主官陈万镒，共同牵头补修。"（杨乐生《犍为武庙，大多数乐山人都不知道的地方》）这把相差一个多甲子的两件事情合并为一件，光绪年代吕朝恩早已作古，在此顺为订正。

此后，吕朝恩重修县学、普济桥、太平桥、天生桥、黄旗山义冢等，这些在当时都算得上是县里的重大建设项目，涉及民生和教育，有着特定的时代意义。另外，文昌阁、申明亭、节孝祠、文庙、武庙（关帝庙）、火神庙、水神祠等，"或迁置，或培修"，都属于那个时代的文化类建设，吕朝恩任上全盘规划，先后开始，一一告竣。

吕朝恩全面铺开的建设项目，并非总是一帆风顺。"勘定校场坝（演武厅）""五龙书院公界"，以便修缮，则都排除了人为的障碍，有过一番特别的努力。前者被商家立店侵占，"知县吕朝恩履勘归原，埋石定界，永远立案。其铺户每岁纳租归武庙经营，以为补葺之资，皆有碑记"；后者涉及宗族祠堂，"知县吕朝恩踏勘饬令拆迁，详府申司在案"。吕朝恩不仅勇于触犯既得利益，而且解决得有理有力、利于长远。

看得出，吕朝恩在犍为施政几年，还是比较务实、卓有成效的。这期间由民间出资建设的民生或者文化项目还有，三星桥、顺江桥、金粟桥、真武山义冢、公车义田、川主祠等。任职犍为期间，"节孝、节烈、贞女、烈女"等事迹，吕朝恩作为知县，详请旌表不少。

但是最值得一书的，还是两件事。一是书院公田，"嘉庆十七年知县吕朝恩捐银四百两，赎回兴隆寺当出田地三十八亩。征条银一两一钱七分，坐落李家沟，每年收市斗租谷四十三石，合仓斗谷一百三十石零二斗。地二段，共收租银三两一钱"，这就从经费上保证了书院的长期运行。二是前面提到过的黄旗山义冢，"县治滨临大江，常有浮尸漂至。……嘉庆十六年，知县吕朝恩因原募水手，有名无实，查明裁革。着落该处大小船只等，遇有浮尸，实力打捞，每尸一驱，给钱一百文，甚为得力。各船捞获浮尸较多，惟所埋义地渐窄，租息渐减，不敷经费，知县吕朝恩捐银二百四十两。……交当铺生息，以资费用；并将就近置产，用垂永远"。嘉庆《犍为县志》（卷之四"食货"）记载："本县知县俸薪银四十五两，养廉银六百两。"吕朝恩这两件善举，确实是尽心尽力。

"嘉庆十六年（1811），大府奏修省志，檄各属皆以志往"。吕朝恩"因采辑二三十年中事，编附旧志以上，欲因以重镌之（县志），会擢任（酉阳直隶州）而去，事中止。故诸邑之志皆成而犍为有待"。继任王梦庚"明府来宰斯邑，甫下车，概然以为己任"。重新编辑成书后，作为吕朝恩、王梦庚共同纂修，"嘉庆十九年（1814）重镌"。国史、方志、家谱，是中华文化的重要文字载体，此书的意义就不必冗述了。其中还有一个小故事："邵氏古铜香炉，今无存。……嘉庆十七年二月，知县吕朝恩为编纂《县志》，期于核实，传讯住持僧，亲供具结存案。"吕朝恩修志之认真，可见一斑。另外一件事则是"嘉庆壬申（十七）二月奉文重纂邑乘，采访古碑、石刻，于清水溪之东皇宫得宋夫人贾氏（礼部侍郎邵公硕人之姊）墓志铭"，足以说明这次修志，不仅补充了上次修志以来的新内容，而且抢救了文物史料，填补了历史空白。

正是因为他们修志，给我们留下了犍为当时的详尽资料，试举若干：

人口："嘉庆元年至十八年陆续奉行清查续增报部户名新旧共二万八千二百五十户，人丁八万六千零十九丁。"

田赋："嘉庆元年至十七年，现在报部实存上中下及学田共二千一百五十六顷一十八亩八分七厘五毫六丝一忽七微　尘二纤，共征丁条粮银六千零五十四两二钱二分七厘四毫三丝三忽九微六尘三纤三沙八渺三漠二埃另加一五火耗，遇闰照例加征。"

盐法："至嘉庆十七年止新旧共盐井二千零八十眼，共锅二千九百零二口，每口榷正课银二两，共征正课银五千八百四十六两。陆续奉文坍除盐井八百七十四眼、煎锅一千二百四十八口，正课银二千五百零八两。"

社仓："至嘉庆十七年计各处共积贮社仓，仓斗谷一万六千七百零五石二斗一勺三抄。"

济贫："迄今嘉庆十八年均照奉发水票五百五十张，所缴息银依数散给贫民，每日每人钱二十文，每月一领。"

民国《犍为县志》中关于吕朝恩的政绩，最后以"升任酉阳去，士民颂之"结尾。果然"犍为百姓自建祠庙，供后人纪念。如'三公会'，建于东兴场（下渡），将知县沈念兹、吕朝恩、王梦庚的塑像立入祠中"。

司法案例

正如吕朝恩在南部署理知县时造册报表、清晰存档一样，吕朝恩在犍为任职知县时，也留下了各种珍贵史料，其中司法案例尤为现代中外学者所重。本文简述其三：

（一）"四川犍为县客民、煤厂帮工邓大富等索欠斗殴案"：……刑科抄出四川总督勒保题前事，内开：据按察使方积详，知府宋鸣琦转，据犍为县知县吕朝恩详称，卷查：嘉庆十四年正月二十九日，据县民陆绍明报称：身挖煤生理。雇邓大富、徐明在砖帮挖煤炭。本月二十日，徐明被邓大富用铁钩扎伤，延至二十八日，因伤身死。理合报验。等情。又据约邻龙念库等报同前由，随带刑件前诣相验。……该臣等会同都察院、大理寺，会看得犍为县审解民人邓大富扎伤徐明身死一案。（删）据此，应如该督所题，邓大富合依斗殴杀人者，不问手足、他物、金刃，并绞监候律，拟绞监候，秋后处决。该督既称：朱琴山救阻不及，应毋庸议。徐明所欠钱文，身死勿征。尸棺饬属领理。无干省释。等语。均应该督所题完结。（删）嘉庆十四年十一月二十二日（批红）邓大富依拟应绞，著监候，秋后处决。余依议。

（二）"四川犍为县客民邓棕淮为救母殴伤胞兄邓棕志身死案"：……刑科抄出四川总督常明题前事，内开：据署按察使事盐茶道瞿曾辑详，据署嘉定府知府徐廷钰转，据犍为县知县吕朝恩详称，卷查：嘉庆十六年闰三月初一日，据民妇邓杨氏报称：本年三月三十日，氏向长子邓棕志索讨租银，不给，反用言顶撞，氏用桑条殴打，邓棕志将氏衣襟抓住用头碰撞，氏次子邓棕淮救护，将邓棕志殴伤身死。理合报验。等情。又据约邻杨通山等报同前由。……该臣等会同都察院、大理寺，会看得犍为县审解民人邓棕淮殴伤胞兄邓棕志身死一案。（删）据此，应如该督所题，邓棕淮合依弟殴兄死者斩律，拟斩立决，该督既称：邓亚葵救阻不及，应毋庸议。尸棺饬属领埋。无干省释。等语。均应如该督所题完结。……嘉庆十六年八月初十日。（批红）邓棕淮改为应斩，著监候，秋后处决。余依议。

（三）"四川犍为县民郭升禄殴伤小功堂叔郭锦万身死案"：……刑科抄出四川总督常明题前事，内开：据按察使常发祥详，据嘉定府知府宋鸣琦转，据犍为县知县吕朝恩详称，卷查：嘉庆十六年八月十八日，据县民郭锦胜报称：本月十一日，身胞弟郭锦万因向郭锦洪加取押租，不允，牵拉牛只。郭锦洪追赶，与身弟扭结。郭升禄救护，将身弟郭锦万殴伤，延至十六日挨黑因伤身死。等情。据此，随带刑件前诣相验。……该臣等会同都察院、大理寺，会看得犍为县审解民人郭升禄殴伤小功堂叔郭锦万身死一案。……查郭升禄系已死郭锦万共曾祖堂侄，服属小功。死系小功尊长，服制攸关，自应照律问拟。将郭升禄依律拟斩立决，照例刺字，并声明该犯救父情切等因具题前来。据此，应如该督所题，郭升禄合依卑幼殴本宗小功尊属死者斩律，拟斩立决。该督既称：郭锦洪系已死郭锦万大功服兄，殴非折伤，律得勿论。郭锦凰救阻不及，应毋庸议。尸棺给属领埋，无干省释。等语。均应如该督所题完结。……嘉庆十七年三月十六日。（批红）郭升禄改为应斩，著监候，秋后处决。余依议。

每一案例，都有上千字记录（在此无法全文抄出），内容详尽，条例清晰。后两案例还被录入日本学者荒武达朗的研究论文《嘉慶年間中国本土の郷村役》（德岛大学综合科学部《人間社会文化研究》第二十四卷2016年25—74页）。

纵观吕朝恩近三十年的官宦生涯，无论是协办军务，还是治理地方，吕朝恩都做得有声有色。他始于正八品府经历，终于从四品知府。"才具明练""为守兼优"，这两句上司的评价，是对他的政绩的肯定；蓝翎花翎则是对他的军功的奖赏。

附考

吕朝恩的真实籍贯目前尚未见到确切记载。仅在《嘉庆朝上谕档》

中发现,(嘉庆二十年)吕朝恩被时任剑州知州的吕兆麒在公文中称为族兄。吕兆麒是乾隆五十七年(1792)壬子科(顺天)举人、嘉庆七年(1802)壬戌科进士,其父吕光亨是乾隆十二年(1747)丁卯科举人、十六年(1751)辛未科进士,官云南、山西学政;其母"恽氏怀英,铁箫道人(恽源濬)之女,南田(公恽寿平之)女孙也,号兰陵(江苏武进)女史"(见清俞蛟《读画闲评》),是名噪一时的女画家。查民国六年《旌德吕氏续印宗谱》,吕光亨(字礼斋、嘉仲、守一)是安徽旌德吕氏三十二世成字辈,庙首楼下支系;吕兆麒(字凤友,号星泉)则是三十三世伟字辈,这一辈各系字分还不统一,灶、兆、肇(江南同音)都有,派名是伟字,官名多改为朝字(也与灶、兆、肇在江南语言中同音),该辈名人中有吕朝瑞。吕朝瑞是道光二十三年(1843)癸卯科举人,咸丰三年(1853)癸丑科一甲第三名进士(探花),授职翰林院编修。鉴于吕兆麒称吕朝恩为族兄,吕朝恩为旌德吕氏三十三世伟字辈的可能性极大。可惜《旌德吕氏续印宗谱》伟字辈收录虽浩,但是大多数都不详尽,就连吕光亨和吕兆麒这对进士父子,都只出现在谱中历代显达录里,而未真正出现在谱系中,所以更无法查到吕朝恩。

  吕朝恩的出生年代也只能从文献中推算。嘉庆十二年(1807)川督勒保的那片"题请补授(犍为)县官"的奏折(《明清档案》A326—119)中提到,吕朝恩"现年五十二岁",以此(虚岁)推算,吕朝恩应该是生于乾隆二十一年(1756),卒年则仍无考。顺便提一下,这片奏折虽然相对比较全面,但实在过于简略。从重庆府经历任满,直接调补垫江县丞,其间永宁、眉州、新津、通江、南部等经历一概没有提到。

庚子岁末即兴
辛丑年初急就
于美西附雅斋

起拥寒衾　燕叹花愁
——毗陵庄绛词三首及轶事

余之高祖母出身于毗陵世家，其高祖母之曾祖父，乃丹吉公庄绛，至余已十一代之遥。有此渊源，余一直关注武阳先贤作品，但始终未见丹吉公之诗词。2012年前网间忽闻清初《倚声初集》有丹吉公小令，便匆匆去寻。及至找到该书，反复阅读，仍然未见丹吉公之作。直到购得闵丰著《清初清词选本考论》（上海古籍出版社2008年版），方知《倚声初集》先后有几个刻木，台北"中研院"史语所傅斯年图书馆之藏本（又称"傅本"）的三张补刻书页才有庄词。研究院大师林玫仪教授所著《邹祗谟词评汇录》（以下简称《邹》）收录其二，可是在大地与海外都未见《邹》书发行，真令余再次痛感山穷水尽。无奈中求助于台湾友人颜惠梓兄代寻此书，意外的是友人竟通过史学家颜世铉先生找来林教授的电子邮箱。大喜之余，立即向林教授求教，却月余未见回音。及至余要放弃此念时，突然柳暗花明，收到回复，原来时值林教授游历非洲。林教授回到台北，不仅发来《邹》书内之两首小令，还将她手中的另外一首一并赐余。因为是刻本，值余打印时，林教授还不厌其烦，拨冗指教。区区三首小令，得余友颜惠梓兄、颜世铉教授、林玫仪教授三人倾心相助，实令余深感雅意，血浓于水，两岸谊深。此段佳话，谨此志之。

庄绛词三首，录自《倚声初集》傅本补页，方括号内为邹衹谟词话：

点绛唇·鳏绪

冷雨疏窗，半床好梦凭愁做；钟声敲破，起拥寒衾坐。

酒醒更残，孤雁楼头过；真无那，和灯和我，和影才三个。

注：阮亭云：结句从坡老"明月清风我"脱化，而此更极新婉。

点绛唇·忆旧

零落珠钿，菱花不对芙蓉影；绣床风凛，抛却红蕤枕。

燕叹花愁，人去南楼冷；难重省，月圆如镜，还照鸳鸯锦。

注：一二句抵得一篇恨赋。

丹吉自注云：秋夜梦人赠诗，有"梁间燕子闻长叹，楼上花枝照独眠"之句，醒语，内子深叹其工，为余手书粘壁。明年，内子疾困，指壁间联曰："燕子一联见此，非谶耶？"遂绝。《杨升庵外集》

《倚声初集》（傅本补页又三）书影

南乡子·京口夜泊

江上系兰桡，曲曲寒湄冻未消；指点奚奴沽酒处，河桥一幅青帘带雪飘。

烟树薄云高，极目寥天雁字遥；隐隐两峰相对峙，金焦，又听残钟送暮潮。

注：一幅营丘小景。

昆仑云：妙在一气呵就，风景逼真，其品格应在草堂之上。

庄绛（1643—1710），字丹吉，江苏常州人，方志与家谱均有传，综述其要：幼颖异，读书五行俱下，试七艺，以高才生补博士弟子员，考授同知。本贵介，兵燹后，家业中落，游京师，称誉籍甚，以文章器量见重于王文靖公熙。平生肆力于古，参订经史，凡天文疆索、九流百家之书，靡不穿贯，尤明于国家掌故，文章不起草，散佚颇多，存若干卷。有《著存堂诗文稿》和《挽王文靖诗百首》（今未见）。原配陆氏、继配董氏。五个儿子中，三进士、一举人、一副榜：楷（康熙癸巳进士，陆出，其余皆董出）、櫄（康熙庚子举人）、敦厚（雍正甲辰进士）、大椿（雍正己酉副榜）、柱（雍正丁未进士）。庄柱本已被殿试考官拟为状元，后被雍正皇帝调置二甲第二，故时有联戏云："几乎状元及第，也算五子登科。"庄绛孙多人，其中庄柱的两个儿子，一榜眼（庄存与，乾隆乙丑），一状元（庄培因，乾隆甲戌），人亦称其父子为"清代三苏"。庄存与的同榜状元钱维城是他的表兄弟，亦属罕见。

中华文化，世代传承。庄绛三首小令，略见其文采一斑。将来如果能找到更多的资料，定当令我辈大开眼界。

2012年9月21日

2012年8月常州合影。左起：庄小虎、李治墨、汤祚永

附 记

2012年初余曾答应常州庄氏后人庄小虎先生年内找到庄绛三首词，所幸承诺很快实现。8月重游常州，余有幸与小虎先生相晤欢。不过月余，小虎先生竟辞世而去。悲思之余，完成此文，作为余对小虎先生之怀念。愿天堂中的小虎先生笑阅拙文。

清廉为官 兴利除弊
——明代贤吏庄廷臣小记

庄廷臣（1559—1643），字龙翔，号凝宇，江苏武进人。嘉靖三十八年十一月二十五日生于江苏常州武进横堰村庄氏宅邸。按照当时的官方说法，他是"镇江府金坛县人，（南）直隶常州府武进县民籍"。由于他的生活年代在明朝末期，所以缺少地方志书的详细记载，其生平主要线索来源于他的儿子庄鼎铉所述《先考通议大夫全楚大方伯年谱略》，又名《庄凝宇公年谱》（《八修毗陵庄氏族谱》）。本文未加标注的引文都来自此书，并补充史料（引文均有标注），《年谱》中有若干错误，也在此一并订正。

治学齐家

万历元年（1573）十五岁的庄廷臣师从同邑徐常吉。徐常吉字儆弦，早年中举，是嘉靖四十三年（1564）甲子科应天府乡试第三十七名举人；但会试多年不中，所以他很长时间在家治学，成为名盛一时的经学名家和医学名家，后于万历十一年（1583）癸未科成为进士，官户科给事中。徐常吉以清廉闻名，尝为被嘉靖皇帝罢官的贤吏海瑞抗辩。他是对庄廷臣早年成长有重要影响的人物。

万历三年（1575），庄廷臣参加童子试获第七名。取得第五名的孙慎行（明代儒学大师唐顺之号荆川的外孙），是后来著名的东林党人，他与庄廷臣是中表兄弟（唐顺之是庄廷臣祖父庄宪的妹夫，唐之女也是庄廷臣的娣娣）和始终不渝的好朋友，后来又结为亲家。此后庄廷臣在家一面娶妻生子，另一方面发愤治学。其妻龚氏，同郡庠生龚一教之女，也是后来辛卯进士龚三益的胞姊。万历十年（1582）庄廷臣读书正觉寺，五年后在武进县试中获第一名，次年又在戊子科乡试中副榜成为贡生。这段时期原配龚氏病故，两年后继娶孔氏。

此后庄廷臣设馆课徒，先是为奔牛王颖斋家。这时正值兵部右侍郎兼右佥都御史赵可怀（字德仲）巡抚应天。这位封疆大吏本人是嘉靖四十四年乙丑科进士，家中自是名士盈门，高朋满座，不乏会元（如吴默，字因之）、解元（如吴化，字敦之）之辈。但是他为自己两个儿子延请塾师，却是通过文章考察。他"令各学将新月课卷，各解五卷，于中择取，凡三四易"。当看到庄廷臣的文章时，他"击节叹赏。命一承舍具聘书，每年具修脯二百四十金，别具彩缎二、银花二，令本地府县等门延请"。这对于此时还仅仅是副榜贡生的庄廷臣，可谓是慧眼识人，高薪重酬、破格聘用，成为一时佳话，也被后人用以研究明代塾学。庄廷臣"馆幕府三年，训其两子，后次子中式"。这位赵可怀在应天巡抚任上与著名传教士利玛窦礼尚往来，切磋算学。万历二十一年，赵可怀调任湖广，"两淮盐商李鹤亭具书币聘"，庄廷臣"至扬州设馆"。这位李鹤亭本为富甲诸商之大贾，"待师隆重，邗上罕比"，平时每日必送佳肴；遇讲书则必送人参两，"后其子亦登乡科"。此后几年，庄廷臣都在扬州讲学，"从游""负笈者甚众"。

万历二十六年（1598）庄廷臣与董寅谷（后任兵备道）、张九水、薛又损（进士后任参政）、张衡台等结社嘉树园。这些人都是他的性情道义之交，当然还有他的堂兄庄起元。

三十一年（1603）癸卯科庄廷臣应天乡试中举（第九名）。他是被应天乡试房考官王思任代其他考官阅卷时所取中的，这时候他已经四十五岁了。王思任字季重,号遂东,晚年号谑庵,浙江山阴(今绍兴)人,万历二十三年(1595)进士,隆武初(明亡时)官至礼部尚书。绍兴为清兵所破,他绝食死节。王思任是明代文豪,以游记成就最高。

"万历三十三年(1605)邑人庄廷臣等复盖武安阁"(《钦定古今图书集成》卷七一六"方舆汇编·职方典")。三十六年(1608)继配孔氏卒,再娶濮氏,这位濮夫人的曾祖父莲塘公濮晋是成化七年(1471)辛卯科应天乡试解元、八年(1472)壬辰科联捷进士,官至广西南宁知府。

万历三十八年(1610),年逾五旬的庄廷臣在庚戌科中取得会试第四名的好成绩,殿试(第三甲第四十一名)后成为进士。

初知永嘉

同年六月,在吏部观政后,庄廷臣被选任浙江温州府永嘉县知县。当时的永嘉县"倚山阻海,素为难治",竟有劫舍抢女之风。庄廷臣下车伊始,立擒数首,"毙之杖下,群奸慑服",此风肃清。府县志都说庄廷臣"令永嘉,有惠政",大约包括"诸祷雨、发粟、施药、掩骸,种种善政,不可殚述"。当然"祷雨"虽属善举,未必有效,但是鼓励农渔等措施,则见实效。

庄廷臣在永嘉任职前后共六年,其间两度(壬子和乙卯)被朝抽调秋闱同考(官),提调监考或评阅试卷。他还为万历名相张居正集刻了《张文忠公奏对稿》(《温州经籍志》卷八)。整个任期中,他"爱民洁己,素孚于民"(光绪《永嘉县志》卷一〇"职官名宦")。永嘉士民为他立祠肖像,数百年间,香火不衰。有《碑记》云:"甫数月,而庭中之积弊清;又数月,而邑中之慈和编。迨三年,政成"(明张明德等《永嘉令武进庄公去思碑记》,载《八修毗陵庄氏族谱》)。清"乾隆十二年礼部题准崇祀永嘉名宦,即以生祠为专祠",就在城隍庙侧,旁边则是永嘉义学。

万历四十四年(1616)丙辰大计(官员考核)"卓异天下,清廉第一,留部考选",清康熙少傅武英殿大学士王熙的用词是"大计卓异,

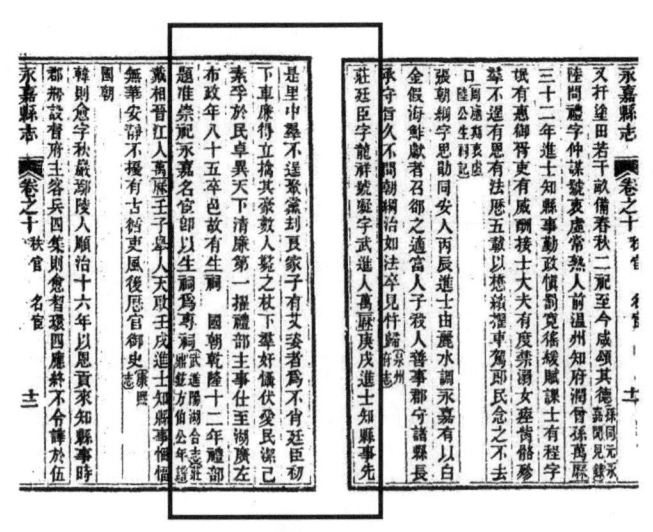

《永嘉县志》卷一〇"职官名宦"书影

举天下清廉第一"（清王熙《方伯凝宇庄公传》，载《八修毗陵庄氏族谱》）。但此时正值神宗皇帝朱翊钧闹情绪，长期不上朝，庄廷臣落得一时清闲，"给假归（乡）"。

就职吏部

关于接下来的情况，文献记录有所不同。《万历三十八年庚戌科序齿录》有"丙辰行取留部，八月升礼部精膳司主事"（《万历三十八年庚戌科序齿录》），而《庄凝宇公年谱》则为：次年"奉部催入都，……遂授礼部仪制司主事"。查《（明）礼部志稿》卷四三，精膳司员外郎"庄廷臣，龙翔，（南）直隶武进人。庚戌进士，天启元年由精膳司主事升任"（明代《礼部志稿》卷四三），可见精膳司主事（正六品）应该是庄廷臣在礼部任职的起点，继而升任员外郎（从五品），再到祠祭司升任郎中（正五品）。《年谱》作者为庄廷臣的幼子庄鼎铉，天启四年才出生，他手边的资料也是后来搜集整理的，难免有误。

庄廷臣在礼部任职期间的详情，现在了解不多。于私，他又要一位少年龚氏夫人，她的胞弟龚之遂字古恭，是明代最后一科崇祯十六年（1643）癸未科的二甲进士。这位龚夫人生一子一女，儿子就是庄鼎铉。于公，"天启（二年）壬戌（1622），冬奉差赴浙祭大宗伯薛三才"。薛三才字中儒号青雷，是万历年间著名贤吏，万历十四年（1586）丙戌科进士，官至兵部尚书，革除冒员陋习，理尽积压案件。卒谥恭敏，赠太子太保。"（天启三年，1623）癸亥（庄廷臣）差竣（顺途）归里"，葬前继妻孔夫人。

庄廷臣"在礼曹之年，清介自持，绝党远嫌，于荫恤诸事，凡有权倖请托者，必严绝之，于逆阉尤慎"。在礼部员外郎任上，诰授"奉直大夫"，其父庄以苬诰赠"奉直大夫礼部祠祭清吏司员外郎"，他的继妻濮氏封"宜人"，两位亡妻龚氏和孔氏、母亲张氏均赠"宜人"，诰命曰："杜当路之恤恩，丰裁特峻；守先儒之正谊，理学重光。"

外放疆吏

"（天启四年）甲子（1624）升江西湖东道"。明代官僚机构复杂，"道"本来分两种，守道是布政使属下，设参政（从三品）、参议（从四品）；巡道是按察使属下，设副使（正四品）、佥事（正五品）。庄廷臣职务的全称是江西等处承宣布政司分守湖东道参议，同时又是按察司副使，所以是正四品大员。关于他在江西任职的经历，文献资料很少，只是在考古中发现石碑，记有"天启五年岁次乙丑十月丙子朔十三日戊子，皇帝遣江西等处承宣布政司分守湖东道按察司副使兼（布政司）参议庄廷臣谕祭正一嗣教成志道阐玄弘教大师张国祥"。

"天启六年（丙寅）四月癸酉朔孟夏，……升江西副使庄廷臣为湖广右参政（从三品），分守下荆南道"（《大明熹宗哲皇帝实录》卷七〇），"驻郧阳"。第二年恰恰遇到神宗五子瑞王朱常浩藩封在秦（汉中府），水陆就藩，途经郧阳。都察院右佥都御史抚治郧阳的梁应泽把迎送之事全都推到庄廷臣身上，"郧处万山之中，无驿递江乘，无民居，（庄）公先事筹划，具舟楫，募纤夫挽，峙糇粮，置顿舍，沿江上下千余里，皆亲自阅历，部署井井，王舟得济，郧赖之。"

《武进县志》载："其分守郧阳时，纷纷议建魏珰生祠，廷臣独争之力，楚人重其气节。升湖广左藩。"其实庄廷臣反对为天启宠宦、东林死敌魏忠贤修建生祠的事，早他在礼部任职期间就开始了。就在逢迎魏阉风靡朝野、众官吏纷纷献媚之时，有人请书法精湛的庄廷臣为生祠书写碑刻，遭到断然拒绝。在郧阳建生祠当然被他阻止。当时的情况是，湖广巡抚姚崇文刚刚在省城建了祠，梁应泽在姚支持下又要在郧阳建祠，守道内襄阳的现任和前任知府董继周和黎国器也详请在襄阳建祠。可谓"上檄下详，急如星火"。"魏忠贤建祠议起，郡县初具详上，（庄）公批其牍曰：'藩封甫经，费用浩繁，深山一道，安能作无米之炊？'继而详情不已，辄庋之高阁不办。知者咸危之，公不为动"。上下官员见他不为所动，不仅把他的名字去掉，而且还就此参他一本，庄廷臣于是"阖门待勘"。"魏珰炎张甚，媚珰争为建祠，奏请恐后，独郧无疏。未几熹宗晏驾，建祠者皆获谴，而郧阳直节重天下。是时同城共事力沮其议者，荆南道参政庄公也！"庄廷臣此举也保住了郧襄两府多名官员。不过《武进县志》中紧接"升湖广左藩"，似不准确。因为那是几年以后，经过转调广东和浙江后重回湖广，先任右布政使再转升的；同时《清代汉学家族研究》说庄廷臣因此"被迫辞官"，更似不实。①

无独有偶，庄廷臣高祖父庄襗在正统年间曾经抗拒权宦刘瑾，而他的后人庄述祖在清代乾隆年间也曾抵制权臣和珅。

《康熙郧阳府志补》："巡道：余洵以下，……庄廷臣……共三十四人，尽遗。"（《康熙郧阳府志补》补遗"秩官"）《湖广通志》中有"分守道未详品级者附：庄廷臣（武进进士）"（《湖广通志》卷二八"职官志"）。

庄廷臣在"湖广布政使司分守下荆南道右参政"任上，诰授"中大夫"，其父庄以莅和祖父庄宪赠"中大夫湖广布政使司右参政"，他的继妻濮氏封"淑人"，两位亡妻龚氏和孔氏、母亲张氏、祖母杨氏均赠"淑

---

① 罗检秋：《清代汉学家族研究》，中华书局2019年版。

人"。诰命曰:"器识渊闳,风规峻洁。英蜚上第,蚤著绩于循良;秩晋容台,益抒猷于典礼。"

"天启七年丁卯(1627)冬十月,……升……湖广右参政庄廷臣为广东按察司按察使(正三品)"(《明实录》附录·崇祯长编卷之二),"守广南道,驻省城(广州)"。庄廷臣"署海道篆时,海氛渐炽,闽有郑芝龙,粤有李之奇,来往飘忽,所至焚掠。(庄)公斥堠远侦探,盘诘奸细,申饬将弁,约诸估舶俱停泊大洋,不许入口。诸商行金巨万求稍宽其禁,公拒不可。"上司巡抚代为疏通,庄廷臣也毅然回绝。"贼知有备不敢发,省城得无恙",后竟剿平之。他为保护广州民众做出了努力。

崇祯二年(1629)"秋,升浙江右布政使(从二品),分守金衢(严)道,驻金华"。在崇祯《开化县志》卷首中,"允修"大员的第一位就是"分守金衢严道右布政使庄廷臣"。

崇祯三年(1630)"冬,升湖广右布政使,分巡郧襄道,驻襄阳"。此年初夏,重回故地,"旧日子民重见慈父,百里欢迎"。此时正值灾患,"三楚洊饥,流民载道",庄廷臣"捐俸劝赈,设席屋以处流民,全活者甚众","行麦城山中,见关帝遗刀插石间,为屋三楹复之"。

崇祯四年(1631)"冬,转本省承宣左布政使",来年"二月,赴省,士民送者倾城,舟发两岸欢呼络绎",郧阳也修建了庄公生祠。左布政使执掌湖广全省,责任巨大。前任杜公亏空银两一万九千,庄廷臣严核祖制,约束宗藩。"作每月造册法,将月中县府征到若干与月中解拨若干详细开明,经承库吏知印三面质对过,于下月初旬即造成一样二本,一贮内笥,一贮武昌府库"。《萍乡县志》有"故布政使庄廷臣复议釐正例"的记载,是年诰授通奉大夫(《七修毗陵庄氏族谱》卷三"世系图")。

崇祯六年(1633),庄廷臣时已七十有五。"在任年余,皆戴星出烛,再跋始入。……乡试提调属左方伯一人,修贡院,聘考官,慇饰内外,纤悉必经;又署右辖及臬司二印。竭劳病生"。庄廷臣坚决辞职,安排好了署理人事,他"束装登舟","抵家一月,(上)疏方下。又以钱粮独清,恩赐钱币异数也"。在任两年,"出纳钱谷百万,丝毫皆清"。庄廷臣"除代前任杜公赔补,犹存积八千金贮库,留为代觐者费"。"杜公遂复职免勘",而庄廷臣"归橐萧然,里中称清白吏"(光绪《武进阳湖县志》卷二一"人物宦绩")。

致仕回乡

庄廷臣致仕后,"家居不面有司,不通宾客,披阅经史,日诵《金刚》《楞严》二经,……不跛立,不倚坐,无谑容,好友惟(退休还乡的)文介孙(慎行)公、文端吴(宗达)公一二人而已"。自撰堂联三幅,"一云:事使历四朝,独励冰霜凛臣节;中外阅五省,各从俎豆见人心。二云:有子瞻依皆孺慕,挂冠俯仰觉身轻。三云:明主未尝一日弃,香山已订百年盟"。

他还做了一件事,就是"每科新墨及房行出,必手自评点。至(崇祯十五年,1642)壬午(乡试)五魁卷,掷笔愤然曰:'文气尽矣!'其先见如此",这里隐含的是指大明王朝气数将尽。

他致仕在家的心情,有诗可见。这就是他的《居家作》:

> 四朝宣力终何补,中外驱驰白发侵。
> 独履冰霜凛臣节,各从俎豆见人心。
> 瞻依有子惟勤学,俯仰无营只浩吟。
> 钩党诸公先我去,寸丹差可答知音。

崇祯十四年(1641),"吏部题请耆旧才臣,奉旨起用天下第二人"就是庄廷臣,不过此时年已八十有三的庄廷臣早无回天之力了。

崇祯十六年(1643),八十五岁的庄廷臣,于二月初十巳时,卒于太平仓前宅,"与继配濮龚合葬江村正穴"(《七修毗陵庄氏族谱》卷一〇"崇祀")。

崇祯十七年(1644),崇祯皇帝自缢于煤山。大明作为统一王朝,寿终正寝。

清廉为官　兴利除弊

家事种种

由于战乱并随即换代，庄廷臣没有得到明廷的追谥。直到清代乾隆年间，才有"明浙江永嘉县知县庄廷臣……入祀各该地方名宦祠"（《大清实录·乾隆朝实录》卷二八一）。也是由于改朝换代、满洲入主，庄廷臣的子孙两代都未能在科举上取得相应的成就。庄廷臣有五个儿子：春先、瑞先、履丰、玉铉、鼎铉。其中春先是太学生，其余四人都是邑庠生。主要原因是受儒家忠君思想的影响，在那种时局下不愿出仕，但即使居家不出，他们也刻苦治学。仅举一例，庄履丰和庄鼎铉合撰的《古音骈字续编》（五卷），是对明代大家杨慎所撰《古音骈字》（一卷）巨大的扩展和补充。

庄廷臣子女们的婚姻倒是值得一书，反映了当时的门第关系：长子春先字茂实（原配龚氏出），庠生入太学，配章氏不详；次子瑞先字尔霖（继配孔氏出），邑庠生，配江阴尹氏，湖广督学御史嘉宾女；三子履丰字雷章（侧室史氏出），邑庠生，配兴化李氏，大学士春芳谥文定孙女、礼部尚书思诚女；四子玉铉字柔节（继配濮氏出），邑庠生，配孙氏，万历乙未探花礼部尚书慎行谥文介女（族谱与其他资料都误作是孙慎行的孙女）；五子鼎铉（继配龚氏出），邑庠生，配毛氏，陕西宁州知州斌然女。庄廷臣还有五个女儿：长女（原配龚氏出）适同邑观庄赵起芳，天启丁卯副榜；次女（继配濮氏出）适云阳（丹阳）贡生贺振基；三女（继配濮氏出）适丹阳荆某不详；四女（继配濮氏出）适阳羡（宜兴）生员曹先春；五女（继配龚氏出）适金坛史启基，史省愚明府之孙。庄廷臣的妻室：原配龚氏和继配孔氏诰赠夫人，继配濮氏诰封夫人，继配龚氏诰封淑人，侧室史氏当然没有诰命。

庄廷臣的孙辈也是最高到太学生为止，直到重孙辈才发生了彻底变化。庄廷臣的孙子庄绛（庄鼎铉的长子），妻陆氏，继配董银台，董复中之女。她们五个儿子中，三进士、一举人、一副榜：楷（康熙癸巳科进士，陆出，其余皆董出）、檥（康熙庚子科举人）、敦厚（雍正甲辰科进士）、大椿（雍正己酉科副榜）、柱（雍正丁未科进士）。庄柱本已被殿试考官拟为状元，后被雍正皇帝调置二甲第二，故时有联戏云："几乎状元及第，也算五子登科。"庄绛孙多人，其中庄柱的两个儿子，一榜眼（庄存与，乾隆乙丑科），一状元（庄培因，乾隆甲戌科），人亦称其父子为"清代三苏"。庄存与的同榜状元钱维城是他的表兄弟，亦属罕见。庄存与的儿子庄通敏（乾隆壬辰科）和庄选辰（乾隆戊戌科）与庄培因的儿子庄述祖（乾隆庚子科）也是进士。三代八进士在中国科举历史上也是罕见的，庄廷臣这一支前前后后共出了进士十一人。

与庄廷臣同科考中进士的是他的同祖堂兄庄起元，他俩分别徙居常州郡城西门织机坊（起元）和东门太平仓（廷臣），人称"西庄"和"东庄"，从此家声大振，一发而不可收，累世科甲，门庭煊赫。从万历年间第八世到光绪年间第二十世，二百八十四年间，代代甲乙榜上有名，进士三十五名，举人八十二名，贡生五十四名。

这里插述一件趣事，一些史料载庄廷臣小传："庄廷臣，号宁宇，武进人，万历庚戌进士，官至太仆少卿。"这都是来自清代名儒朱彝尊所撰《经义考》中引用清初陆元辅的话（清朱彝尊《经义考》），其中"太仆少卿"是他堂兄庄起元的职务，庄廷臣从来没有担任过。庄廷臣的号"凝宇"也误为"宁宇"了。

"西庄"和"东庄"，在族谱中因此分别称为"太仆公"和"方伯公"（明清时地方大员的美称）两支系。毗陵庄氏发于庄襗，族谱中按他的山东布政使司右参政兼河间知府头衔称他为"大参公"。庄襗是庄廷臣的高祖父，高祖母是杨氏，无锡杨浚女；曾祖父庄齐，曾祖母陈氏，兵部

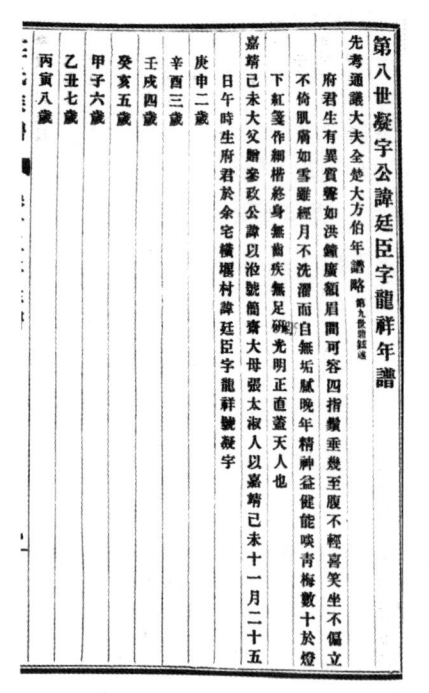

《毗陵庄氏族谱》册十二《庄廷臣年谱》书影

尚书陈洽曾孙女；祖父庄宪，祖母杨氏，无锡杨文晟女；父庄以蕊，母张氏，弟廷粥。

庄廷臣著述甚丰，特别是他的《诗经逢源》八卷，为时人所重。可惜今佚。不过朱彝尊著《经义考》时，"《诗经逢源》八卷，尚存"。此外，庄廷臣与其堂兄起蒙和起元同著《四书导窾》和《诗经导窾》。庄廷臣的诗作今也尽佚，唯有前面那一首《居家作》，由《明诗综》收录，流传至今。现在还能找到的另外一件他的作品是"《明吴长卿募刻手纂宋相眼册》题记"（清陆时化《吴越所见书画录》卷四），只有短短的几句，抄录于此："法眼、天眼、慧眼，诸眼能出世者，能济世。相亦若是焉，已矣。

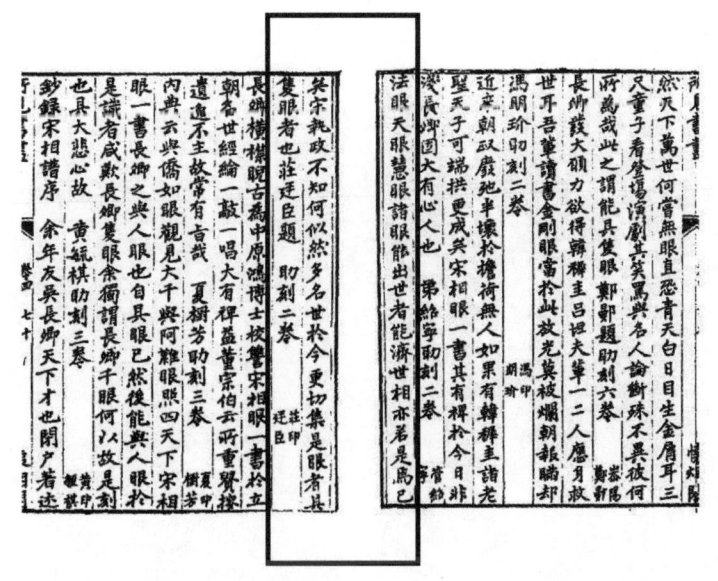

《明诗综》书影

《吴越所见书画录》庄廷臣题

宋执政不知何似，然多名世，于今更切。集是眼者，具只眼者也。庄廷臣题　助刻二卷　庄廷臣印"。

乾隆十一年十二月十五日清廷吏部题"庄廷臣，体明用达，幼学壮行。教养兼殷，士庶被渐摩之泽；宽严并济，吏民生怀畏之心；听难惟明，能使讼无淹滞；催科有法，俾教户免追呼。盖稽宦迹于多端，贤声勿替，且阻珰祠于方焰，正气常存洵遗爱之，堪称应邀恩而崇祀"。庄廷臣历所任职五省，"为建生祠五处"。

《家传》中赞曰："明季，士大夫多敦气节、重廉洁，大义所在，生死以之。观公在郧阳，不为魏忠立祠，风裁可想见矣。管海权，却市舶之金；给宗禄，革历来之耗，古所称四知三不惑（天知、地知、你知、我知，不惑于酒、不惑于财、不惑于色），兼而有之。他如藻鉴人才，品题文字，不爽铢黍，又何神也！公积宦二十余年，官至左辖，家产不及中人，子孙多食贫者。清风素节，其所由来者远矣。"（《常州府志》"人物"）后朝大学士王熙所写的这段话，正是对庄廷臣一生恰如其分的评价。

兴利除害　抑强扶弱
——明代清官庄襗小记之一

庄襗，字诚之，号鹤溪。明朝中叶人，生于江苏武进。弘治八年（1495）乙卯科江南省举人，九年丙辰科进士。十一年到十四年，庄襗出任宝坻知县，这是他官宦生涯重要的开端。他的主要建树是整吏治、建砖城、修县志，取得了出色的成绩。

庄襗初到宝坻时，"宝坻为都城赤县，素号难治"（《鹤溪庄先生行状》），"外戚中官窟穴为奸，襗悉裁以法"（钦定四库全书《江南通志》卷一四二"人物志·宦绩·常州府"）。庄襗"约躬训农，省徭恤患，锄强扶弱，豪右盗贼咸敛迹"（《行状》），这就使宝坻的吏治和法治得到整顿，为他后来的作为奠定基础。

最使庄襗名垂宝坻历史的是他主持修建了宝坻的砖城墙。宝坻建县制于金大定十二年（1172），但是一直都只有土城，直到庄襗出任知县。自从明永乐迁都北京后，宝坻作为京师核心卫城的军事地位极为重要，所以废土城筑砖城已经时不我待。如同庄襗所说："切惟宝坻县之为邑，西拱京都，北迩边塞，东控海道，而南扼沧州，形势宛然掎角，乃捍边者良策之所当筹。"（《直隶宝坻城工祭神文》）履任后庄襗就积极开始筹划，弘治十三年（1500）四月，在请示顺天巡抚洪忠获得批准后，他便开始了宝坻城垣改土为砖的重大工程。除朝廷财政支持外，主要是发动民众出资，官署组织实施。县内大小官员都被分派任务，有的四处采集石料，有的组织民众烧制砖块，有的寻找工匠，研究种种方案。改土为砖的盛举得到县内民众的广泛支持，有钱的出钱，有力的出力。城内商贾大户积极捐款，普通民众踊跃参加烧砖筑城劳务，仅仅用了一年多，就于次年夏天（辛酉孟夏，1501）完成了这一巨大工程，一座由护城河环绕的宏伟的新砖城终于改筑完毕。"何其速也""人皆异之"，是时人的感慨。时任吏部侍郎（后为内阁枢辅）的王鏊著《宝坻新城记》，记叙谀美之余，对修城动员民众聚集资源尤为赞叹，"庄侯可谓能用其民矣"。

修城工程中，十月份起建城楼，庄襗祭神文曰："切惟国家保障，莫大于城守，城守壮观，莫大于城楼。斯楼之建，殆必有由，文事于斯而举，武备于此而修。"（《建城楼祭神文》）次年二月，庄襗祭再神文曰："以设险守国，古人大戒，筑城凿池，智士深谋，山甫城齐，召伯营谢，盖欲保障境土，以翼戴宗周。"（《直隶宝坻城工祭神文》）庄襗的这些祭神文稿，在当时无异于对宝坻绅民的动员报告。砖城建成，庄襗专门作记，详细介绍城墙、城楼、水关等。"是役也，凡用夫役一万三千余名，工匠四百余名，砖五百余万，石脚三千余丈，石灰三万余石，木植三千余根，瓦七万余片，生熟铁一万余斤，钉一千五百余斤，劝义民纳冠带银一千零五十两，支领工匠食米三百一十一石五斗一升，余悉措置豫备"。他还为四方城门楼作铭，如下：

　　水有澜兮惟海斯大
　　观其澜兮知源之派
　　万壑东归朝宗有在（东观澜）

　　薰风时兮民财以阜
　　薰风凯兮民愠以解
　　本固邦宁亿万斯哉（南迎薰）

兴利除害　抑强扶弱

　　仰我王恩天覆地载
　　万邦为臣倾心爱戴
　　寿域同跻唐虞三代（西拱恩）

　　王仁同天包含无外
　　王臣同心敌王所忾
　　威德同施单于欵塞（北威远）

　　对于新建砖城，时任左春坊（朝廷中协助东宫太子讲读笺奏的机构）左中允的宜兴籍翰林院六品侍读学士吴俨《新修宝坻城记》有全面记述："城高二丈有六尺，厚视其高；广四尺，长一千二十八丈。城外有池，池深二丈，广倍之而加其一焉。四面各有门，门覆以楼。东之门曰海滨，其楼曰观澜；西之门之望都，其楼曰拱恩；南之门曰广川，其楼曰迎薰；北之门曰渠阳，其楼曰威远：门言其所向，而楼则因其门也。又为水关二，北曰开源，志其所入；南曰节流，志其所出也。又为角楼四，左之前曰环碧，后曰挹青；右之前曰庆丰，后曰乐治；左指其所瞰而右期其所成也。合而名之曰拱都，盖取其密迩皇都也。"此外，庄襗治理下的宝坻"分立市集，修建桥梁，伟然为京东良县"（万历己卯江苏吴兴凌迪知号稚哲所辑《万姓统谱》）。

　　该城建成后，以气势巍峨壮观、墙体坚固备受各方称赞，被公认为"翼翼然百城之表""邻近州县城池之冠"，堪称"京东各县之首"。该城经过明清两代几度修葺，耸立数百年，一直都发挥着保障城内百姓生命财产安全的至关重要作用。明末李自成大顺军曾攻打宝坻城，但终因城坚固而未能打下。民众都感激地颂扬，宝坻城池最终得以保全，全靠庄襗修建砖城之功劳。直到1947年春，内战中宝坻县政府下令拆掉城墙、填平护河。今天宝坻城墙虽然不在了，但从史料记述中，我们还可想象当时巍峨壮观之气象，想象庄襗主持修城的魄力和情怀。

　　几乎在这物质建设的同时，庄襗还进行一项重大的精神建设，即修志。宝坻建县制于金，后经元，直到明初都没有县志。庄襗履任后，"夙

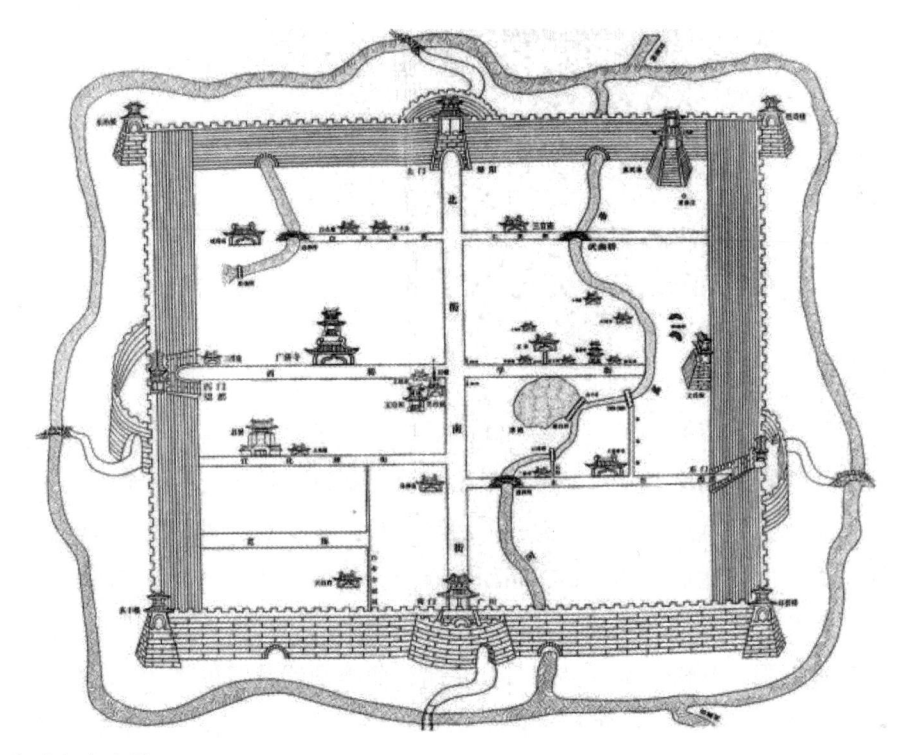

宝坻古城地图

夜殚心，求可以厘弊惠民者行之"（弘治《宝坻县志》原序）。修志就是其中重要的一项。辛酉修城告成，庄襗便请教谕齐济周和训导钱冕一道，"搜剔遗隐，裒辑散逸，编摩成帙"。庄襗主持修纂了第一部《宝坻县志》（弘治辛酉告成、壬戌付梓）。"首卷起沿革，迄古迹，志之本意也；中卷录敕命，纪文词，志之通例也；末卷述题咏，附杂志"。庄襗并亲自为之作序，其中说道："志即史也，志以纪郡县之事，史以纪天下之事。定是非，别善恶，以公劝惩者，史也；考俗尚，验政治，以备采摭者，志也。史以严万世之大闲，志以表一时之公论，大闲立而僭窃不敢逾，公论明而邪议不能惑，志实有资于史也，大矣！"这部洋洋七卷木刻本，史称庄志，填补了宝坻历史上的一大空白。

庄襗是一位非常有魄力和执行力的官员，筑砖城和修县志这样大的项目，都是一年多就完成，而且质量优异，流芳百年。

《宝坻县志》书影

　　在宝坻任职期间，庄襗还专门为普通民众做了不少事，其中最有名的是"济渡"和"义冢"。宝坻"四水潆回"，"或河势奔腾，或河流湍急，对岸千里。"地痞歹徒乘次敲诈民众，使一般民众不堪其扰，往往徒步过河，落水身亡时有发生。庄襗"募改舶为舫者一十艘"，解决了民众船渡问题。当年宝坻时有"贫民死无葬地，父子不能相救，夫妇不能相顾，兄弟不能相济；或无棺衣，或至焚毁"。庄襗把渠阳门外一块长年被地痞歹徒占据的旧地，开为义冢。他担心"苟无文以记之，则后日之废，将复有如前日者矣！故笔之于志，昭示吾民，深惩覆辙"。

　　庄襗的建树，不仅仅是因为他恪尽职守，也是出于他对宝坻这块宝地的热爱。这从他的《题宝坻县治八景》诗作中就可略见一斑：

东寺晓钟[①]

镕金出冶范初成，隐隐华鲸动地鸣。
百炼既精宜大扣，一团无衅有清声。

---

① 有东寺钟铭故云。

《宝坻县志》卷一八书影

惊回客梦家千里，落遍霜华月五更。
为勒新铭枕新德，谁当洗耳日醒醒。

北潭秋月

泛泉滚滚有源头，直指回塘入海流。
万古青天常对镜，四时明月独宜秋。
水晶帘卷微风动，琥珀盘空夕照收。
歌罢濯缨清思逸，满襟凉露正飕飕。

夏雾银鲜

夏雾东头海有神，银鱼霜后贡时新。
大庖止可供多品，薄味何由等八珍。
不惜微膏终润镬，独怜瘠土重编氓。
年年数罟洿池下，一尾知偿几百缗。

晴楼障碧

天开形胜帝王都，万里青山豁壮图。

沧海东来红日近，太行西去白云孤。
三关扼险鸣宵柝，九夏为霖活旱枯。
一度凭栏一回首，伊谁保障答宸谟。

芦台玉沙

芦台极目际平沙①，利博谁怜害亦赊。
土面刮来淋玉液，鳌头沸尽结银花。
十年预借偿逋负，尺地堪耕属势家。
安得调羹知此味，免教流殍到天涯。

石幢金顶

古人至此叹危哉，此石何年巧琢裁。
惟有铁心中贯彻，不妨风雨外颠颓。
一轮耀日黄金顶，百尺擎天白玉台。
若向中流为砥柱，狂澜万激亦东回。

秦城烟树

何代英雄事已磨，尚遗废垒枕荒坡。
几回隔陇闻樵唱，犹似当年奏凯歌。
漠漠淡烟秋色老，萧萧落木雨声多。
行人不必重回首，渭水咸阳更若何。

拱都池莲

公暇观莲豁倦怀，倦怀那更重徘徊。
青山对面只如画，流水绕栏空泼醅。
今日根株亲手植，他年花萼为谁开？
清芬不染真君子，千古濂溪独品栽。

---

① 当年芦台地近海口，煎沙成盐，白如玉屑。

短短四五年，庄襗在宝坻做出了一系列成绩，得到了朝廷的赏识，"（顺天）巡抚洪公（忠）累加旌奖，冢宰（礼部尚书）倪公（岳）考曰：持身廉慎，莅政严明。特疏其政绩十七条，行之天下"（《鹤溪庄公墓志铭》《江南通志》卷一四二"人物志·宦绩·常州府"），被树为官吏之榜样，"远近州县想望丰采"（《万姓统谱》）。不久他就从七品知县任上，调到北京出任户部六品主事了。

近一个世纪后的万历年间，宝坻还出过另外一位杰出的知县，那就是今天还在宝坻被纪念的袁黄。袁黄初名表，字坤仪，初号学海，后改号了凡；祖籍浙江嘉兴陶庄（后并入嘉善），生于江苏吴江；隆庆四年（1570）中举人，万历五年（1577）会试因策论违主试官意而落第，十四年中进士，十六年来宝坻任知县。袁黄初来时，正遇上宝坻大水为患，饥荒严重，民不聊生。而该县赋役又倍于他县，积欠粮赋达万石，袁黄一方面拿出自己的俸禄为饥民偿还欠税，并采取各种措施救助灾民，组织民众修筑堤埝，抵御水灾，开垦荒地，恢复生产；另一方面上条陈请减免旧额，建议由会通河水运皇木代替车运，获朝廷允准。于是宝坻得以减免旧赋，革除运木、采石及箭手诸重役。他疏浚河道，筑堤开渠，植树垦荒，政绩斐然。他撰写了《劝农书》《水利说》，亲自督促农事，还将南方的水稻种植技术引入宝坻，宝坻民众到今天还在受益。他重修文昌阁，大力推动教育，宝坻文风由此而大盛。袁黄所著《了凡四训》，融会禅学与理学，劝人积善改过，强调从治心入手的自我修养，提倡记功过格，在社会上流行一时。他还是一个十分清廉的官员，"将行，囊橐萧然，惟图书数车而已，送者皆为掩泣"。

为了纪念庄襗和袁黄这两位杰出的县官，宝坻绅民修建了一所"庄袁两公祠"，享祀四百余年，直到近代。

庄襗在宝坻任上是一位好父母官，在家里也是一位言传身教的好父亲。他不仅自身"刚明有守，正直无私"，而且也这样要求子女后代，最突出就是他遗嘱中的一番话："凡吾子若孙当思汝父汝祖创业艰难，各尽所成之力。毋听妇言以争些微之气，毋逞小忿以伤骨肉之情，毋好争讼而为吏胥之利，毋包揽钱粮而取顷覆之祸，毋恃勇斗狠而招刑宪之加。……

若曰克众以成家，损人而利己，吾见悖入悖出者接迹于世，此又绝非汝父汝祖之素心，吾子若孙当刻骨以为戒也。"庄柽特别注重子女的品德教育，他和历代传人的遗嘱成为武进庄氏的家规家训。

武进庄氏源远流长，自从明中叶第五世庄柽得中进士以后，科甲蝉联，人才辈出。常州家谱馆馆长朱炳国先生曾经专门讲到"毗陵庄氏，清白世家"的历史。庄氏家族，几百年来，人才辈出，其中产生状元一名、榜眼一名、传胪一名、翰林十一名、进士三十五名、举人八十二名、贡生五十四名，受皇帝诰敕者计二百一十四人次，被誉为"中国第一科举家族"，至今仍有院士或名家学者多位。庄氏历代为官者众，但都是清正廉洁的好官，没有出一个贪官，主要得益于庄氏家训家规的文脉相传。武进庄氏家族荣耀绵延四五百年，与庄柽开始立下的家规家训是不可分开的。

2016年庄氏故事引起了中纪委高度关注，专门派员来常州调研，拍成纪录片作为党员领导干部学习党章党纪的教育影像资料。11月1日，中纪委和监察部网站在首页要闻的位置上推出了《江苏常州庄氏：读圣贤书做豪杰事》一文（http://www.ccdi.gov.cn/yaowen/201610/t20161031_144186.html），并收入"中国传统中的家规"专栏中。

顶逆而为　刚明有守
——明代贤吏庄襗小记之二

庄襗（1458—1528），字诚之，号鹤溪。江苏武进人。生于天顺二年（1458）五月二十四日，卒于嘉靖七年（1528）正月十三日。弘治八年（1495）乙卯科江南省举人（应天府乡试第二十一名），九年丙辰科（朱希周榜）进士（三甲第一百七十七名）。十一年，庄襗出任宝坻知县，整顿吏治，构筑砖城，始修县志，取得诸多成绩。"冢宰（礼部尚书）倪公（岳）考云：持身廉慎，莅政严明。特疏其政绩十有七条，行天下"（明唐顺之《鹤溪庄公墓志铭》，载《八修毗陵庄氏族谱》），于是调往京城。

任职户部

弘治十四年（1501）庄襗升调户部贵州清吏司任主事（正六品），开始长达八年之久的户部职业生涯，十八年十一月授承德郎，荫祖封妻。户部在明朝六部当中事务最多，机构最为庞大，掌握全国的库钱粮草。庄襗兢兢业业、风尘仆仆，收解粮盐，查盘仓库。"自弘治十八年户部差往陕西，八年连差八次"（明庄襗《乞休疏》，载《八修毗陵庄氏族谱》），

"以峭直不容于时,八差于外,弗堪劳勚"(明庄起元《鹤溪公传》,载《八修毗陵庄氏族谱》)。户部任职,本可大有作为。可是弘治十八年,励精图治的孝宗皇帝朱祐樘驾崩,十三岁的娃娃武宗皇帝朱厚照即位,以至正德初年(1506—1510)宦官刘瑾以进献飞禽走兽来博取明武宗的欢心,得以数次升迁,官至司礼监掌印太监。自此刘瑾逐渐窃取大权,掌握朝政,以至于当时京城内外都传说有两个皇帝:一个坐皇帝,一个立皇帝;一个朱皇帝(朱厚照),一个刘皇帝(刘瑾)。所以在户部任职的后期,庄㡭面临着重大的挑战。看似简单的外出"查盘仓库",藏有难以预见的无限玄机,庄㡭有好几次特别的经历。

正德二年(1507),"户部主事庄㡭公差广东,奏称官库钱粮数十万,多为有司侵费"(明陈洪谟《继世纪闻》第一卷)。这本是庄㡭竭尽职责发现的地方贪腐问题,"劾藩臣匿公帑之尤者,人皆侧目"(清康熙《河间府志》卷一二"明宦绩"),不料"(刘)瑾正欲借此媚上,乃奏差司礼监官同给事中盘勘,且令各尽数解京。由是各省事绪纷纭,不免横敛民财,馈送内外,以图免祸"。《明史》卷一八六的记录是"既而瑾从户部郎中庄㡭言,遣太监韦霦核广东库藏,奏应解赃罚诸物多朽敝,梧州贮盐利军赏银六十余万两不以时解"(清张廷玉等《明史》卷一八六)。虽然这次庄㡭出差广东,查出了贪腐,但是刘瑾却借此敛财,也给庄㡭后来的遭遇种下祸根。

正德三年(1508),时任员外郎的庄㡭"督徐州仓,岁饥,欲先发仓而后以闻,监司难之。公曰:'州距京师且远,待报而赈,其若民命何?即有罪,坐某不以累也。'遂发粟数千石,后竟可其奏"。庄㡭自作主张,开仓赈灾,监司不敢,庄㡭主动表示承担责任,不在乎朝廷降罪于己。庄㡭的见义勇为,拯救百姓,"存活甚众"。后来虽得皇上认可,但是却得罪了权宦刘瑾。《江南通志》说庄㡭"出督徐仓,发粟赈荒,不待奏报,以忤刘瑾罢"(《江南通志》卷一四二"人物志·宦绩")。

正德四年(1509)秋七月"御史苏锡奏查盘蓟州永平山海等处仓库,草束银两,侵盗浥烂,亏折数多,并参(历任)监收官户部郎中王勤、张鸾、何文缙、李杰、赵鹤、员外郎刘乾、庄㡭,永平府知府张祯、惠隆、俱有罪。内勤鸾已死，文缙已致仕，祯、隆情罪为轻。得旨情罪轻者，罚米三百石；重者五百石；致仕者减其半；病故者宥之"（明杨廷和等《大明武宗毅皇帝实录》卷五二）。户部官员连带责任巨大，此时正值庄㲛从员外郎（从五品）"转郎中（正五品），总理蓟州粮储，（他）出纳公允"（明徐问《鹤溪庄先生行状》，载《八修毗陵庄氏族谱》），勤勉如一。

未几庄㲛"又督蓟仓，夜闻转木声甚哄，询之，知逆瑾采木口外。上书力言其害。又奏没诸（内）监，占窝粮草于官，触瑾怒，罚粟若干石"（清光绪《武进阳湖县志》卷二一"人物宦绩"）。当然这一箭之仇，绝非罚粟可以了结，刘瑾开始寻找新的借口……

不久，刚直不阿的户部郎中庄㲛举报顶头上司户部尚书刘玑贪污。刘玑既是刘瑾的同乡，更是刘瑾的同党，刘瑾当然刻意保护。刘瑾假意称赞庄㲛，甚至虚与周旋地说要以庄㲛取代刘玑的位置，但是暗中选好时机，说动武宗皇帝，明升暗降地把庄㲛外放河间任知府（正

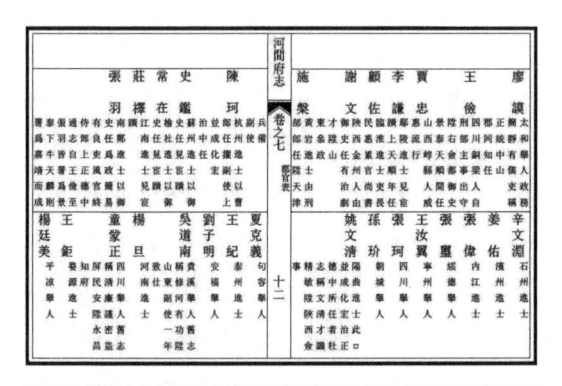

《河间府志》卷七"职官·宦绩·庄㲛"

四品）。一劳永逸地把庄㲛逐出户部，逐出京城，并且筹划下一步让庄㲛彻底去职（明孙绪《沙溪集》卷一三）。

顶逆而为　刚明有守

外放河间

到了河间府，庄㡆还是从整顿吏治开始，又有了新的建树。这主要包括"清投献，释滞狱，强慑盗戢，废举弊厘"四个方面。

所谓"投献"即是将田产托在缙绅（官宦）名下以减轻赋役，而此时河间府正盛行"投献皇庄"。庄㡆"清投献"，就杜绝了田主依附皇族或者官吏，舞弊营私，偷税逃税。

"滞狱"则是因积压或拖延未予审决的案件，这反映了当时地方官吏不作为，不在乎百姓生死存活。庄㡆理冤释滞，迅速处理了十年积压的问题，解决了各种疑难案件，恢复了正常吏治。

"强慑盗戢"，就是加强执法，消除当时普遍存在盗患。"武宗不德，日事，内则……擅政权柄，外则河北、山东、川赣等寇盗蜂起"（清庄兆钤《鹤溪公传·附识》，载《八修毗陵庄氏族谱》）。"强慑盗戢"，是庄㡆在河间府稳定民生的重要措施。

"废举弊厘"就是在政策法规上纠错纠偏，整治弊端。比如"奏除盗贼连坐苛法"，"救十万怨民，放滞囚，均徭役，省科敛，息刁讼，赈饥荒，清钱粮，禁奸弊"。

庄㡆在河间府的所作所为，受到史书赞扬，"修举废坠，宿弊尽除"（清《畿辅通志》卷六七"名宦"），"恩威并行，盗不入境"，"　如宝坻"（清乾隆《河间府新志》卷八"宦绩"），但是此时大环境日益险恶，以刘瑾为首的宦官"八虎"擅权乱政到达顶点，把持朝纲，为非作歹，邪恶多端，"时逆瑾薰灼，人人自危"（《江苏地方志》卷二四"仕绩·常州府"）。庄㡆上疏朝廷，乞求致仕（退休），但因为他之前的业绩，"先任知县，有筑城捕贼敛聚钱谷之功；任主事郎中，有收解粮盐查盘仓库之劳"（明杨廷和等《大明武宗毅皇帝实录》卷五五），尤其是在河间府又增加了朝廷税收，所以庄㡆请辞非但未获批准，反而"有旨嘉其劳绩，特进山东布政司右参政（从三品），仍管（河间）府事"。

133

获罪株连

庄襗只好一而再、再而三地上疏，要求致仕，从而彻底得罪刘瑾。刘瑾令科道弹劾庄襗，并"伪传旨意"："著吏部便查极边府，分调将去"。庄襗被贬谪往天高皇帝远的四川顺庆任知府，"民皆遮道泣留"。庄襗一心脱离官场，坚持不肯赴任顺庆，即遭刘瑾冷眼排斥，事实上被罢免。

几乎就在同一时期，宦官"八虎"突发内讧，武宗皇帝利用这个机会清除掉了刘瑾以及同党。从大学士、部尚书，到知府、郎中，第一批就"劾内外官为瑾奸党者二十六人"（明杨廷和等《大明武宗毅皇帝实录》卷六六）。此时在职的科道朝官，有当年因广东库案被刘瑾借机敲诈过的，所以其所弹劾官员中竟然包括了被刘瑾作为异己排斥的庄襗，罪名当然广东库案，"首导刘瑾核天下库藏"（明杨廷和等《明史》列传第一七〇"儒林一"）。以"豹房"荒淫闻名玩乐一辈子的武宗皇帝自然不能明辨是非，查清真相，但是庄襗毕竟没有什么真的过错把柄，所以也就只是被"黜为民"，打发回老家而已。

权宦刘瑾伏诛，庄襗蒙冤被株连。他坦然处之，"疏明其事"："给事中谢讷与同差御史孙迪奏臣弃差回部，臣已造册完缴，怪臣分辨，无干挟仇，乘机劾臣首开盘查，流毒天下。查盘边储，起于成化年间，查盘州县，亦起于成化年间。臣自弘治十八年户部差往陕西，八年连差八次，何年查盘是臣首开？何年受害是臣流毒？当逆瑾用事接领外差，不曾在京，绝无门下往来之迹。"

他的后人庄兆铃把冤情写得最清楚："矧刘瑾用事，先后仅只五年，史载正德二年二月，刘瑾矫诏遣科道查盘天下军民府库。按公（庄襗）于弘治十八年奉差于外，中途又领札付清理盐法，分差浙江、福建、广东。正德元年，未及到部，又差分报查，解各司府县银两，前后三年，不曾回部。刘瑾矫诏遣官查盘时，公久离京师，是奏劾藩臣一节，传志皆沿行述之误。惟奉差广东时，曾劾藩库帑藏未明，经圣旨交部查明，问拟该管官吏贿买免罪，此乃职分所当，为不能为首开，更不能谓为流毒天下，与刘瑾遣官查盘天下府库截然两事。"

顶逆而为　刚明有守

居家思国

与此同时庄㳛"遂浩然归隐白鹤溪,与乡士大夫为逸老之会"。

尽管是"归隐",但是家居的庄㳛也闲不住,"虽乡间疾苦,视若己有",凡"里中有不平事,每为官司言之其理,友人枉死之冤白,门生诬陷之狱激,抚臣蠲租之疏,大有造于乡人","皆人所不能者","惟务施陈义,推亡固存,人多赖公"。当然他心中所装绝对不止于周边邻里、朋友门生。

前前后后居家近二十年,庄㳛算是安享晚年。但是他居安思危,居家思国。其中前十余年,武宗皇帝仍然每天沉湎于他那臭名昭著的"豹房",心忧天下的庄㳛无法为国效力,但是他一直在沉思之中。

正德十六年(1521),明武宗朱厚照薨于豹房,年仅三十一岁。因无子嗣,首辅杨廷和等朝臣遂以"兄终弟及"的原则立堂弟朱厚熜为嗣,是为明世宗,年号嘉靖。此时庄㳛"负屈衔冤者十余年不能申诉。逮世宗御极,以古稀之年不远数千里特诣京师,数次具本赴诉阙廷,求请昭雪"。

嘉靖皇帝即位之初,革除先朝蠹政,朝政为之一新,史称"嘉靖新政"。

嘉靖五年(1526),庄㳛"应制陈言,如'颁明诏以行修省'及'和人心以弭天变'等疏,皆洞晰民瘼,明察国体,一时播为名议。至陈江南十事,分析利弊,尤资补救,当时即命所司行之"。不过明世宗嘉靖皇帝很快走向偏执,杨廷和等贤臣也已经陆续被清除,好建议并没有真正得到落实。

六年(1527),庄㳛"疾渐剧,犹作诗赋讽咏,闲自为墓志略,绝不以生死为意"。

七年(1528)正月八日,病入膏肓的庄㳛最后确定了自撰的墓志铭稿:

> 鹤溪庄诚之,讳㳛,刚明有守,正直无私,慷慨丈夫也。一生遭三大不幸,何志焉。父母生,迟而弃,早不能尽孝于亲,大

不幸一也。勉学取科第，中遭权奸斥逐，不能尽忠于君，大不幸二也。垂老四上章疏，冀得暴心事，以见父母于地下，又为当道所抑，大不幸三也。赍志以没，呜呼哀哉。呜呼痛哉。铭曰：

我之心，如水之清，人不得而名。

我之志，如矢之直，人不得而识。

忽焉而生，倏焉而没，命也。①

悲情之切，可见一斑。

七年（1528）正月十三日年逾七旬的庄㟋"沐浴更衣而逝"。这是何等的潇洒！

庄㟋曾祖父庄秀九（被尊为毗陵庄氏始祖），曾祖母蒋氏；祖父庄林，祖母陆氏；父庄斌，母濮氏，继母汪氏、生母张氏；妻无锡杨氏，子四：整、齐、严、肃，女四。

庄㟋一生著述甚丰，集有《梦溪遗稿》久佚，仍有诗文若干，通过方志和族谱传于后世。庄㟋精于治学，他所校对刊印的《书经》六卷和《周易》四卷，今尚可见，皆署"弘治丙辰进士庄㟋刊"。庄㟋不仅著书立说，而且培育人才。早"在郡庠时，德学以为时推重，从游者甚重。翁（指庄㟋）随才启迪，务俾成就，故今郡之贵显者多出其门"（明唐珤《鹤溪公七十寿序》，载《八修毗陵庄氏族谱》），"文名日起，从游者中，如湖广副使恽君巍"。常州"恽巍，字功甫，少贫，废学，……（后）发愤读书，从庄（㟋）受业。（庄㟋）爱其才，督教而衣食之，以至于成"。恽巍中"弘治十五年壬戌科康海榜"进士（清庄同生《鹤溪庄公墓志铭·跋》，载《八修毗陵庄氏族谱》）。从恽巍开始，武进恽氏人才辈出。

庄㟋七十寿辰时，"出将入相，文德武功"的内阁首辅杨一清（号石淙）为他题了寿诗②：

---

① 庄㟋：《鹤溪公自铭》，载《八修毗陵庄氏族谱》。

② 杨一清：《鹤溪公七十寿诗》，载《八修毗陵庄氏族谱》。

顶逆而为　刚明有守

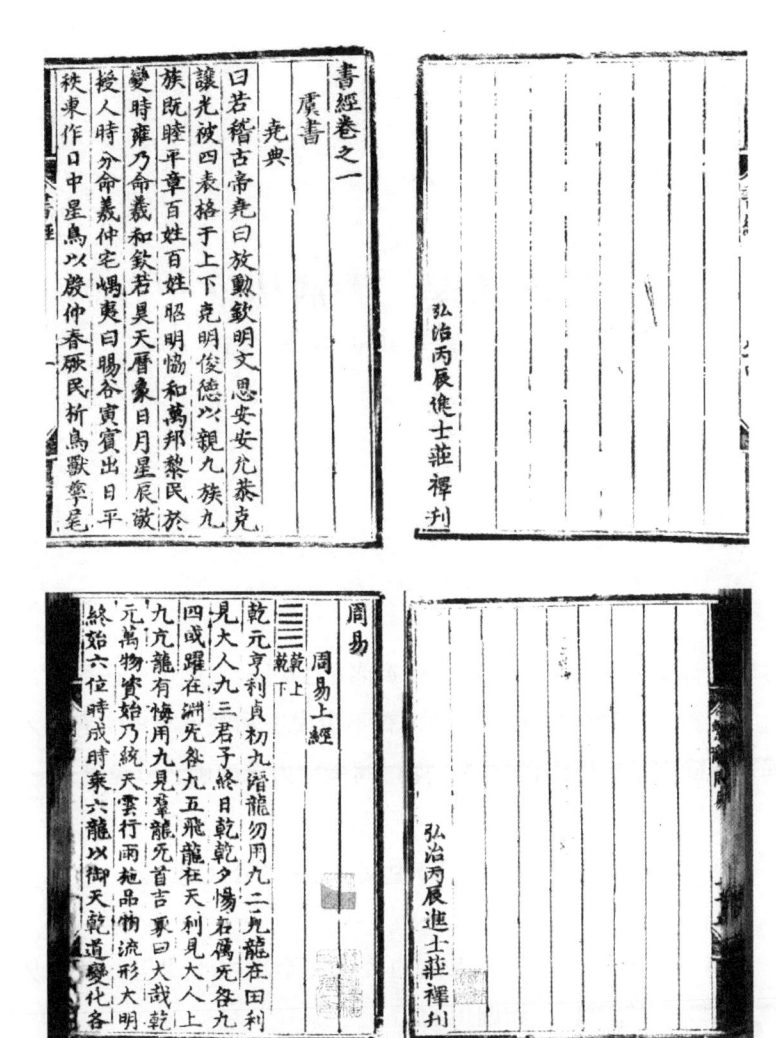

庄㮚《书经》六卷书影

犹记舟车涉瀛海，颇闻父老颂循良。
清风不愧齐州水，遗爱堪留召伯棠。
静感物华多赋咏，老忧民瘼有封章。
石淙东去君家近，岁岁缄诗荐寿觞。

以实正误　力戒传讹
——巴金家族历史研究正误

多年来许多专业和业余的巴金研究者们为巴金家族历史研究付出了大量心血，取得了可喜的成果，但是也有不少说法和观点与史实有出入。本文根据现在确实掌握的古籍材料，探讨商榷，力求准确，以免讹传。

一、关于巴金的曾祖父（宗望公）李璠

巴金的曾祖父李璠生于四川，并非从浙江到四川的。

巴金先生在《春蚕》一文中写道："在成都正通顺街有我的老家，……就在这个老家里我几十年前读到一本《醉墨山房仅存稿》，那是我的曾祖李璠的遗著，他是作'幕友'从浙江到四川的。"（《随想录·四十二》，1980年4月28日）

宗望公李璠的仕途确实起于幕僚，襄赞四川南溪县令唐炯（见《醉墨山房仅存稿》中代

《醉墨山房文集》书影

序的《……李公宗望墓志》）。不过他生于四川，而并不是从"从浙江到四川的"。在《醉墨山房仅存稿》的《先府君行略》中李璠写道："嘉庆二十三年，先君（即李璠之父介盦公李文熙）至蜀。"这说明浙江嘉兴的这一支李氏家族辗转迁居到四川，始于这一年（1818）其父介盦公入蜀为官。同一文章中又有先君"积劳成疾，遂于（道光）十九年三月初八日戌时卒于官"，而此时宗望公李璠"年十五，介盦公卒"（见《……李公宗望墓志》）。宗望公即介盦公之子李璠，这样推算宗望公李璠出生于道光四年（1824），是在介盦公入川六年后生于四川的。巴老这篇文字是当时根据记忆写的，估计成文时《醉墨山房仅存稿》并不在手边。江苏人民出版社1980年7月版《中国当代文学研究资料·巴金专集（1）》中《巴金小传》中有：巴金"祖籍浙江嘉兴，曾祖一代定居四川"，有着同样的错误。

（一）李璠历署四川多县，并非只做了一任县官

徐开垒先生的《巴金传》（上海文艺出版社1991年版）提到"李镛的父亲李璠……做了一任县官"。徐伏钢先生的《巴金家族的祖脉》（又名《历史祠堂的帷幕……》，见于多种报刊和网站）把宗望公李璠"做一任县官"的误说进一步发展成带有描写色彩的"后来虽熬了一任县官当"。其实宗望公李璠历署四川南溪、筠连、兴文等多县，并卒于定远（今武胜）县任上。《酒都播报》2019年4月14日刊文《巴金与宜宾不得不说的故事……》说："巴金的曾祖父李璠考取了举人，于清咸丰八年（1858）被分派到南溪任知县。"李璠并非被分派到南溪任知县。如前所述，他是在幕中襄赞四川南溪县令唐炯，而唐炯被紧急调离后接手代理南溪知县的。另外，李璠本来在宜宾县试以第一胜出，但因不是当地籍贯而没能取得功名，这是他从此远离科举（回原籍浙江考试在当时几乎不可能）改为游幕的原因之一。这篇文章又说："李璠晚年功成名就、子孙满堂，此时其玄孙李尧棠（即巴金）才呱呱落地。"这更是信口开河，李璠卒于光绪初年定远知县任上，巴金生于光绪三十年（1904），相距二十六七年。

（二）关于李璠的著作《醉墨山房仅存稿》

谭兴国先生的《走进巴金的世界》（四川文艺出版社2003年版）说："巴金的曾祖父李璠对文学颇有研究，刻印过一部《醉墨山房诗话》。"田夫先生编著的《巴金的家和〈家〉》（上海文艺出版社2005年2月版）也原封不动地抄录了这番话。宗望公李璠从来没有刻印过他自己的书。他的著述是其子浣云公李镛在李璠去世三十多年后失而复得，刻印为《醉墨山房仅存稿》的，共分两册，包括文稿、诗稿、诗话、公牍四种。巴金在《随想录·思路》中写道："文徵明的词我还是在我曾祖李璠的《醉墨山房诗话》中第一次读到的。"这里《醉墨山房诗话》正是《醉墨山房仅存稿》上册的最后一部分，但是却被一些文章演绎为巴金"曾祖父珍藏的《醉墨山房诗话》"，进而在谭书和田书中成为"李璠……刻印过一部《醉墨山房诗话》"。夏琦先生在《文豪巴金的仁爱和幽默》（《新民晚报》2005年10月18日）中写道："巴老幼时曾在曾祖父藏书《醉墨山房诗话》中读到这首词（即文徵明的《满江红》）。"巴金曾祖父李璠在世时《醉墨山房仅存稿》并未刊印成书，更不可能是李璠自己的藏书。

晚清名将（也是甲午抗日功臣）罗应旒在李璠身后为他写的《……李公宗望墓志》（光绪八年四月文，后被收为《醉墨山房仅存稿》代序）中说李璠有"女（儿）一"人，而该书《外集》（即公牍）中李璠本人在奏折中说自己有"女（儿）酉姑幺姑"两人（咸丰十一年十二月二十日），显然后者才是正确的。李璠的夫人盛氏，来自浙江秀水闻湖盛氏家族。盛夫人的外祖父吕朝恩，乾嘉时期在四川为官，其中嘉庆十二年至十八年在四川犍为任知县。杨乐生《犍为武庙，大多数乐山人都不知道的地方》一文中写道："光绪十四年（1888），犍为知县吕朝恩同驻防军主官陈万镒，共同牵头补修。"这把吕朝恩任职时间延迟了六十多年。犍为任职后，吕朝恩被提升为酉阳直隶州知州，但因协办军务并未到任。2002年版《酉阳县志》（第410页）有："嘉庆十七年，吕朝恩，顺天宛平县进士，未到任。"吕朝恩并未中进士。

二、关于巴金的高祖父（介盦公）李文熙

（一）李文熙并非幕僚出身，亦非从浙江直接入川的

李辉、陈思和、李存光先生的《巴金生平及文学活动事略》收集了有关巴老生平的大量史料。书中写道"巴金的高祖李文熙（即介盦公，是巴金曾祖父李璠的父亲）作为'幕友'从浙江到四川定居"。陈丹晨所著《巴金全传》和《巴金的梦——巴金的前半生》（中国青年出版社1994年2月版）写道"（李介盦）当年远迁入川，以一个普通儒生的身份在官府里当幕僚"。谭兴国文章《悠悠故乡情》（《四川省情》2004年第1期）则更说为"大约在清朝乾隆年间，巴金的高祖李介盦作为清政府派往四川的官员的幕僚，携家入川"。刘勇和李春雨的文章《拿出自己的心来高高地举在头上——纪念文学大师巴金先生》（《中国教育报》2005年10月20日）还要进一步，"高祖李介盦的时代作为'幕僚'随主公举家迁入四川"《中山大学学报（社会科学版）》。1996年第1期中《巴金与〈红楼梦〉》则有"高祖李介盦在清朝道光时代入蜀游幕，举家从浙江嘉兴迁入四川"说法。估计这些都是从前面提到的宗望公李璠的仕途起于幕僚演化来的。《醉墨山房仅存稿》中的《先府君行略》记录介盦公李文熙是因为课徒有方，被学生家长感

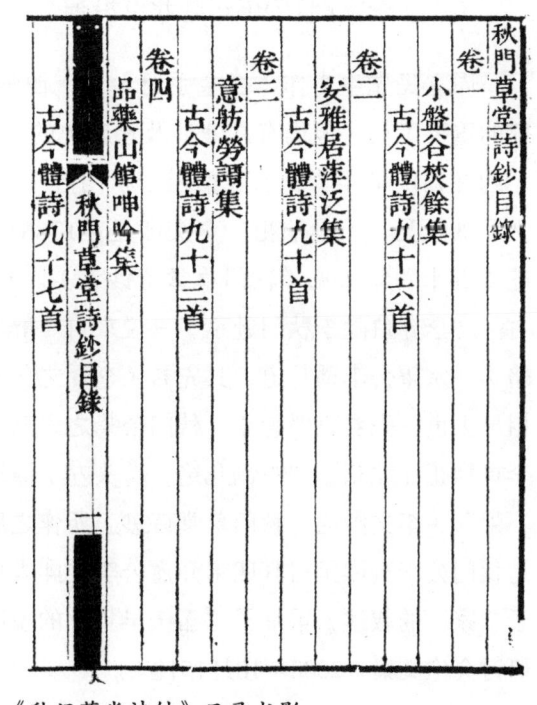

《秋门草堂诗钞》目录书影

其恩"捐布政司照磨（清代部司府主管文书、照刷卷宗的从八品职官）一官报之。分发四川"，所以介盦公李文熙是宦游至四川而定居的。另外他从1786年去北京（《秋门草堂诗钞》——巴金伯高祖父秋门公李寅熙的著作），到1818年入四川，"颠倒京兆，奔驰南北"（《秋门草堂诗钞》）三十余年，"从浙江到四川定居"一说显然过于简化。1818年是嘉庆二十三年，显然不是乾隆年间或者道光时代。徐开垒先生《巴金传》、李存光先生的《巴金》（中国华侨出版社1997年4月版）和《巴金传》（北京十月出版社1994年12月版），以及周立民《巴金年表》（《嘉兴文杰》第2集第413页，当代中国出版社2005年版）也都有"幕僚"的说法，其中"随主公举家迁入四川"说法更是无从谈起。陈丹晨的《巴金的梦》还有"到了……李璠时，（李家）开始进入仕途。……李介盦一生清寒，竟连诗文都未传流。李璠、李镛做过官，就有条件自己出资刻印诗文集"。其实李文熙（介盦）做到崇庆州同，官职不在李璠和李镛之下。

（二）李文熙1786年赴北京投奔李寅熙

周立民先生力作《巴金手册》（广西师范大学2004年版）是巴金研究的重要工具，但仍有几处涉及家族史的有失准确，都在该书第1页中。"约在嘉庆早年李介盦随伯祖李秋门赴京"，秋门公李寅熙是介盦公李文熙的长兄，不是伯祖。李文熙是在1786年赴北京投奔李寅熙的，这是乾隆五十一年（见《秋门草堂诗钞》）。到了嘉庆早年，李寅熙早已作古。"李介盦随李秋门赴京"一说来自《醉墨山房仅存稿》的《先府君行略》。宗望公李璠写道，其先君（李璠之父介盦公李文熙）"十七岁，先祖母去世，先君哀毁骨立。秋门公挈之入京"。李璠祖母去世时，秋门公李寅熙正在北京，"一恸几绝，（头左）瘤坟起如拳，呻吟卧榻，欲奔丧不果"（李文熙为《秋门草堂诗钞》所作之后记）。"挈之入京"实际上是秋门公李寅熙函召其四弟介盦公李文熙入京，周立民《新与旧：巴金关于"家"的叙述》重复了"嘉庆早年"的说法（《纪念〈家〉出版75周年研讨会论文集》2008年10月15日）。

（三）没有史料证明李文熙迁入或者落户成都

陈思和先生的《巴金图传》（广东教育出版社2002年12月第1版）说："李氏家族由浙江嘉兴迁入成都是在（巴金）高祖李介菴的时代。"谭兴国先生的《走进巴金的世界》提到"大约在十八世纪初，（巴金）高祖李介菴做官入川，落户成都"。文洁若著的《俩老头儿（巴金与萧乾）》（工人出版社2005年10月第1版）中也说："巴金，原籍浙江嘉兴。到了高祖李介菴这一代，移居四川成都。"酝藉的文章《巴金：寒夜春秋一百年》（《新西部》杂志2003年第12期）更具体到："巴金……出生在成都市正通顺街一个官宦之家。从他的高祖李介菴作为幕友离开祖籍浙江嘉兴，定居到这条街上，到尧字辈的巴金这一代，已经是第五代人了。"现有史料说明介菴公李文熙自1818年入四川后一直在州县做官，没有任何史料证明介菴公李文熙迁入或者落户成都（府）。李家迁入或者落户成都（府）应当是李文熙身后之事了。谭兴国先生把巴金祖上入川时间提前一百年，也没有提出任何根据。

三、关于巴金的祖父（浣云公）李镛

（一）李镛有六子三女，其中一子早夭

关于浣云公李镛有几个子女，众说纷纭，有"五子一女""五子三女""六子一女""六子三女"等不一。其中"五子一女"说法可能始于巴金本人，这大概源于巴金幼年懂事时他的父辈就只剩五男一女了。徐开垒先生的《巴金传》中有一段相对比较准确的说法："（李镛的原配继配）两位夫人为李镛生下了五个儿子和三个女儿，其中一子二女早年夭亡。李镛在两个夫人谢世后，又讨了两个姨太太，为他带来一个足以做他的孙子的第六个儿子。""六子三女"的说法是正确的，唯其"早夭"定义不明。若以未成年（即满十八岁）而亡故作为标准，则只有一子可算早夭。陈思和先生的《巴金图传》说："李镛有两房妻室，生了六个儿子和

三个女儿，其中一子二女早年夭亡，后来又娶了两个姨太太。"这里除了"早夭"前面已经说明外，李镛第六子是姨太太之一曾氏所生。另外"有两房妻室"的说法，不如"先后有过两房妻室"准确。陈思和《巴金》（《嘉兴文杰》第2集，当代中国出版社2005年12月版）有一段"李镛有两房妻室，两个姨太太，为他生了六子三女，其中一子两女早年夭亡"（第327页）。"早年夭亡"已在前面说过，"两房妻室，两个姨太太"也应说明是先后。事实上是原配汤氏故后，继娶濮氏；濮氏故后，先后纳妾曾氏黄氏。

《巴金生平及文学活动事略》中还有道："（巴金）祖父李镛（号皖云），也做过官，后闲居在家，为大家庭的家长，有五子一女（子：李道河、李道溥、李道洋、李道沛、李道鸿，女：李道沆）。"其中"皖云"应为"浣云"，"道沆"应为"道沆"。如果此处说的是李镛的成年子女的话，则遗漏了另外两个女儿，她们是二女儿李道湘和小女儿李道漪。李道漪的《霞绮楼仅存稿》被收入李镛及其妻女的《李氏诗词四种》。谭兴国著《巴金的生平和创作》（四川人民出版社1983年3月版）还把李镛之名错为李金镛，此书还说李镛"晚年，一心想的是'五世同堂'"，"五世同堂"当时在李氏家族是不可能的。李镛晚年的心愿是"四世同堂"，并得到实现。李存光近作《百年巴金——生平及文学活动事略》（人民文学出版社2003年11月版）、周立民先生新作《巴金评传——五四之子的世纪之旅》（秀威资讯2011年版）也都把"浣云"错为"皖云"。

陈思和先生在2004年12月17日"走进巴金"系列文化演讲第三讲

《李氏诗词四种》书影

"《家》的解读"（后整理收入《巴老和一个世纪》，上海社会科学院出版社2005年10月第1版）中说："巴金的祖父是个非常开明非常有眼光的人。……他有几个儿子，老大就是巴金的父亲，曾做过县官；老二死了，老三老四都被送到日本去学习法律……"这大概是演讲者把巴金小说《家》里的"高家"与巴金真实的李家混淆了。到日本去学习法政的正是老二李道溥和老三李道洋。事实上，无论是巴金祖父浣云公李镛的子女，还是巴金高祖父介盦公李文熙以下的重孙辈大排行，都不存在"老二死了"的史实。

《中山大学学报（社会科学版）》1996年第1期中《巴金与〈红楼梦〉》还有"他的二叔李道溥、三叔李道洋从日本早稻田大学留学归国后，分别担任过清末四川西充县和南充县的最后一任知县"。这里李道溥担任过西充县知县是没有根据的。

陈思和著《人格的发展——巴金传》（上海人民出版社1992年版）有"二叔是中国第一批留日的法科学生，毕业于早稻田大学。他回国后戴过红顶官帽，被受命为'四品'的官衔，本来可以放个'道台'"。"第一批留日"定义不确，毕业于法政大学著名的速成班第五期。"本来可以放个'道台'"，更似乎无的放矢，因为朝廷确实已有朱批，"李道溥以道员用"（宣统三年二月《奏折政治官报》）。

另外关于李道溥，唐金海和张晓云所著《巴金的一个世纪》（四川文艺出版社2004年1月版）说巴金的"二叔李道溥……娶妻刘氏"，其实刘氏是第三位夫人，原配继配均为吴氏；还有"五叔李道沛，……娶妻固氏"，固氏为周氏所误。《巴金的一个世纪》对李镛子女介绍的顺序为李道河、李道溥、李道洋、李道沅、李道沛、李道鸿，使人认为他（她）们的排行顺序也是这样。《巴金的一个世纪》还有：巴金在成都"修改《寒夜》等小说，还看望了八十多岁的姑母李道源"。这里"李道源"为李道沅之误，李道源是老大房之子，在道字辈叔伯兄弟中为长兄。唐金海和张晓云所著《巴金年谱》（四川文艺出版社1999年版）则在介绍巴金的父亲、二叔、三叔、五叔、六叔时，更明确"依次"写成"大姑妈李道沅，排行第四"。文洁若著的《俩老头儿》中也说："大姑妈排行第四，叫李道沉。祖母汤氏生了以上四个子女。"其实除了前面说过的遗漏外，李氏家族男女是分开排行的。不能因为四叔李道瀛早殇，就把大姑妈李道沉说成是排行第四，李道瀛也是汤淑清所出。这本《巴金年谱》还说，李镛"娶妻汤氏，续弦濮氏，妾曾姨太；共生六子一女"，其中"六子一女"已在其所著新年谱《巴金的一个世纪》中改正为"六子三女"，但是李镛之姨太黄氏则被两书遗漏。

由于四叔李道瀛早殇并鲜为人知，不少人就设法弥补空白，难免不张冠李戴。李春雨编著《心灵的憩园——走进巴金的〈家〉》（北京师范大学出版社2007年1月第1版）第57页先有李镛"五儿一女"之误，并把女儿名字误为"李道沉"；然后就把五个儿子介绍为"李道河、李道溥、李道洋、李道鸿、李道沛"，这样就误导读者以为李道鸿是四子了，其实李道鸿是六子。南海出版社出版的《百年激流——巴金回忆录》（2000年10月第1版第232页）里把多次出版过的巴金《谈〈春〉》一文中"不过他（五叔）和三叔都干过"错误地重印为"不过他（五叔）和四叔都干过"。这两本书，以及其他一些读物，都是把巴金小说《家》里的"高家次子早殇"与巴金真实家中的李家四子早殇混淆了。问题是《谈〈春〉》一文在《百年激流——巴金回忆录》中重印错误，把错误的起源强加到巴金本人身上了。

由成都市工商业联合会编撰的《百年沧桑——成都商会历史沿革》第15页说，四川首任劝业道周孝怀"委任他（樊孔周）和李道江（巴金之父）筹集资金，创办社会所需要的新兴事业"；第27页上说，成都"总商会为适应潮流，也成立了'宪政研究所'，聘倪天来、李道江（巴金父亲）、陶思曾为义务讲师，讲解宪法"。巴金的父亲是李道河；李道江是巴金的二堂伯，此书中讲解宪法的是巴金的二叔李道溥。向黄先生在《两件由成都"五老七贤"撰写的墓志铭》（《文史杂志》2007年第6期第75页）写道："李道江似乎是与巴老同宗，并且按排行还是巴老的二爷爷呢。"这也是不正确的。马西沙、韩秉方著《中国民间宗教史》（中国社会科学出版社2004年版）下卷第1030页脚注中有"上述资料为刘伯谷、朱炳先两先生口述提供。据两位先生说：巴金《家》中描写的高老太爷原型是李道江"。巴金先生多次提到,《家》高老太爷原型是他祖父李镛。

(二)关于李镛的著作《秋棠山馆诗钞》

《巴金生平及文学活动事略》《巴金传》《巴金评传》(陈丹晨著)都说李镛"印过一册《秋棠山馆诗钞》",而《秋棠山馆诗钞》并没有被单独刻印过,而是与浣云公李镛原配夫人汤淑清的《晚香楼集》、继配夫人濮贤娜的《意眉阁集》、女儿李道漪的《霞绮楼仅存稿》一同被木刻刊印为《李氏诗词四种》。《中山大学学报(社会科学版)》1996年第1期中《巴金与〈红楼梦〉》更称"祖父李镛……著有《秋棠山馆诗钞》石印送人","石印"一说更纯属发挥。李存光《巴金》和《巴金传》也说李镛"自印过一册题为《秋棠山馆诗钞》的诗集",李书还称李镛"做过知县、知州",但是并未提出有关"知州"的史料佐证。

陈思和先生的《巴金图传》说"(李氏家族)到了李镛时代,这个家族才真正中兴起来"。田夫先生在抄录中则略加修改为"到了李镛这一代,李家开始发达了起来"(《巴金的家和〈家〉》)。不知道这里 "中兴"和"发达"标准是什么,但是就那个时代一般以仕途为追求而言,介鑫公李文熙、宗望公李璠、蓉洲公李忠清(巴金的二伯祖)、浣云公李镛等几代都是差不多的,多在边远地带为县官,其中李璠倒被授为直隶州知州(并未实任),李忠清更做过松潘直隶厅和打箭炉军功府的同知;如论军功,也以李璠和李忠清为最;如论科举,李文熙以后的这两代人,则因清制籍贯所限,无法正常参加考试。《酒都播报》2019年04月14日刊文《巴金与宜宾不得不说的故事……》说"巴金的祖父李庸担任过洪雅知县",并没有史料根据。

(三)李镛原配夫人汤淑清不是浙江人

周立民先生的《巴金手册》还说,李镛"原配汤氏,为浙江的大家闺秀"。这一说法更早见于孙晓芬所著《巴金祖籍家世》(《人民日报》海外版1996年5月30日连载)。汤氏祖籍江苏南兰陵(今武进),生于四川戎州(今宜宾)(见《李氏诗词四种·秋棠山馆诗钞》),不是浙江人。

朱德慈先生著《近代词人考录》（中国社会科学出版社2004年版）说"汤淑清……生活至民国间"，其实汤淑清在民国前二十年就病故了。该书接着说："濮贤娜……嘉兴李镛室。生活至民国间。"濮贤娜为李镛继室，也在民国前十多年就病故了。唐金海、张晓云所著《巴金年谱》中有"六叔李道鸿，庶出，为祖父宠妾曾姨太所生"。其实李镛发妻汤淑清，汤氏亡故后，继娶濮贤娜。濮氏亡故后，李镛已老，再娶名门闺秀显然不合适，于是才有丫鬟填房。"宠妾"一词显然添上无稽的色彩。

徐开垒先生的《巴金传》还提到："（李镛原配夫人汤氏）她的外祖母更是当年'兰陵三秀'之一，既能绘画又能作诗，还曾一度以诗画维持生活，自称'澹影阁老人'。"徐先生对历史材料的挖掘深刻独到，曾经亲临四川采访。只是汤夫人的外祖母赵书卿的斋名是"澹音阁"，而不是"澹影阁"。估计这是因为四川话中"音"和"影"两字的区分不如普通话明显，以至所误。《近代巴蜀诗抄》（巴蜀书社2004年版）在分别介绍赵书卿和她的姊妹们（姊赵云卿和妹赵韵卿）时说三秀之父赵邦英为铜梁典史，实为铜梁（安居乡）巡检；另外说（赵氏三姐妹）"皆有诗名，并称兰陵三秀，曾合刊少作为《兰陵三秀集》（已佚）"（第60、66、70页），这不准确。该集仍藏于国内，除了图书馆外，在2004年春季嘉德拍卖中也曾高价转手。《近代巴蜀诗抄》还说赵书卿"著有《澹音阁诗词钞》，今已散佚"一语（第66页）。其实赵书卿并没有过一本《澹音阁诗词钞》，她后期的一部分诗词以《澹音阁诗词》附刻于其妹赵韵卿的《寄云山馆诗钞》中；另一部分词则以《澹音阁词》被收入光绪二十二年（1896）南陵徐乃昌刊本《小檀栾室汇刻闺秀词》第三集第二册和同一时期刻印的《国朝常州词录》，署"锡山赵友兰佩芸撰"。赵氏名书卿，字友兰，号佩芳，后改号佩芸；"锡山"为兰陵之误。《小檀栾室汇刻闺秀词》为海内外诸多图书馆所藏。《江苏艺文志·常州卷》（江苏人民出版社1994年6月第1版）误录《小檀栾室汇刻闺秀词》收其妹赵韵卿的《寄云山馆诗余》，其实并没有；《小檀栾室汇刻闺秀词》只收了赵书卿的《澹音阁词》，但是《江苏艺文志·常州卷》并没有把赵书卿与赵友兰联系起来，所以并没有著录她的《澹音阁词》。另外此书著录赵氏姐妹时称赵云卿和赵书卿为赵邦英的长女和次女（第676、679页）。《江苏艺文志·常州卷》的这几处错误，在柯愈春所著《清人诗文集总目提要》中都有出现（第1321、1329页）。柯著《提要》还进一步说赵韵卿是"三女"。事实上赵氏姐妹共四人，以诗词闻名并被誉为兰陵三秀的赵云卿、赵书卿、赵韵卿依次分别是次女、三女、四女。柯著《提要》又根据清《国朝闺秀正始续集补遗》把赵云卿误说成是"江苏铜山人"，与同被著录的两个妹妹籍贯不同。《国朝闺秀正始续集补遗》还把云卿之妹书卿韵卿误为书卿瑞卿。清《小黛轩论诗诗》也把赵云卿误说成是"江苏铜山人"，并把其早年诗作《绣余小咏》误录成《绣余小草》。《江苏艺文志·常州卷》还说赵韵卿"道光年间在世"，其实赵韵卿和赵书卿都高寿八十余岁，历经嘉庆、道光、咸丰、同治、光绪五位皇帝。李朝正、李义清所著《巴蜀历代名媛著作考要》（巴蜀书社版）把赵氏姐妹误为"山东兰陵人"。赵氏姐妹籍贯江苏武进（或称阳湖，今属常州），古称兰陵或毗陵，因山东有兰陵，又称南兰陵。赵氏姐妹的雅号"兰陵三秀"，即源于此。叶恭绰编《全清词钞》（中华书局1982年5月版）、鲜于煌注释的《历代名媛诗词选》（重庆出版社1985年10月版）、王延梯著《中国古代女作家集》（山东大学出版社1999年2月版）、朱德慈著《近代词人考录》（中国社会科学出版社2004年12月版）、胡文楷编著《历代妇女著作考》（上海古籍出版社1985年5月第1版）、龚学文编著《闺秀词三百首》（漓江出版社1996年6月版）和清末民初施淑仪《清代闺阁诗人征略》（上海书店1987年5月影印本），都据《小檀栾室汇刻闺秀词》"锡山"之误，把赵友兰（书卿）进一步说成是无锡人，其实尽管清代无锡时属常州府，但还是不能与武进混淆。前四本书还分别把《澹音阁词》误为《澹香阁词》（叶书和鲜于书）或《淡香阁词》（王书和朱书），而且《中国古代女作家集》没有按其体例把赵友兰（书卿）和其妹赵韵卿的条目联系起来。《历代妇女著作考》也还把赵云卿误说成是"江苏铜山人"，云卿之妹书卿韵卿误为书卿瑞卿，均来自《国朝闺秀正始续集补遗》。该书虽误录《小檀栾室汇刻闺秀词》收其妹赵韵卿的《寄云山馆诗余》，但申明"未见"。可是该书把三姐妹列为三个不同籍贯，也很有趣，唯韵卿籍贯正确。民初吴灏从《小檀栾室汇刻闺秀词》精选的《闺秀百家词选》（民国四年扫叶山房石印本）第三卷和《历代名媛词选》（民国五年木石居室印本）都把"澹音阁"错为"澹青阁"，并误称赵为无锡人。基于"铜山人"之误，赵云卿还被收入《江苏艺文志·徐州卷》，她于是也就跨越常州和徐州两卷了。台湾政治大学硕士论文《左锡嘉及其诗词稿研究》（作者瞿惠远、导师林玫仪）写道："《兰陵三秀集》所收为赵云卿、书卿、韵卿三姊妹早年诗词；其中云卿之作曰寄愁轩，书卿之作曰澹音阁，韵卿之作曰寄云山馆。"其实不然，在《兰陵三秀集》中云卿之作曰《绣余小咏》和《诗余》（又署《友月诗草》），书卿之作曰《绿窗藏稿》（又署《佩芳拙草》），只有韵卿之作曰寄云山馆（又署《友莲拙草》）。该论文作者并未见过《兰陵三秀集》，于是把后来的《寄云山馆诗钞》中附刻的云卿和书卿诗作之名称套用到《兰陵三秀集》中。论文还说："《兰陵三秀集》毁于战乱，云卿和书卿诗散落无存。"这也来源于后来的《寄云山馆诗钞》。只不过《寄云山馆诗钞》指的是家中无存，到这篇论文里就成了社会无存。即使是《兰陵三秀集》本身也有错，其中云卿之作《绣余小咏》有《辛卯闲咏》（第14页），诗中注释中称"书卿慧卿妹皆新出阁"；云卿并无妹名慧卿，此处是韵卿二字的误刻。娄欣星著《论清代江南家族女性的空间书写》（《南京师大学报（社会科学版）》2019年第6期）中有"赵佩云与赵悟莲为兰陵赵邦英之女。赵韵卿，字友兰，号悟莲……赵书卿，字友兰，号书卿……"这一段错误甚多。赵韵卿，字友莲，号悟莲；赵书卿，字友兰，号佩芳，晚年号佩芸。

汤氏家族在汤淑清的高祖父莳芥公汤健业时入蜀为官，历署四川多地，但是地方志以及其他文献记录不一：《南充县志》《温江县志》《嘉定府志》《卫藏通志》《四川通志》《四川盐法志》等记为汤健业；《新繁县志》《龙安府志》《同治直隶绵州志》《清史稿·艺文志拾遗》《成都市建筑志》《童山诗集》等则记为汤建业，而《安县志》等里两种都出现过。经查《汤世家乘》，汤氏这一支这一辈姓名的第二个字都有同样的偏旁，所以汤健业才是正确的。汤氏武进同乡乾隆进士左辅《念宛斋文稿》中有"夔州府通判汤健业"，为嘉定府通判（驻犍为）之误。

汤健业的妻子与祖母都出自同邑名门庄氏。段继红著《清及民国长三角地区文化家族中之女性文学研究》（上海社会科学院出版社2015年版）有两处提到"庄存与的祖父庄绛官至礼部左侍郎"，其实庄绛毕生并未为官，"礼部左侍郎"应该是因为其孙庄存与庄柱之子而获追赠。徐立望著《嘉道之际扬州常州区域文化比较研究》（浙江大学出版社2007年版，第168页）写道："明末，庄廷臣为湖广左布政使，子庄鼎铉，庄鼎铉子庄绛。两人'皆以积学敦行闻于世'。庄绛为诸生，生四子，其中庄楷、庄柱最有名。两人皆中进士……"书中"庄鼎铉"（前面提到嫁入汤门的两位庄氏共同之祖）的"铉"被误印为一生僻字。更需要正误的是庄绛有五个儿子，其中三人中进士、一举人、一副榜；庄柱本已被殿试考官拟为状元，后被雍正皇帝调置二甲第二，故时有联戏云："几乎状元及第，也算五子登科。"被作者遗漏的是雍正甲辰进士庄敦厚，他也正是汤健业夫人的祖父。罗检秋著《清代汉学家族研究》（中华书局2019年版）中有："庄廷臣任道台，分守郧阳时，正值阉宦魏忠贤专权。有官吏议建魏氏生祠，廷臣反对，被迫辞官。魏氏覆亡后，廷臣才得复职。"庄廷臣反对给魏忠贤建生祠，受到参劾，并因之"阖门待勘"。但是魏忠贤很快倒台，他并没有离职，也不存在复职；而且因为他的反对未建魏氏生祠，事实上也保护了其他官吏。

四、关于巴金的高伯祖父（秋门公）李寅熙及浙江嘉兴祖上

（一）李寅熙晚年一直在北京，并卒于北京

陆明先生撰文《巴金与嘉兴》，对李氏家族在嘉兴的历史有比较扼要的描述，但是文中写道："李文熙之兄李寅熙（别号秋门）晚年一直住在嘉兴……著有《秋门草堂诗钞》四卷……"其实《秋门草堂诗钞》的诗词中记载着秋门公李寅熙乾隆四十二年（1777）后离乡北游，多居京城，只曾一度短暂回乡应考。此书之后记中更有简洁明确的记录："乾隆已酉病瘤卒于京邸。"陆正伟先生文章《巴金的祖籍在嘉兴》（2006年10月27

日）还增加了细节，如："另一支为巴金的高祖李寅熙，著有《秋门草堂诗抄》等，有文名，又同嘉兴籍的状元汪如洋交往，在一起吟诗唱和，因而一直世居嘉兴甪里街。"李寅熙和汪如洋吟诗唱和早年在嘉兴，后来则在外地，以北京为主，而且不少时间是在两地间以书信唱和。李寅熙第二次到北京曾经住在北京长春寺附近的汪如洋寓所。不仅李寅熙本人并不一直世居嘉兴甪里街，在1784年他因赴乾隆南巡召试回乡时，嘉兴的李家已经搬离甪里街。这篇文章还两次提到巴金的二堂伯，却先后使用了不同的"李青程"和"李青城"，后者是正确的，二堂伯李道江号青城。此文还有一句有趣的说法："李璠的嫡曾孙，是李氏家族迁四川后的第五代。"其实只要是李璠的曾孙辈，无论嫡庶，都是李氏家族迁四川后的第五代。陆文还说："清同治年间，曾任四川打箭炉同知的李忠清，在嘉兴塘汇镇镇西建立了李家祠堂。"实际上李忠清是在光绪年代出任打箭炉同知的。

周立民著《巴金画传》中有"李文熙著有《秋门草堂诗钞》"，《秋门草堂诗钞》是李文熙之长兄李寅熙所著，李寅熙号秋门。

李存光的《巴金》（第23页）和《巴金传》（第61页）都提到1923年"12月8日（巴金与其三哥李尧林）再度去嘉兴。这次是遵在四川的二伯祖之嘱，去查验修缮后的祠堂，扫祭祖先，并替二伯祖做神主"。这里的"二伯祖之嘱"应为"二堂伯（李道江号青城，即二伯祖蓉洲公李忠清之子）之嘱"，因为不仅二伯祖此时早已作古多年，无法嘱托；即令他还活着，也不能请人在祠堂里为自己做神主。

（二）李寅熙嗣子李璣一支在嘉兴繁衍之说，尚无史料佐证

《巴金与嘉兴》写道："寅熙无后，以文熙次子李璣为嗣，这一支在嘉兴繁衍。"应当指出，关于秋门公嗣子李璣一支在嘉兴繁衍的说法，只是该文作者的推论，虽有可能，尚无任何史料佐证。王学平先生2003年的《巴金的祖籍情结》也援用了陆文的这一说法。2005年10月21日《嘉兴日报》载史念先生文章《1923年巴金嘉兴之行》，说法也与陆文基本一致；此外史文还说"由于巴金的伯高祖李寅熙无子，以李璣为嗣子，故李介盦的儿孙便顶了四川与嘉兴两支血脉"。其实秋门公李寅熙兄弟五人

（见《醉墨山房仅存稿·先府君行略》），并没有充足根据说只有其四弟介盦公李文熙的"儿孙便顶了四川与嘉兴两支血脉"。2006年6月出版的《上海滩》（总234期）载陆正伟先生文章《寻访巴金祖籍地》基本袭用了上述说法，此外还说："一支为李介盦（名文熙），为谋求发展，于嘉庆二十三年离开迁往四川……"如前所述，此说不确。接下来陆文还说："四川的李介盦有三子——李璿、李璣和李璠，他们都在四川、甘肃等地做官。"其实并没有任何关于李璣所在和做官的史料记载。陆正伟先生的另外一篇文章《巴金的祖籍在嘉兴》（2006年10月27日）基本重复了同一种说法。周立民先生文章《寻访巴金旧踪》也称"李寅熙（别号秋门）一支人则一直在嘉兴生活"。

（三）关于浙江嘉兴祖上

史文提到："巴金的祖上在清代前期就世居嘉兴甪里街。其八世祖李玉傅、七世祖李诱……"陆正伟文章《寻访巴金祖籍地》则提到"其八世祖李玉傅、七世祖李诱、六世祖李南堂"。陆正伟后文《巴金的祖籍在嘉兴》还称"七世祖李彪"。姑且不论究竟该称几世祖，这三位正确的名字应当是李玉傅、李澨、李南棠。《寻访巴金祖籍地》又提到"嘉兴市志办找到了李家祖籍旧址"，其实找到的只是祠堂旧址。《巴金的祖籍在嘉兴》还说："这座祠堂尔后成了四川与嘉兴李氏家属联系的纽带。早年，成都的李家后代只要到东南地区办事，都会弯到嘉兴来拜谒祖先。"其实那时候李氏家族并没有什么事情要到东南地区去办，几乎每次都是专程到嘉兴祭祖访旧。嘉兴市出版的旅游资源普查图集《寻踪追源》（王照祥主编，出版年月不详）第44页收有一张题为《李氏祠堂》的照片。根据本文作者实地考察，这是在嘉兴市塘汇李氏祠堂旧址拍摄的，但是因为祠堂早已被拆除，所以照片上的房屋并不是祠堂，而只是在祠堂原址上修建的民居，应予说明。

唐、张二人所著的《巴金的一个世纪》说"李氏原籍浙江嘉兴塘汇镇"。其实在秋门公李寅熙离开嘉兴以前，李氏"世居甪里街"（见《醉墨山房仅存稿·先府君行略》）。

傅逅勒先生呕心沥血二十余年，编出万言《嘉兴历代人物考略》（香港天马出版有限公司2005年5月第1版）。其正文中收入介盦公李文熙和秋门公李寅熙，但是把李文熙误为李璠的儿子和李寅熙的哥哥，李文熙实为李璠的父亲和李寅熙的弟弟。该书附录还收入巴金姑姑李道漪，称其"号蕙清……李道沅、李道祥妹"。这有两处错误：李道漪的号应当是蕙卿；她兄姊多人，但是没有李道祥。她这一辈姓名第三个字偏旁都是水，最接近的是李道洋。

李道洋为他祖父宗望公李璠的《醉墨山房仅存稿》作跋，结尾句为"丁亥秋孙道洋谨述"，其中"孙"字用小字刻出，其意为"丁亥秋（李璠）孙（李）道洋谨述"。《清人别集总目》（李灵年、杨忠主编，2008年安徽教育出版社出版）则误录《醉墨山房仅存稿》为"孙道洋刻"。另外李道洋这篇跋本身也刻印有误，此书既不可能是丁亥民国三十六年（1947）刻印，因为李道洋早于此前故世；也不可能是丁亥光绪十三年（1887）刻印，因为李道洋在《跋》中说他自己因"国变……弃官闲居"，这里的"国变"是指1911年的辛亥革命。收藏此书的各图书馆据"丁亥"各加不同分析，并予著录。《总目》把这些图书馆著录汇总为"光绪十三年（1887）李氏成都刻本（上图、川图）"和"民国三十六年（1947）孙道洋刻本（南图、南大）"，柯愈春所著《清人诗文集总目提要》也说是"光绪十三年李氏成都刻"，都是不对的。以《跋》中李道洋称其父李镛为家君而不是先君并且长兄李道河不在《诗集》校阅名单中来看，此书当刻印于李道河过世后（1917）后、李镛过世（1920）前，以戊午年（1918）可能性最大。《总目》还说"光绪十三年李氏成都刻本"为一卷本，其实此书只有一个版本，四卷两册。《总目》还附作者简历："李璠，宝坻人，同治四年进士。"这个简历显然是错误的，与《醉墨山房仅存稿》作者宗望公李璠无关。因为宗望公李璠是浙江嘉兴人，同治四年已在四川任知县。

五、关于巴金的父母兄姊

陈思和先生的《巴金图传》说："巴金的父亲李道河是李镛的长子……但是他的官运和才干都不及其父，学识也不及两个去日本留过学的弟弟。"陈思和《巴金》（见《嘉兴文杰》第2集，当代中国出版社2005年12月版）在同样这段话后还加了一句"所以（李道河）过得平平"（第327页）。这段话也被田夫先生一字不差地抄入《巴金的家和〈家〉》（第5页）。但是并未见到陈书和田书对（子舟公）李道河的才干和学识提出什么真实材料，也没看见陈书和田书说出两个去日本留过学的弟弟相对李道河而言又过得如何不平凡。在那个时代，长房长子或长房长孙要对大家庭承担着更多的责任，要为长辈和弟妹们做出牺牲。以1911年底（12月28日）成都发生兵变为例，整个大家族撤走避难，只留下长子李道河和长孙李尧枚在家彻夜守护，所以长子长孙往往不得不放弃很多机遇，特别是留学海外，但是并不能因此断言他们才学不济。周立民先生《新与旧：巴金关于"家"的叙述》（《纪念〈家〉出版七十五周年研讨会论文集》2008年10月15日）说"巴金的父亲李道河不做诗"，但是同文前一段则引用了《秋棠山馆诗钞》胡淦《序》中的"子舟大令亦有（诗文）集待梓"。子舟是李道河的号，大令则是当时对当过知县者的雅称。李道河不仅擅长诗文，而且还为子侄们（也有幼弟）写了新戏（讽刺剧）《知事现形记》在家里演出。

徐开垒先生的《巴金和他的同时代人》（学林出版社1999年1月第1版）说"（巴金的）母亲（陈淑芬）生于在山明水秀的浙江省一个小城里"。陈淑芬祖籍浙江，但是出生于四川。徐书又说："巴金的母亲还有一个与她婆家的人很大的区别，这就是高家有人生病，总是烧香拜佛，请神求道，急了才请中医上门，搭脉开方；她却相信西医……"她的婆家姓李不姓高，作者显然把巴金的李家和《家》《春》《秋》里的高家混淆了。徐书还接着说："（巴金母亲与）他的祖父和父亲及害怕外国人，又轻视外国人，是完全处在两种心态中。"事实上，巴金的祖父和父亲在当时是比较开放，不仅接受照相等当时并不被国人普遍接受的西洋术，还把巴金的二叔和三叔送到日本留学。徐先生的"既害怕又轻视"观点不知基于何种事实根据。一些书籍，特别是网络转载，把巴金的母亲陈淑芬的名字误为陈淑芳，这里就不一一列举了。

徐开垒先生的《巴金传》写道："她（即巴金的母亲陈淑芬）进门第二年，就生了巴金的大哥李尧枚。"其后"又为李家接连生了三个女儿"，后来"不到四岁的大女儿夭折了"（以上皆引自第4页）。同书后面又写道："（巴金的）二姐尧桢比大哥尧枚只小一岁。"（第9页）既然大哥和二姐之间还有早夭的大姐，二姐就不可能比大哥只小一岁。

李立明著《现代中国作家评传》第1卷（波文书局1979年版）有"他有（巴金）兄长姊妹共八人，他排行第四"。那个时代男女分开排行，巴金在亲兄弟中排行第三，在同祖父的二十三个堂兄弟中才排行第四。

四川辞书出版社出版的《四川近现代人名录》（1993年2月版）收入巴金的二哥李林（李尧林的笔名），其生卒年月录为"1901—1945"。事实上，李林先生出生于1903年6月。

六、其他种种

（一）各种地方志之误

民国《筠连县志·武功》中称李璠以及其侄李忠清为"江西人"，实为浙江嘉兴人，《筠连县志·职官》亦称李璠为"江西监生"。民国《高县志·宦绩》也误说李璠是"江西人"，民国《南溪县志》则误称李璠为"云南昆明（人）"，民国《富顺县志》除了沿用"云南昆明人"外，还把李璠的名字错为"李蟠"。民国《松潘县志》把李忠清误为"李忠青"，并将其籍贯误为"湖北人"；民国《泸县志》把李忠清误为"李宗清"；光绪《彭水县志》把李忠清之兄李洪钧误为"李鸿钧"。民国重修《广元县志》称李道河"云南人"，民国重修《大足县志》把李道河误为"李道和"。

以实正误　力戒传讹

（二）各种照片之误

陈思和先生的《巴金图传》第7页上的照片"大家族的合影"并不是巴金祖上大家族的合影。巴金先生曾告诉其侄李致先生这是当年成都商会部分成员的合影，前排左起第一人是巴金的父亲李道河。该书第1页左侧还有一张照片，未加说明，但因为是在第一章《家庭的环境》标题的右页上，所以给人造成这是巴金家族照片的印象。其实这张照片是巴金先生与他四舅陈砚农等一家人的合影。陈砚农（右一）是巴金生母陈淑芬的四弟，后为邮政官员，家境较好，在李家原来的大家族破落后对巴金的大哥的遗孤们多有照顾。左一为巴金先生的四舅母。唐金海和张晓云所著《巴金的一个世纪》第4页上的众人合影照旁有注释"'李家大公馆'是个大家庭"，令人以为这是李家合影，其实这是巴金母亲的娘家——陈家的女眷及子女的合影。

李辉先生等人撰稿的《百年巴金：一个知识分子的历史肖像》（四川人民出版社2003年10月版）第196页上有巴金与大哥李尧枚和七堂弟李西

巴金先生与他四舅陈砚农（右一）等一家人的合影

巴金（右）与大哥李尧枚（中）七堂弟李西舲（左）的合影

舲（左）的合影，但是该书却误注为"李家三兄弟。大哥尧枚（中）、三哥尧林（左）、尧棠"。

（三）家族旧居种种

巴金家族旧居在成都正通顺街。2003年《华西都市报》（记者杨帆）报道：出了名的"老成都"、白发老作家冯水木说："咸丰年间，那儿是成都有名的猪羊市场，后来被人喊成珠市街，是取猪屎的谐音。当时巴金的祖父李浣云看地价便宜，就把这个市场购置下来修李公馆……"巴金的祖父浣云公李镛生于咸丰三年，到咸丰最后一年也不过八岁。这个年龄的李镛不可能自己购置宅院，咸丰年间购宅也无任何史料记载。李镛的父亲李璠光绪初年才去世，正通顺街的宅院，应该是他所购。与之背后相连的东珠市巷宅院应是李忠清所购。

《文汇生活周刊》2011年12月13日载文《上海成都双城居·巴金的"家"春秋》（作者唐骋华）说："诞生巴金的那所大宅院便是其父花上万银元购入的。"这篇文章又把买主换成了李镛的下一代李道河，而且居然还给出了宅院价格，也属奇谈。

笔者近日去过成都文殊院附近的一家"成都院子酒店"（含餐饮和住宿业务），内有三个院落，其中之一叫"上喜龙园"，其碑文介绍"为巴金祖父李竹西的故居"。笔者提到正通顺故居，这家酒店的一位经理人员则说正通顺是巴金本人故居，而此"上喜龙源"则是巴金祖父"李竹西"的故居。正通顺故居上面已经解释，不再重复。发展文化旅游当然是一件好事，但是不应该编造历史。这一编造到了给巴金祖父改名为"李竹西"的程度，也真是匪夷所思。

（四）《作家巴金》优中有误

香港作家余思牧先生长期研究巴金。他的研究见地独到，见其近作《作家巴金》（增订本，香港利文出版社2006年3月出版）。但是有关巴金家族历史，尚有几处错误，除了上面指出过的巴金的曾祖父李璠只"做了一任县官"和祖父李镛（号"皖"云）等外，还有"李镛还娶了一房妾侍，叫曾姨太，她为李家添了六子一女"，事实上李镛娶了曾、黄两房妾侍，黄氏无出，曾氏只生一子；另外书中说"巴金父亲李道河（字子丹）"为子舟之误。书中还有"后来他（巴金）的父亲续娶，继母邓景蘧为他添了三个弟妹。这就是十四弟李尧棣、十七弟尧集和妹妹李琼如、李瑞珏。"根据这里算出来是四个弟妹，不是文中所说三个，而事实上却只有两个，即十七弟尧集和十二妹瑞珏为继母邓景蘧所生，十四弟李尧棣和九妹李琼如均为原配陈淑芬所生。该书所附《巴金生平年表简编》又说："继母邓景蘧为他生了三个弟妹。"仍然包括了"妹妹李琼如（九妹）"之误。余书还先后提到两个不同的李镛病逝的日子，正确的是1920年2月19日（农历除夕），孙培吉《默室日记》则记为农历腊月二十八日。该书在提到李镛死后，李氏大家族分家时说"代表巴金这一房的自然是嫡子李尧枚"，应为长子李尧枚。其父李道河从未纳妾，嫡庶之分无从谈起。

该书所附《巴金生平年表简编》还有："1909年（清宣统元年·己酉）五岁——李镛夫妇给大儿子娶了一个知书达理的闺秀陈淑芬做李氏长房的媳妇。李道河新婚的第二年，李镛就花了一笔巨款给大儿子捐了一个过班知县——四川有名的'蜀道门户''川中重镇'的广元县知县。（巴金）父亲赴四川广元上任为县官，随家同去，至父所任。"这段话给人的印象是巴金父亲1909年由李镛捐官赴广元任知县，是在与巴金母亲陈淑芬结婚后的"第二年"。这显然与此时巴金已经五岁以及他上面还有两个哥哥和三个姐姐的事实不相符合。另外当时李道河已经当过大足典史，候补知县有年，并且在四川官班法政学堂本科最优等毕业。按那时规矩，官班最优等，由川督考查"果系才志过人，学绩优异者"，予以上奏请奖，并"先行委署"，授给实职。《巴金生平年表简编》的这段说法显然不够准确。

香港出版的《香江文坛》2003年10月总第22期刊有"庆贺巴金百岁华诞专辑"，其中有署名慧丹的《巴金小传》。这篇文章除了包括前书提到的一些错误外，还有两点需要指出：（1）文章说"李镛有两位夫人，汤氏和濮氏，都是能文善画、出身名门的闺秀"，应当说"李镛先后有两位夫人，原配汤氏和继配濮氏……"（2）文章还说"（巴金）他母亲（陈淑芬）在民国二年（1913）生了她最小的一个孩子尧椽之后……逝世。后来他（巴金）的父亲续娶，继母邓景蘧为他添了四个弟妹。这就是十四弟李采臣、十七弟尧集（又名济生）和妹妹李琼如、李瑞珏"。如前所述，巴金的继母邓景蘧只生了李尧集和李瑞珏；李尧椽和李琼如均为巴金生母陈淑芬所出。应当特别说明的是李采臣就是李尧椽，不能当作两个人。此外文中还有一处把巴金二姐李尧桢的名字误印为李尧植。

（六）《巴金家族的祖脉》和《巴金家何处》开创戏说先河

徐伏钢先生的《巴金家族的祖脉》（又名《历史祠堂的帷幕……》，见于多种报刊）和郑光路先生的《巴金家何处》（《百姓》2005年第9期，多处转载，见《中国文艺》2005年第6期《寻找巴金的老家》等）等文章综合以前关于巴金家族历史的若干文章，也几乎包括上述全部错误说法。另外两文均有巴金先生1923年4月到嘉兴时与其四伯祖李熙平的"对话"，而且"对话"的内容都加了引号，变成"原话引用"，开创了"戏说"巴金家族历史之先河。郑文中竟有"清嘉庆二十三年，李璠随他父亲李文熙游宦入蜀"之类奇谈，并与"李寅熙，别号秋门，晚年一直住在嘉兴"不正确的说法一起，放入了四伯祖李熙平口中（均加引号），成为李氏"家传"之言。郑光路文中还演绎道："笔者发现一个有趣的问题：巴金高祖李文熙，熙字与'火'有关；曾祖李璠，璠与'土'有关（玉通土）；祖父李镛，'镛'字与'金'有关，李镛有李道河等五子一女，名字之中都有'水'；而巴金（李尧棠）及他兄长们，名字中都有'木'……很可能李文熙自入川后，就已定下为后辈取名的'五行相生'的顺序，以祈求在四川能子孙繁衍、生生不息……"可是巴金的二伯祖蓉洲公李忠清（李文熙的次孙）及其长兄李洪钧（李文熙的长孙）的名字就都不在此列。李家后代的"五行相生"显然不是从李文熙的后一辈开始的。

（七）《巴金的家和〈家〉》中诸多错误

田夫先生编著的《巴金的家和〈家〉》中说"李介盦……当年远迁入

川，以一个普通儒生身份在官府充当幕僚"（第3页），这里"幕僚"之误如前所述。

接着上面那一段，田书还有"祖父李镛也能诗文，他给自己起了个雅号：皖云。他自刻过一部诗集《秋棠山馆诗钞》"。这番话，田书也是从别的书原封不动抄录而来的（抄自谭兴国先生的《走进巴金的世界》）。其中"皖云""自刻""诗集"之误已在前面指出，不赘。

即使是这样的大量抄录（而且不注明出处），田书也抄得前后自相矛盾。第5页中说"李镛有两房妻室，生了六儿三女"（抄陈思和《巴金图传》），第69页又从别处抄来"他结过两次婚……生了五儿一女"。

田书中赫赫印出李氏家族后人李致为该书顾问。据了解，李致先生根本就没有同意担任顾问，也没有看过该书的定稿。

北京大学出版社2020年出版的《成都文学地图》也有上述种种错误，此处就不一一纠正。

附　记

本文是在过去若干年里根据所读到的文章书籍陆续记录下来并在近期整理出来的，并于近期作了大幅补充。若所"正"有误，谨此致歉，并欢迎指正。

2005年8月19日深夜初稿
2024年3月30日再次增补

以史为鉴　去芜存菁
——《巴金祖上诗文汇校》前言

巴金是中国现代著名的文学家和思想家。他的著作既是对封建专制传统的批判，也是对中国历史文化精髓的传承。这不仅体现在巴金的代表性小说《家》《春》《秋》和《憩园》多以他家族中的若干人物为创作原型，而且他后期的著作《随想录》和《再思录》中也多有对家族人物回顾的文章。

巴金曾经赠送《李氏诗词四种》给俄罗斯汉学家彼得罗夫（《家》的俄译者）并且向他简要介绍这四种诗词："《秋棠山馆诗抄》是我祖父的诗集；《晚香楼集》是我的第一个祖母（我父亲的生母）写的诗词；《意眉阁集》是我的第二个祖母写的诗词；《霞绮楼仅存稿》是我父亲的小妹妹写的一些诗。第一页上印的人名中李镛（号浣云）是我的祖父，李道河是我的父亲，尧枚是我的大哥，尧棠便是我。《晚香楼诗稿》第四十三页《赠惊鸿校书》一首，我在小说《家》中曾经引用过"[①]。在小说《家》《春》《秋》和《火》里，巴金还借用了他祖母的室号"晚香楼"。巴金曾在他的小说《雾》中借用他的祖父李镛咏梅花的诗句"独抱幽情淡冬

---

① 《巴金全集》第二十四卷，人民文学出版社1993年版，第201页。

雪,更怀高格傲春花"和"不妨清冷洗繁华"(《秋棠山馆诗钞》)[①]。

巴金晚年在谈到其曾祖父李璠在《醉墨山房诗话》中对明朝文豪文徵明词《满江红》的评论时写道:"我曾祖不过是一百多年前一个封建小官僚……他却理解而且赞赏文徵明的'诛心之论',这很不简单!他怎么能做到这样呢?我的解释是:用自己的脑子思考,越过种种的障碍,顺着自己的思路前进,很自然地得到了应有的结论。"[②]巴金又提到二叔李华封早年为他和三哥李尧林讲《左传》、说《聊斋》时,拍案称赞那些有骨气、敢讲真话的人。"原来二叔也是教我讲真话的一位老师"[③]。在这些文字中,家族对他的影响可见一斑。

五四运动时期的吴虞被胡适誉为"中国思想界的一个清道夫""四川省只手打孔家店的老英雄",并将其与陈独秀并列为"近年来攻击孔教最有力的两位健将"。吴虞亲自为《李氏诗钞》题诗七言绝句四首,对之做了高度的评价,如:"大隐东方忆昔时,文章经国几人知。万重桑海匆匆甚,黄绢长留绝妙诗。"

李氏家族世代书香,著述甚丰。但是由于家族败落,时代变迁,大多数失传。巴金本人也很重视这些古籍,长期珍藏着自己仅有的两套,即《醉墨山房仅存稿》《李氏诗词四种》(含《秋棠山馆诗钞》《晚香楼集》《意眉阁集》《霞绮楼仅存稿》),并在晚年全部捐赠给现代文学馆。著名作家和古籍版本学专家黄裳先生20世纪50年代初曾经重庆旧书店淘得《李氏诗词四种》并有记注。

本书编者长期致力于研究李氏家族历史并且早在20世纪80年代就向巴金先生请教[④],曾经于2010年编辑过《巴金祖上诗文汇存》影印版(巴蜀书社出版),精选了从巴金的高伯祖父到小姑姑的九种诗文书画,其内容形成的时间在乾隆到光绪之间,包括文、诗、词、诗话、词话、序跋、公牍、书画。

---

① 参见《雾》,《巴金选集》第四卷,四川人民出版社2002年版,第24页。
② 巴金:《思路》,《随想录》,生活·读书·新知三联书店1987年版。
③ 巴金:《怀念二叔》,《讲真话的书》(下),四川文艺出版社2017年版,第1116页。
④ 参见《巴金全集》第二十三卷,人民文学出版社1993年版,第2页。

巴金家族史考略 增订本

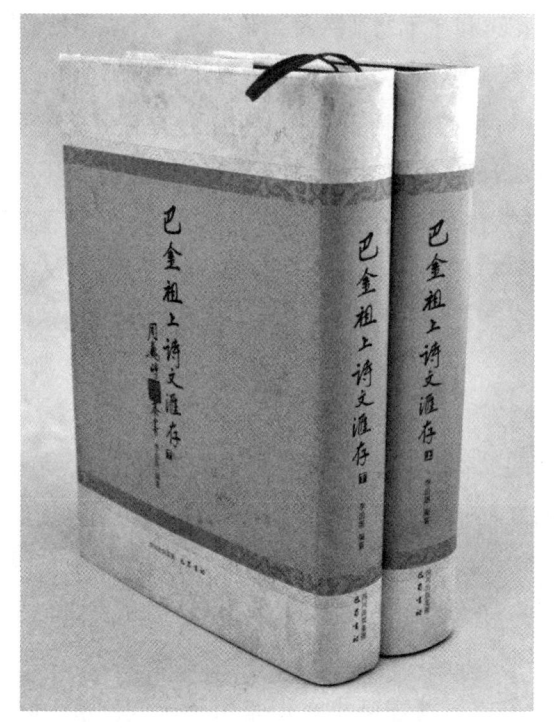

《汇校》书影

　　近十年来，编者又搜集到更多李氏家族的古籍史料，追溯的历史也更为久远。不仅包括巴金父系李氏各代及眷属的著作，也包括历代母系直系祖上的诗文。原来影印版的内容，作为第一册；新收入的内容（限于明清两代），作为第二册；点校并排印出版。

　　本书不仅对研究巴金的生平和著作，而且对研究中国古、近、现代历史，包括四川、浙江、江苏等地的民俗和社会文化，都有独到的价值。

李治墨谨识于附雅斋时值甲辰仲春

勤修德业 世守书香
——《巴金祖上诗文汇校》作者小传集

李寅熙,巴金之高伯祖父(1749—1789)

字宾日,号秋门,清乾隆十四年(1749)生于浙江嘉兴。少年时师从于曹秉钧(种梅),曾与汪如洋(云壑)、胡世垲(江林)、吴旼(少陉)、施鸾坡(惺渠)、钱开仕(漆林)、钱楷(裴山)等结为诗社,并被公推为"祭酒",有夜集"葭露山房"分韵赋诗的佳话。乾隆四十二年(1777)后离乡北游,多居京城,屡试不第。旅居京城期间,他曾为官府校对,并曾一度回乡应试。这时期他结交的文友还包括王复(秋塍)、梁同书(山舟)、洪亮吉(北江)等。李寅熙的朋友多数科场得意,其中同乡汪如洋连中三元,钱楷中会元和传胪;但他本人却终身不第,乾隆五十四年因病忧郁卒于北京。其一生诗作甚丰,可是早期作品大多失散,仅存的诗稿由其四弟李文熙(字坤五,号介盦)于嘉庆十九年(1814)结为《秋门草堂诗钞》(含《小盘谷焚余集》《安雅居萍泛集》《意舫劳歌集》《品药山馆呻吟集》四卷),吴锡麒(谷人)、查莹(映山)、张问陶(船山)为之作序,郭麐(祥伯)等诸名士题诗。他的诗作被选入《两浙輶轩录》(卷三一)、《晚清簃诗汇》(卷九九)、《续槜李诗系》

（卷三二）等，并被《灵芬馆诗话》（郭麐著）等书介绍。李寅熙曾祖父李玉傳（号扬曾），曾祖母吴氏；祖父李澎（号虞樽），祖母崔氏，继祖母孙氏；父李南棠（号兰陔），母聂氏；妻罗氏，先卒，遗二女皆早夭。以三弟敬亭子甄为嗣，甄亦夭；继以四弟文熙次子璣为嗣。

李文熙，巴金之高祖父（1766—1839）

字坤五，号介盦，小字阿伦。清乾隆三十一年（1766）七月生于浙江嘉兴，三岁丧父。李文熙自幼与其他几个兄弟一起，在长兄李寅熙的教导下读书。乾隆五十一年丧母后，李文熙到北京投奔李寅熙，从此开始了他的游历生涯。在北京李文熙得交吴锡麒（谷人）、梁同书（山舟）、汪如洋（云壑）、张问陶（船山）等当朝名士，这对他的视野和经历都有很大的益处。李寅熙去世后，李文熙应聘到山西马氏家族做塾师十余年，多次带着马氏子弟去应顺天乡试（清时北京的乡试有条件地不限考生籍贯），门人一个个中举，可是他本人的命运却像他的大哥一样，屡试不第。这期间，李文熙"颠倒京兆，奔驰南北"，往返于故乡和京晋之间。后来马氏家族感谢李寅熙的教育之恩，为他捐了布政司照磨（从八品），分发到四川。

嘉庆二十三年（1818），年逾半百的李文熙举家来到了四川，先后任（射洪县）青堤渡盐场大使、崇庆州同、射洪县巡检、屏山县（驻石角营）巡检，并于道光十九年（1839）三月卒于任上。李文熙一生著述丰富，可是漂泊动荡的生涯使这些著述未能保存下来，唯有他所校注的嘉庆戊寅版《鉴撮》（旷敏本编）至今可见。李文熙对这本书情有独钟，应当是对其"以史为鉴，撮其要义"宗旨的认同。李文熙也有诗作，晚清巴蜀才子王侃（号迟士）称其为"里中诗人"，今佚。

李文熙曾祖父李玉傳（号扬曾），曾祖母吴氏；祖父李澎（号虞樽），祖母崔氏，继祖母孙氏；父李南棠（号兰陔），母聂氏；妻张氏。子三，以《尚书·舜典》中的"在璿璣玉衡，以齐七政"命名，分别为长子璿号秉枢、次子璣号在衡、幼子璠号宗望。因大哥李寅熙无子，且早年所嗣三兄之子李甄也早夭，所以李文熙把次子李璣过继给秋门公李寅熙。

女三。孙子孙女各三。

李璠，巴金之曾祖父（1824—1878）

字鲁珍，号宗望，清道光四年（1824）年生于四川，祖籍浙江嘉兴。璠年十五丧父，奉母于贫寒中。应童子试，以《王猛扪虱赋》取第一名，深得宜宾知县车申田（锡侯，己丑进士）赏识，但因清制非原籍而不得入试，遂终生放弃科举，而游交于名士公卿之间。后入幕襄赞南溪县令唐炯（鄂生）。继代署南溪县令，并调署筠连、兴文等县，任富顺县丞，充筠庆营统领。丁母忧，起复后晋直隶州知州，核省府库银。事竣，调任定远知县。光绪四年（1878）卒于任上，清代抗日将领罗应旒（星潭）为之作墓志铭。李璠早年尊时任成都知府的浙江仁和籍叶树东（云膡）为师，风雅文字，交往于朱海门、叶桐君、王培荀（雪桥）、程廷桂（君月）、程廷杓、王侃（迟士）王吾高父子、牛树梅（雪桥）、杨引传（薪圃）、张宜亭、何恺堂（锦帆）、陈曦谷等人之间。一生著述甚丰，惜尽失散，后由故友赵心一寄回一卷文字，遂刻为《醉墨山房仅存稿》，含文集、诗集、诗话、公牍四种共两册。李璠曾祖父李澨（号虞樽），曾祖母崔氏，继曾祖母孙氏；祖父李南棠（号兰陔），祖母聂氏；父文熙（字坤五，号介盦）；母张氏；妻盛氏，浙江秀水盛善沆女；生二女（幺姑、酉姑）一了（振镛，后改单名镛）。有女弟了任浣香、韩素英、罗梦娥、邹浣青等若干人随习诗文。

李镛，巴金之祖父（1853—1920）

幼名振镛，号浣云，清咸丰三年（1853）年生于四川，祖籍浙江嘉兴，历知宜宾（光绪十二年任）、南部（光绪十三年）、南溪（光绪十三年由军功补授，任至二十年。二十一年回任至二十二年告病去职）等县事，晚年定居成都，民国九年（1920）农历己未除夕病逝。晚年李镛与"五老七贤"等在成都的名流诗书往来，包括方旭（鹤斋）、林思进（山腴）、邓元鏴（纯丰）、盛光伟（壶道人）、吴虞（又陵）、赵藩（樾村）、王永言（咏斋）等。著有《秋棠山馆诗钞》（胡淦作序、吴虞题词），合刻于《李氏诗词四种》，其中词作若干被选入《嘉兴词征》。他的子侄辈中有多人或留学海外，或襄赞新政，或开办实业。曾祖父李南棠（号兰陔），曾祖母聂氏；祖父李文熙（字坤五，号介盦），祖母张氏；祖父李璠（字鲁珍，号宗望）；祖母盛氏，浙江秀水盛善沆女；原配汤淑清，江苏武进汤世楫女；继配濮贤娜，江苏溧水濮文昇女；濮氏故后纳曾氏、黄氏。子六人、女三人，分别为道河、道溥、道洋、道瀛、道沛、道鸿，道沅、道湘、道漪。

汤淑清，巴金之祖母（1856—1891）

号菊仙，咸丰六年（1856）重阳生于四川宜宾，祖籍江苏武进。同治十一年（1872）适李镛，生四子三女。淑清幼工诗词画，师承外祖母赵书卿及三叔祖母陈季畹，室号晚香楼。其诗词被编为《晚香楼集》，合刻于《李氏诗词四种》，亦有光绪三十四年（1908）刻本《晚香楼词稿》。淑清光绪十七年（1891）卒于南溪。高祖父汤健业（入川始祖），高祖母庄氏，同邑庄贻苣之女；曾祖父汤贻泽，曾祖母杜氏，四川安岳县任典史江苏无锡人杜作霖之女；祖父汤洪名，祖母谭氏，谭善檿女；父汤世楫，母王氏，在川任候选同知、浙江山阴人王文枃之女；兄弟姊妹众多。淑清生四子三女，为道河、道溥、道洋、道瀛、道沅、道湘、道漪。淑清之三叔祖父汤成彦（号秋史）是道光进士，晚年同在四川。汤成彦所塾弟子缪荃孙亦为（光绪）进士。缪氏历主江阴南菁、济南乐源、南京钟山等书院，创办江南与京师图书馆，并被征任清史馆总纂（未赴任）。

濮贤娜，巴金之继祖母（1869—1898）

号书华，同治二十八年（1869）生于四川，祖籍江苏溧水。适李镛为继室，生道沛一子。卒于光绪二十四年（1898）冬。贤娜工诗词画，与上辈文湘、文绮、同辈贤姐，精于诗词，同为濮氏四闺秀，被著录于多种诗目。《益州书画录（附录）》说她"天性凤惠，素耽艺事，主嗜'六法'，尤工花卉，有佳作累累，为世人珍赏"。她写的《蝶恋花·咏蝶》脍炙人口，被收入《南京诗文集》（又名《南京历朝历代诗歌选》）。贤娜室号意眉阁，所著诗词被编为《意眉阁集》，合刻于《李氏诗词四种》；亦传有光绪三十四年（1908）刻本《意眉阁诗词稿》；近年又以《意眉阁诗词稿》为题收入《江南女性别集初编》（黄山书社）。祖父濮瑗，祖母丁氏；父文昇（号蘧生），举人出身，先任营山、资阳知县，后擢涪州知州，母刘氏；有六兄弟与二姊。子道沛。现代话剧艺术家濮思洵（苏民）、濮存昕父子为其族人（文昇长兄文遐之后）。

李道漪，巴金之小姑姑（1886—1908）

号蕙卿，光绪十二年（1886）生于四川，祖籍浙江嘉兴，李镛之幼女。道漪幼工女红，喜诗词，受诗于三兄道洋。室号霞绮楼。光绪三十四（1908）年卒。所遗诗词被编为《霞绮楼仅存稿》，合刻于《李氏诗词四种》。曾祖父李文熙（字坤五，号介盦），曾祖母张氏；祖父李璠（字鲁珍，号宗望），祖母盛氏，秀水盛善沆女；父李镛（号浣云），生母汤淑清，武进汤世楷女，继母濮贤娜，溧水濮文昇女。

赵书卿，巴金祖母汤淑清之外祖母（1810—？）

字友兰，初号佩芳，后改为佩芸，清嘉庆十五年（1810）生于江苏武进，少时随父游宦入川，遂留寓蜀中。承母教，工诗词画，与二姊云卿和四妹韵卿幼有诗名，合刊闺作《兰陵三秀集》（书卿部为《绿窗藏稿·佩芳诗草》），并尝与朱希蕴、顾琳、曾宏莲、赵云霞、李锡桂等"诸女伴结吟社，邮筒来往，亦韵事也"（王培荀《听雨楼随笔》）。适王文构，未四十而寡，生活非常清贫，丁碧溪描述说"佩芳夫亡，只一女，现居嘉郡（乐山），十指为活"，就是说她靠书画刺绣为生。王培荀评价："流寓于蜀，后来孤苦特甚。女子知书，果非福欤！"因无子，故后依女（及婿）生活。后与表弟媳陈季畹（汤成彦妻）、同乡左锡佳和曾懿母女诗词往来。晚年自称澹音阁老人，后期诗词多失散，自存的一部分以《澹音阁词（草）》被选入《小檀栾室汇刻闺秀词》（徐乃昌辑）和《国朝常州词录》，其中若干首被摘入其后的扫叶山房《闺秀百家词选》（吴灏辑），并著录于《闺秀词话》（雷瑨、雷瑊著）；寄给其妹韵卿的另一部分被作为《澹音阁诗词》附刻于韵卿之《寄云山馆诗钞》之后，其中若干首后被摘入《巴蜀近代诗钞》。年八十余乃卒。祖赵遐龄，字九峰；父赵胜，字邦英；母汤氏；书卿仅一女，适同邑汤世楫。姊云卿字友月、妹韵卿字友莲，后号悟莲。母系汤健业之三女。武进汤氏家族，多出才人。她的姨父张琦（妻汤瑶卿）与其兄张惠言同为阳湖词派创始人；同邑族人赵翼亦为清代大家。清末才女曾懿（书卿闺友左锡佳之女）云："佩芸夫人，风雅宜人，兼工诗词；幼操柏志，今近古稀，著有《澹音阁诗词集》。"晚清进士王培荀更赞其"五律颇苍健，余嘱碧溪有延女师者荐之，亦风雅中厚意也"。张琦子曜孙（仲远）评论她"天才俊敏，气韵雅逸。以近日才媛论之，足与《花帘词》相抗衡矣"。晚清进士汤成彦（秋史）则称赞她"精神深调，音谐畅洵。足平睨尧章，分镳玉田。至跌宕淋漓处，壮彩豪情，又直入苏、辛之室。词旨气韵，于倚声家之矩矱，不差累黍。此岂闺阁中所易觏哉"。

李忠清，巴金的二伯祖（1827—1885）

号蓉洲，浙江嘉兴人。生于道光七年（1827）四月，光绪十一年（1885）六月卒于任上。李忠清的父亲李璿任甘肃清水县典史，卒于任上。时年七岁的李忠清奉母从甘肃来到四川，投奔祖父李文熙。入赘为通判，咸丰五年（1855）起署理番厅同知、松潘厅同知、庆符县知县、城口厅通判、新宁县知县、越西厅同知、合州知州、邻水县知县、铜梁县知县、忠州知州等职，后升补打箭炉同知署泸州直隶州事。其间（光绪初年）丁宝桢在四川开办洋务，李忠清曾兼任机器局委员。李忠清先后参加平定川滇边乱、剿灭石达开、处理藏务、处理教务、兴办洋务等多项历史事件，因此三代追赠一品。曾祖父李南棠（号兰陔），曾祖母聂氏；祖父李文熙（字坤五，号介盦），祖母张氏；父李璿，母陆氏，江苏苏州府元和县人；妻孙氏，继王氏；子道江，女适张氏。

李道江，巴金的二堂伯（1866—1927）

号青城，浙江嘉兴人。生于同治年五年（1866）九月，卒于民国十六年（1927）五月。光绪十四年（1888）赴顺天乡试未举，次年捐郑州河工以振叙同知衔知县，分发四川候补。领省会成都东门保甲四载。光绪二十五年署四川剑州知州。光绪二十八年候补道员，实际退休。晚年在成都热心于工商与公益，光绪三十四年奉命与樊孔周主持兴建成都劝工场（后更名劝业场），为其最大股东之一。高祖父李南棠（号兰陔），高祖母聂氏；曾祖父李文熙（字坤五，号介盦），曾祖母张氏；祖父李璿（号秉枢）；祖母陆氏，江苏苏州府元和县人；父李忠清（号蓉洲），母孙氏，继母王氏；妻邓氏，江苏无锡邓元（号奕潜）女；子四：尧楷、尧杜、尧楠、尧植；女一，早殇。

李道溥，巴金之二叔（1876—1925）

号华封（又作华峰），光绪二年（1876）生于成都，祖籍浙江嘉兴。光绪三十二年（1906）游学东瀛，就读于日本东京的法政大学，毕业于著名的法政速成科第五期。光绪三十四年（1908）李道溥归国到北京，在朝廷里任度支部（原称户部）行走郎中（大概相当于现在的司局级巡视员），实际工作经"法部调派高等检察厅行走"。宣统元年（1909）中期李道溥回川省亲时，被四川总督赵尔巽看中，上奏朝廷调留李道溥回四川襄办新政。除了在司法、立法、自治方面襄办新政（坐办自治筹办处、参议审判庭筹备处，并兼任总督署会议厅审查科员等），他还执教于四川通省法政学堂，并向工商界讲授宪法草案。宣统二年（1910），李道溥曾奉委票捐（总）局总办。宣统三年（1911）上谕"李道溥以道员用"。辛亥革命后李道溥开始了完全的法律事务生涯。民国二年（1913）七月十八日李道溥取得了司法部发出的第一五七七号律师证书（见司法总长梁启超颁发的部令，中华民国司法部布告第二十号）。李道溥继续在四川法政学校执教，教授民法概论与民法继承。洪宪时期，法政协会曾一度遭到严禁。民国五年十月，四川法政协会重新开设，选举出李道溥为会长。李道溥同时又自己开办法律事务所，成为当时成都赫赫有名的挂牌大律师。与其同时，成都南门指挥街有律师叶大丰开业，与北门李道溥（号华封）同享盛名，在民间素有"南北两峰"（谐音）之誉。民国十四年冬月李道溥在成都去世,享年五十岁(虚岁)。李道溥擅长诗文,著有《箱根室集》,今佚。巴金早年把他写成小说《激流》(《家》最初连载时名《激流》)中的高克明,晚年曾撰文回忆(巴金《怀念二叔》)。高祖父李南棠(号兰陔),高祖母聂氏;曾祖父李文熙(字坤五,号介盦),曾祖母张氏;祖父李璠字鲁珍(号宗望),祖母盛氏,浙江秀水盛善沆女;父李镛(号浣云),生母汤淑清(号菊仙),江苏武进汤世楫女;继母配濮贤娜(号书华),江苏溧水濮文昇女;李道溥先娶妻吴氏,无出。吴氏故后继娶妻室也姓吴,子女多早夭。幸存的子女多为继室吴氏故后再续弦的刘氏所出。

李道洋,巴金之三叔(1878—1932)

号亮卿,光绪初年生于成都,祖籍浙江嘉兴。光绪三十二年(1906)随其二兄李道溥赴日本东京留学,就读学校和学历不详。次年李道洋独自回国,八月以试用知县分发湖北候补。宣统年间"署南充县知县朱庆年调省,遗缺详以试用知县李道洋署"(《政治官报》),"辛亥革命弃印而去"(《南充县志》)。候补期间曾担任在四川高等巡警学堂任民事诉讼法教员,民国初在其二兄的律师事务所里处理文书事务。李道洋擅长诗文,著有《惜影龛集》六卷,今佚。巴金写道:"(《家》中高克安的若干故事)都是从我的三叔那里借来的……他写的一笔好字,又能诗能文,也熟悉法律,在二叔(李道溥)的事务所里还替当事人写过不少的上诉状子。"(巴金《谈〈春〉》)高祖父李南棠(号兰陔),高祖母聂氏;曾祖父李文熙(字坤五,号介盦),曾祖母张氏;祖父李璠(字鲁珍,号宗望),祖母盛氏,浙江秀水盛善沆女;父李镛(号浣云),生母汤淑清(号菊仙),江苏武进汤世楫女;继母濮贤娜(号书华),江苏溧水濮文昇女;妻濮良容(号德华),江苏溧水濮文昇孙女,濮贤忱女。子女多人。

李道沅,巴金之姑母(1880—1961)

号芷卿,清光绪十二年(1886)生于四川成都,祖籍浙江嘉兴,李镛之长女。道沅幼工女红,喜诗词,受教于其母汤淑清。室号花影楼,有诗集今佚,率其二子为其父母妹之《李氏诗词四种》录校。1961年故。曾祖父李文熙（字坤五，号介盦），曾祖母张氏；祖父李璠（字鲁珍，号宗望），祖母盛氏，浙江秀水盛善沆女；父李镛（号浣云），生母汤淑清，江苏武进汤世楫女，继母濮贤娜，江苏溧水濮文昇女。适江苏溧水濮良坰（号颂川）；子二：思弇、思祐；女思湘（字桐仙），被巴金等人称为凤表姐，小说《家》中梅表姐的原型。

汤沐（1552—1619）

字仰思，号景陌，江苏武进人，生于嘉靖三十一年（1552）九月，卒于万历四十七年（1619）九月。万历二十二年进士。任福建惠安县丞，升北京东城兵马司指挥副使（未赴任），卒于福建泉州府之永宁官舍，闽人崇祀报国寺。祖父汤冕，祖母杨氏，继祖母钱氏；父汤儒，母朱氏，庶唐氏、蒋氏；妻陈氏。汤沐有三子三女。

汤日跻（1577—1632）

字汝敬，号琴川，江苏武进人，生于万历五年（1577）五月，卒于崇祯五年（1632）七月。著有《易象图说四卷》，画有《芝兰图》等，今均佚。曾祖父汤冕，曾祖母杨氏，继曾祖母钱氏；祖父汤儒，祖母朱氏，庶祖母唐氏、蒋氏；父汤沐，母陈氏；妻杨氏。汤日跻有三子。

汤元衡（1602—1674）

字希尹，号思琴，江苏武进人，生于万历三十年（1602）闰二月，卒于康熙十三年（1674）八月。汤元衡生值明清交替，外有倭患，科举无门，故"家贫早弃儒服。贩缯布为业，乘扁舟往来吴淞间"。"贾累至万金，使诸子各有宅田。又恐富而失教，其害更甚，使诸子各专一业而以耕读为本"，奠定了汤氏复兴的基础。祖父汤沐，祖母陈氏；父汤日跻，母杨氏；妻黄氏、吕氏。汤元衡有七子一女。

汤健业（1732—1798）

字时偕，号莳芥，江苏武进人，生于雍正十年（1732）。监生，历任四川龙安府经历（乾隆四十二年）、太平县知县（乾隆四十六年）、安县知县（乾隆四十九年）、南充知县（乾隆五十二年）、温江知县（乾隆五十四年）、新繁知县（乾隆五十五年），"大计卓异"升巴州知州（乾隆五十七年四月），因从征廓尔喀，旋升署石柱直隶同知（乾隆五十七年十月），后加署嘉定府通判仍署石柱厅（乾隆五十八年），嘉庆三年（1798）九月卒于任上。《嘉定府志》按云嘉定府通判总理、嘉定犍为并川西井研等州县盐务，督捕事务，实为盐官兼捕官，故《四川盐政史》又把汤健业记为犍为督捕通判。汤健业敕授文林郎，诰授奉政大夫。汤健业著述甚丰，其中《毗陵见闻录》广见著录，并有《红杏山房集》今佚。祖父汤自振，祖母庄氏，同邑庄纬女；父汤大绪，母杨氏，候选同知杨发祥女；妻庄氏，同邑庄贻苣之女；汤健业有六子五女。

汤世楫（1832—1862）

原名世杰，字子俊，号月舟，江苏武进人，生于道光十二年（1832）。林则徐《滇黔两省捐输各员请奖折》中有"汤世楫……祖籍江苏……请以从九品仍发四川遇缺即补"，对此道光皇帝的批复是"俊秀汤世楫者以从九品分发四川……"（其中"俊秀"指汉官吏中无出身者）。关于他的官宦经历志书记载不一，大致是咸丰元年（1851）任四川叙州府雷波厅黄螂分驻巡检，四川按察司司狱（任期不详），咸丰六年任富顺县丞（驻邓井关），咸丰十年任邓井关盐大使，卒于同治元年（1862）。曾祖父汤健业，曾祖母庄氏，同邑庄贻苣之女；祖父汤贻泽，祖母杜氏，四川安岳县任典史江苏无锡人杜作霖之女；父汤洪名，母谭氏，谭善槱女；妻王氏，在川任候选同知浙江山阴人王文构之女，生有四子四女，其中长女汤淑清，适候补知县浙江嘉兴人李镛。

庄澤（1458—1528）

字诚之，号鹤溪，江苏武进人，生于明天顺二年（1458）五月二十四日，卒于嘉靖七年（1528）正月十三日。弘治八年（1495）乙卯科江南省举人，九年丙辰科进士。十一年，庄澤出任宝坻知县，筑砖城，修县志，十四年调升户部（贵州清吏司）先后任主事、员外郎、郎中，"有收解粮盐，查盘仓库之劳"（《明武宗实录》卷五五），十八年十一月升授承德郎。"出督徐仓，发粟赈荒，不待奏报，以忤刘瑾罢"（《江南通志》卷一四二）。被逐出京城，外放河涧任知府，"修举废坠，宿弊尽除"（《河间府志》卷之八·宦绩）。"有旨嘉其劳绩，特进山东布政司右参政，仍管府事"（《明武宗实录》卷五五）。庄㡿曾三次上书要求致仕（退休），从而再次得罪刘瑾，被贬谪到四川任顺庆知府。庄㡿不肯赴任，即遭刘瑾罢官归乡。权宦刘瑾专权时镇压异己，害人无数。所幸庄㡿未被害死，只遭罢官。刘瑾被诛后，庄㡿在家安享晚年。"嘉靖初，应诏陈江南十事，特命所司行之"（《江南通志》卷一四二）。庄㡿著述甚丰，有《梦溪遗稿》（今佚），刊《书经六卷》《周易四卷》。曾祖父庄秀九，曾祖母蒋氏；祖父庄林，祖母陆氏；父庄斌，母濮氏，继母汪氏、生母张氏；妻无锡杨氏，子四：整、齐、严、肃，女四。

庄㡿特别注重子女的品德教育，他和历代传人的遗嘱成为武进庄氏的家规家训。自从庄㡿得中进士以后，庄氏家族几百年来，人才辈出，其中状元一名、榜眼一名、传胪一名、翰林十一名、进士三十五名、举人八十二名、贡生五十四名，受皇帝诰敕者计二百一十四人次，被誉为"中国第一科举家族"，至今仍有院士或名家学者多位。庄氏历代为官者众，且都清正廉洁。武进庄氏家族荣耀绵延四五百年，此主要得益于庄氏家训家规的文脉相传。

庄廷臣（1559—1643）

字龙翔，号凝宇，江苏武进人，生于嘉靖三十八年（1559）十一月二十五日，卒于崇祯十六年（1643）二月十日。万历三十一年（1603）乡魁，万历三十八年进士，吏部观政后，始任永嘉县知县，有惠政，卓异天下第一。历任礼部精膳司主事员外郎、祠祭司郎中、江西湖东道副使、湖广右参政分守下荆南道、广东按察使分守广南道、浙江右布政使分守金衢道，湖广右布政使分巡郧襄道、湖广左布政使。其分守郧阳时，纷纷议建魏珰生祠，廷臣独争之力，楚人重其气节。官至太仆少卿。著有《诗经逢源》八卷，并与其堂兄起蒙和起元同著《四书导窾》和《诗经导窾》。庄氏八世同祖兄弟庄起元和庄廷臣双双同科考中进士后，别徙居常州郡城西门织机坊和东门马山埠，人称"西庄"和"东庄"。曾祖父庄齐，曾祖母陈氏，兵部尚书陈洽曾孙女；祖父庄宪，祖母杨氏，无锡杨文晟女；父庄以蒞，母张氏，弟廷弼。妻龚氏，继配孔氏、濮氏。子五：春先、瑞先、履丰、玉铉、鼎铉；女五。

庄鼎铉（1624—1667）

字耳金，江苏武进人，邑庠生，生于天启四年（1624）六月十三日，卒于康熙六年（1667）七月初四。著述甚丰，特别是与其兄庄履丰同撰《古音骈字续编》五卷（原编一卷为明杨慎撰）流传于世。曾祖父庄宪，曾祖母杨氏，无锡杨文晟女；祖父庄以蒞，祖母张氏；父庄廷臣，母龚氏，继母孔氏、濮氏。妻毛氏，陕西宁州知州毛斌然之女。子二：绛、纬。

庄绛（1643—1710）

字丹吉，江苏武进人。方志与家谱均有传，综述其要：邑增生，入太学。"幼颖异，读书五行俱下，试七艺，以高才生补博士弟子员，考授同知。本贵介，兵燹后，家业中落，游京师，称誉籍甚，以文章器量见重于王文靖公熙。平生肆力于古，参订经史，凡天文疆索、九流百家之书，靡不穿贯，尤明于国家掌故，文章不起草，散佚颇多，存若干卷"（《武进县志》文学传）。有《著存堂诗文稿》和《挽王文靖诗百首》（今均佚）。曾祖父庄以蒞，曾祖母张氏；祖父庄廷臣，祖母龚氏、继祖母孔氏、濮氏。父庄鼎铉，母毛氏，陕西宁州知州毛斌然之女。原配陆氏，举人陆琪之孙女；继配董氏讳银台，广西苍梧道参政董应旸之孙女、董复中之女，董氏贤淑，有纪述家事训言。五个儿子中，三进士、一举人、一副榜：楷（康熙癸巳进士，陆出，其余皆董出）、檩（康熙庚子举人）、敦厚（雍正甲辰进士）、大椿（雍正己酉副榜）、柱（雍正丁未进士）。庄柱本已被殿试考官拟为状元，后被雍正皇帝调置二甲第二。故时有联戏云："几乎状元及第；也算五子登科。"庄绛孙多人，其中庄柱的两个儿子，一榜眼（庄存与，乾隆乙丑），一状元（庄培因，乾隆甲戌），人亦称其父子为"清代三苏"。庄存与的同榜状元是他的表兄弟钱维城，亦属罕见。重孙女之一适同邑汤健业（见本书第九编）。

盛周（1509—1563）

字文郁，号文湖，浙江嘉兴秀水人。少从王龙溪游。嘉靖三十一年（1552），年已四十三，需次鹰贡，始举本省乡试第三名举人，三十二年进士。官都察院政，除知福建浦城县，补南刑部云南司主事，转本部山东司郎中，出知东昌府，时严嵩父子柄国，盛周不予趋谒，洁身自重，以劳卒于官，年五十四（《福建通志》《建宁府志》《东昌府志》各有传）。著有《滴露堂稿》《南曹唱和集》，尝与沈先生靖夫讲学于闻湖书院。高祖父盛敬，高祖母施氏；曾祖父盛景芳，曾祖母黄氏；祖父盛洪，祖母沈氏；父盛嵩，母沈氏；妻金氏、吴氏，副室文氏；子五：惟谦、惟传、惟德、惟勋、惟恒。

盛万年（1555—1628）

字恭伯，一字叔永，号若华，浙江嘉兴秀水人。万历十一年（1583）进士，除刑部主事，历工部郎中。出为福建按察副使，历广东、贵州、江西按察使。迁云南布政使，未任卒。分守岭西期间，在雷州、高州、廉州等州县指挥军民，抗击倭寇，屡建战功。后设右江监司，署宾州，为平抚宾州、柳州等地扰乱，多有建树。著有《岭西水陆兵纪》（为中国古代兵书之一）和《拙政编》（附诗）等，诗多佚。高祖父盛洪，高祖母沈氏；曾祖父盛嵩，曾祖母沈氏；祖父盛周，祖母金氏、吴氏、文氏；父盛惟谦，母陶氏，处士陶楷女；妻吴氏，吴久恩女；副室吴氏；子二：士元、士表。

盛以约（1596—1634）

字孟将，一字彦修，号演仙。国子监生。高祖父盛周，高祖母金氏、吴氏、文氏；曾祖父盛惟谦，曾祖母陶氏；祖父盛万年，祖母吴氏；父盛士元字元长号崑柱，母陈氏，礼部员外郎陈泰来女，继母汤氏，福建按察司副使进士汤聘伊孙女、海州知州汤一龙女；妻徐氏，南京通政使徐申孙女、太学徐瀚女；子二：子邺、民誉。

盛民誉（1618—1699）

字来初，一字仲来，号容闇，浙江嘉兴秀水人。顺治十七年（1660）顺天举人，十八年（1661）进士，康熙九年（1670）由推官改桂阳知县，捐俸劳军，使仓储足食，多惠政，擢提学佥事，十一年（1672）湖广同考官。著有《六谕诠释》等稿，多散失。《庐阳残稿》为其孙盛支焯从方志上收集的文十二篇、诗十四首，今虽存尚未见。本书收集若干诗文，应涵盖其大部分了。高祖父盛惟谦，高祖母陶氏；曾祖父盛万年，曾祖母吴氏；祖父盛士元，祖母陈氏；父盛以约，母徐氏；妻谭氏，同邑进士登莱兵备道谭昌言孙女、进士礼部主事谭贞良号筑岩女；继姚氏，进士工部尚书姚思仁孙女、曲靖知府姚以亨女；副室肖氏、张氏。六子四女。

盛枫（1661—1707）

字黼辰，号丹山，浙江嘉兴秀水人。康熙二十年（1681）举人，官浙江安吉州学正。性孝友，尚风义。有《梨雨选声》二卷，与弟禾《稼村填词》和本楠《滴露堂小品》合刊名《棣华乐府》。著有《鞠业集》（桑弢甫有序，今未见）、《墨屑》《安吉耳闻录》（一卷）、《观澜录》（十卷），又集明代及清初地方文献为《嘉禾征献录》（又名《槜李先民录》）。雍正《浙江通志》卷二五一载，盛枫有《丹山草》十二卷，今存九卷，约康熙间刻。高祖父盛万年，高祖母吴氏；曾祖父盛士元，曾祖母陈氏、汤氏；祖父盛以约，祖母徐氏；父盛民誉，母谭氏；姚氏；妻吴氏，礼科给事中吴源起孙女，候选教谕吴端木女；继钟氏，钟彝宣女；副室杨氏；八子二女。

濮瑗（1797—1856）

又名世濂，字又蘧，号琅圃，江苏溧水人。道光元年（1821）恩科举人、六年（1826）丙戌科（朱昌颐榜）二甲进士，八年（1828）补四川安岳知县、十二年（1832）署犍为知县兼署嘉定府盐捕通判（亦驻犍为）、十五年（1835）署嘉定府峨边（厅）抚夷通判、十六年（1836）署成都知县（未就任），后代办彭县知县事，十七年（1837）任江津知县、十八年（1838）调华阳知县（告病，旋以忧回籍服阙，坐补原缺，回任江津），二十三年（1843）因在江津任上，拿邻境要犯，上宪提请议叙，部议引见，奉旨发往原省以知州用。二十六年（1846）委署温江，数月提补简州，二十七年（1847）履任，咸丰三年（1853）移任涪州知州，咸丰六年（1856）末卒于任上，年甫六十。曾协修道光《重庆府志》，主修咸丰《简州志》。道光十六年（1836），捐银两千两，重修祠堂，立对联"世守贤良思存方正，敬承德荫克振家声"遂用之为濮氏辈序，但"守"字辈因试避讳改为"文"。濮瑗，曾祖父临吉（号宏曜），曾祖母陈氏；祖父兰芬（字乾一，号明健），祖母甘氏；父绍牺（号浑斋），母谢氏；妻李氏；继张氏，江苏阳湖人；再继张氏，继配之妹；生四子二女，四子依长幼为濮文暹（号青士）、濮文昇（号蘧生）、濮文昶（号椿余）、濮文曦（号幼笙），二女为濮文湘（号芷绡），适江苏宝应朱策勋，有《怀香阁诗钞》；濮文绮（号弹绿），适浙江何镜海，有《弹绿词》。长子濮文暹和三子濮文昶同科中咸丰九年（1859）举人，后来又同科中同治四年（1865）进士，同年，濮文暹与濮文昶为《脂砚斋重评石头记》作题跋。

濮文昇（生卒不详）

号蘧生，江苏溧水人。咸丰十年（1860）出任营山县知县，同治六年（1867）调署资阳县，次年回任营山，直至同治九年。《营山县志》载，濮文昇就任伊始，继修城垣，历经五载，"暑雨秋淋，屡筑屡圮"，共修城墙五百八十四丈，城楼四座，奎星楼一座。工甫竣，战事又起，凭墙固守，县城得以保全。营山绅民为前后修城有功的三位知县刘毓炉、刘英选、濮文昇合建三公祠，立碑撰铭曰："三公之德，正德厚生；三公之业，积谷修城；城坚食足，永卫编民；愿我三公，时念斯营"。同治元年春，濮文昇导民重修骆市桥，完工后作碑记。同治十年出任涪州知州，次年因病离任；同治十二年回任涪州，年底奉旨会办闻名一时的黔江教案，因而次年离任。光绪元年（1875）出任峨边厅通判；光绪三年冬再度回任涪州，光绪八年卒于任上。在涪州知州任内，他重建涪陵文峰塔（俗称"白塔"），此塔原为木塔，毁于明朝末年。同治十年重建为砖塔，采用特制青砖，耗时四年竣工。白塔八角九层楼阁式砖石结构，总占地面积八百七十余平方米，有四重台基，连塔刹顶总高约四十米。同治十三年完工。濮文昇工诗词，精书法。他的白鹤梁题记，书隶体，遒逸疏爽，令人悦目。涪陵蔺市龙门桥东原来立有濮文昇德政坊，四柱三门五楼，高七米，坊上刻有"龙凤呈祥"字样，纪念濮文昇治理涪州的功绩，1961年冬拆除。曾祖父兰芬（字乾一，号明健），曾祖母甘氏；祖父绍辒（号浑斋），祖母谢氏。妻李氏；继张氏，江苏阳湖人；再继张氏，继配之妹。父濮瑗、母李氏；继母张氏，江苏阳湖人；再继母张氏，继母之妹。妻刘氏，子贤懋（号瓜农）、贤恺（号星桥）、贤忱（号丹吾）、贤恭（号寿铭）、贤怡（号云堪）、贤泌（号芋禅）；犹子贤愈（号君愈）；女贤婉（号柔杉）适浙江汪少和、贤媤（号诗环）适浙江徐石生、贤娜（号书华）适浙江李镛为继室。孙女中良容（号德华，贤忱出）适李镛三子道洋，孙子中良埙（字颂川，贤忱出）娶李镛长女道沅。

李尧枚（1897—1931）

号卜贤，生于四川成都，祖籍浙江嘉兴。巴金的大哥，《家》中觉新这一形象的原型，是最早将新文化思想带进旧家庭并支持弟弟外出求学的人，后独自承担一个没落大家庭的全部生活重担。巴金说，大哥是爱他最深的人。

李尧林（1903—1945）

笔名李林、杜华。教育家，翻译家，生于四川成都，祖籍浙江嘉兴。

巴金的三哥，20世纪20年代和巴金一起离开成都求学。30年代毕业于燕京大学，后在天津南开中学教授英语，其学生不少后来成为各领域的大家或院士。抗战时期从事翻译工作，译有《悬崖》《月球旅行》等作品，编入《李林译文集》（人民文学出版社2005年版）。巴金说，三哥是最关心他的人。

张涛（1848—？）

字湛僧，号海槎，斋号知错必改轩，云南昆明人，道光二十八年（1848）生于云南省云南府昆明县（世居城外，后因咸丰滇乱而迁城内）。同治九年（1870）恩科云南举人。光绪三年（1877）"夏有合州管厘之行，冬有移创鄨厘之委"。五年八月署四川珙县知县，六年榷宁远府厘务，七年（1881）受四川总督丁宝桢檄委查要案，并襄赞盐茶道唐炯改革盐务，九年六月任四川南川知县至十九年，任内后期两调闹差，并升知州衔。张涛在珙县任上，对当地少数民族研究颇深；在襄赞丁宝桢、唐炯改革盐务时，曾有七天筹得白银十万两的佳话；在南川的十年任期内，更是成就甚多，尤其是他主持编修《南川公业图说》，开创中国地方志的一个新风格。丁宝桢对他的评价有洁己奉公、才具明笃、心地诚实、办事认真等语。在清季官员的"守、年、才、政"四格考核中，他获得的评价是"清壮优敏"，具体评语为"精明练达，有才有为，数术兼纯，循声夙著，堪膺保荐"。卒年不详。父德荣，母曹氏，子景仓号小槎，孙女张兰生适李尧枚（婚后改名张和卿）。

张景仓（1875—？）

号小槎，云南昆明人。光绪元年（1875）生于云南省云南府昆明县。光绪二十三年丁酉科云南乡试举人。光绪二十五年己亥四月吏部带领引进后，以试用知县发往四川候补。《南川县志》载："光绪廿七年知县雷橡荣就城西尹子寺创设海鹤书院，延云南举人候补知县张景仓主讲，招生研习经史古文，悉仿专经书院——为其父张涛创建于南川。"光绪三十二年二月，以"年强才裕、奋勉有为"任四川省昭化县知县，同年转署中江县知县。光绪三十四年护理川督赵尔丰奉旨办理江津案奏曰"查有昭化知县张景仓公正朴实堪以委派，当即饬传到署面谕，驰往江津等处严密确查"。同年差竣清溪县（今汉源县）知县，次年二月请假离任。宣统元年（1909）十月，回任昭化县知县。后赴滇奔丧，回程中因突发颈痈病故于途中。清末民初四川著名云南籍官员赵藩有挽昆明张小槎大令景仓联："循绩嗣先人，阅历变迁，终得遄归正丘首；争难勖诸季，扶将细弱，莫令久郁望乡心。"

张景仓著述甚丰，有《鹃啼血稿》《旋滇咏（稿）》《矜慎吟（稿）》各一卷，惜今佚。父张涛，字湛僧，号海槎。娶黄氏，广东文昌人；子张纯武；女二，幼女张兰生适李尧枚（婚后改名张和卿）。

附录一

闻湖盛氏由来考

◎ 盛 平

一、嘉兴盛氏

据上海图书馆藏《闻湖盛氏家乘》（盛沅编，宣统三年刻）世系图：盛氏之先实姬姓，七十七世度公是北宋端拱二年进士，景祐二年拜为参知政事，卒谥"文肃"，葬余杭黄山，人称"宰相坟"（今于黄山盛氏家庙地下出土了"大明天顺四年馀杭黄山盛氏重建祠堂碑"）。纵观世系七十四世唐珰公以前皆居河南归德府卢城县，至珰公仕吴为余杭令，始迁居浙江湖州府安吉州。七十六世豫公之前居湖州安吉，豫公之后靖康南渡散处钱塘近邑。

我闻湖盛氏先祖为广陵（今扬州）

《闻湖盛氏家乘》封面

人。北宋靖康末年盛瑄扈跸南渡，初居临安（今杭州），传至盛辕为元代提举使，因赘于嘉兴朱张穹寿家，徙居嘉兴南汇廊下，为嘉兴盛氏之始祖。谱载：辕父佑仲仕元为制置使，公之先司谏瑄公靖康之难扈跸南渡居钱塘临官驿侧，朱张宣公亦值靖康之难从康王至建康又随定都临安居临官驿旁，两姓同从汴来，世通姻娅，后朱张梅趣公复自钱塘徙居嘉禾之墅泾，无嗣，公乃以季子讳辕赘焉。从十五世起，谱名取"本支百世，善积庆馀，敬承祖志，宝学珍儒"十六字，且多以五行相生列序，二十世前尤著。

二、乡居何方

我对故乡祖居和祖茔的认识了解还是从家存的几方旧印章和印拓来的，分别是"闻湖别墅""闻湖旧家""南湖居士""香嵌居士""檇李盛氏""方岳第前"。我竭力去依寻这一点点蛛丝马迹查访资料。终于，故乡的轮廓渐渐清晰起来。追远返始，善莫大焉。

（一）墅径，一名市径、柿径，在王江泾镇，该村南靠梅家荡，苏嘉运河东岸。据清末《闻川志稿》记载："市泾古有小市，因名市泾，在必暑圩南。""文化大革命"时叫田乐公社卫东大队，后来变成了田乐乡市泾村，现在是王江泾镇田乐村。始祖提举公盛辕赘于墅径，"墅径长房、墅径次房"应由此而来。

（二）梅家荡，学名叫闻湖，因王江泾的旧名闻川而得名。闻湖，就是今天的南汇梅家荡，这是嘉兴境内第一巨浸。因宋代闻人尚书得名闻湖、闻家湖，后因乡音讹转为"梅"，由此径称"梅家荡"。闻湖自元代起，胜迹税暑亭、寻梅桥、问柳桥、闻湖书院、两洲亭、巢云馆等，多见于诗人的咏叹，却已经非关闻人家的事了。所谓的"闻湖胜迹"如税暑亭，寻梅、问柳二桥，那是元至顺年间（1330—1334）朱张穹寿所建，可知闻湖的主人这时已经换姓。梅家荡水通田北荡、菩提荡，水质明净、鲜香。浩浩梅家荡岸边的万千绿丝绦掀起的潋滟水光，何止是古城中南湖的千尺烟雨可以相比的。

（三）闻湖书院与书院墩，嘉靖十六年（1537），参议沈谧与太守盛文郁在闻湖（梅家荡）创建书院，聚诸生讲学会文。沈谧居官有政声，大名鼎鼎。衍至晚清，湖中仅存书院墩，墩上蒹葭丛芜（丛芜亦美），墩下水中产紫底青口蚬。《嘉兴日报》编辑陆明先生这样描述他见到的书院墩："时令正值晚秋，墩上、荡埂上，芦花怒放似雪。我伫立在南岸远望北岸，尽目力所及，那茫茫水域的北岸，影影绰绰似墨泅染的几簇起伏的黑点儿，应当便是古称'墅泾'的村庄了。"

（四）南汇，曾名长溪，自然镇，在王江泾镇，蚕溪荡东，与嘉善县隔河相望。因在钳露圩之南，故近代惯称南汇。据《嘉兴新志》记载，明末清初始有小集，至清代中期发展成市北部的重要集镇。明代南汇有南、北、中三汇之分，而复又统名之曰长溪。南汇镇东有河渠通夏墓荡，南临十字路荡、泥河荡，西遥接梅家荡水，北以长荡、钉靴荡为湄，镇之西端与蚕溪荡相衔，周遭圩头错壤，断岸洲沚，诸水汇流，而"汇"之名立。

（五）盛家廊下，别名廊下，在王江泾镇，地处梅家荡北岸。据《秀水县志》载，廊下原名象龙港。传说建于明嘉靖时，以其建筑之气派，仅及皇宫之"廊下"而得名。

（六）香橼浜，关于香橼浜，《清稗类钞·植物类二》云：嘉兴地名香橼浜，曾称香严浜。20世纪30年代此浜侧有香橼树，故名，1929年图上作里香元浜（以上参考《浙江省嘉兴市地名志》）。

由此印证了故乡古城嘉兴，不仅是鱼米之乡，而且人杰地灵，文风蔚然，人才辈出。秀水盛氏据资料载："出自元提举使盛辕之后，自明太守盛周以来，定居梅湖，有堂曰滴露、修纪，有轩曰饮醇，有斋曰宛委，有阁曰四照，子姓繁衍，屡登甲科，文

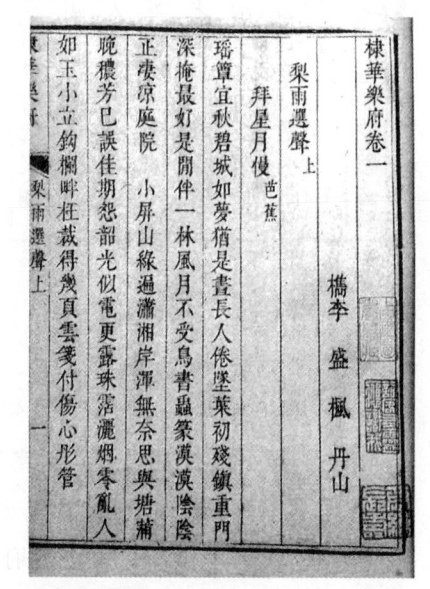

盛枫《梨雨选声》书影

名之盛为乡里冠。其地俗呼盛家廊下，东滨长溪，西背梅湖，遥领烟水，颇具风帆渔钓之胜，旧居梅湖中李圩。"此说信然。明清两朝，盛氏就出了盛周、盛万年、盛民誉、盛世佐、盛沅五位进士，盛枫、盛藻、盛支炳、盛支焯、盛百二、盛世纶等十余名举人，盛大镛、盛世绮等贡生、监生多人。

三、盛氏名人及墓茔

现将我所知道的盛氏明清五位进士及其墓葬情况逐一介绍如下：

盛周（1509—1563）字文郁，号文湖，嘉靖壬子经魁，癸丑进士。历任山东东昌府知府，广东布政使司右参政，崇祀名宦乡贤。卒于官，归葬南露圩先茔之东。

盛万年（1555—1628）字恭伯，号若华，文湖公长孙，万历己卯举人，癸未进士，廷试第二甲第六名。历任江西按察司按察使，迁云南布政使，未任卒。崇祀名宦乡贤，葬长

《岭西水陆兵纪》书影

水塘黄字圩新阡。

盛民誉（1618—1699）字来初，号容闻，顺治庚子顺天举人，辛丑进士，任桂阳县知县，壬子湖广同考官。葬南露字圩。

盛世佐（1719—1755）字庸三，号存斋，乾隆辛酉举人，乙丑进士。历任湄潭龙里知县，升任丽江分府，授文林郎，著有《仪礼集编》行世，以解饷卒于仪征舟次，归葬大阙圩新阡。

闻湖盛氏由来考

盛沅（1845—1934）派名恺华，原字平之，字子彬，号萍旨，光绪乙亥举人，丙戌进士，历任台州临海县教谕，翰林院庶吉士，刑部湖广清吏司主事，山西夏县知县，补用直隶州知州，癸巳科山西乡试同考官，辛丑过班分发江苏补用道员。世居郡城北门外香严浜，迁郡城西门内金明寺埭。

据《闻湖盛氏家乘》载：盛氏祖茔一在梅家荡伤字墅泾，一在南露霓虹荡，一在三塔北黄圩，一在南菜字圩。文湖公、容闾公、庸三公都循其先人葬在梅家荡，若华公、萍旨公择地另葬是由于迁居之故。《家乘》记录了伤字墅径祖茔由来：

> 朱张梅趣公痛父（朱张恂）死崖山，既奉衣冠葬毕，居宅在中李圩，日夕展墓。犯闻湖风涛之险，因于湖之东处筑一洲，广数门，置亭其上，暑月落成，遂颜以税暑。元季毁于张士诚之乱，明嘉靖时沈石云俭事即其地易为闻湖书院，祀王文诚公，为讲学地。先太守公（盛周）亦在列。明末为土寇所据，先其仪公（盛士表）率家丁乡勇逐而焚之，至今仅存基址，土人呼为书院墩焉。上跨两桥，左寻梅右问柳，景色宜人，美不胜收。

伤字墅径祖茔主穴及附葬包括朱张氏三世伍位盛氏三世六位，俱循元俗火葬俗呼盒盘坟。伤字墅径祖茔石城之西新穴西南为家庙报恩祠，报恩祠建于何年不详，道光五年（1825）扩基重建，每年春秋二分正日远近族众前往致祭。

盛万年墓在三塔北黄圩，观图，北黄圩在古三塔寺西南，北临"杭州塘来水"，想必就是大运河了。笔者曾经实地考察了一番，在今天中山西路往南跨过大运河至文昌路以南有一片开阔地，谷歌地图上标明此地就叫"盛家坟"，也正好在今三塔公园的西南方，这应该就是若华公祖茔所在地了。

四、散居及盛世绮宦川

盛氏墅径长房盛可大居京师另有谱记，次房自第五世起，盛誉为闻湖西派，盛敬为闻湖东派。盛氏闻湖东派十一世传至盛万年，始迁居嘉兴城北门香严浜，盛民誉嫡孙盛百二旧居梅湖中李圩，"柚堂在郡城香严浜，今遗迹无存俗称香橼滨是也"。我至今还保留了从老家带来的一方朱文印章"香蠡居士"。西派仍居乡间（今王江泾镇盛家廊下村）。东派盛沅一房于清末又徙居南门金明寺埭。

盛世绮是我的六世祖，字对戺号镜斋，又号香泉，早年入福康安大将军幕征噶尔喀，由县佐军功擢四川隆昌知县，所至皆有善政，明于折狱，伉值不援，上任涿县，八年不调，卒于官。乾隆时，四库馆议叙，工篆隶，多藏名人手迹碑帖，撰有《所见碑石时地考》四卷。嘉庆十九年（1814），上任顺天府涿州知州，八年不调，道光二年（1822）二月二十九日卒于官，年七十三岁。归葬碛石镇白沟堰，政绩见《嘉兴府志》循吏传。他的大儿子**盛濂**最终留在了蜀地做了叙州府经历，殁后葬叙州府合江门外白沙湾。

五、盛善沆其人

有资料表明，盛世绮侄子盛善沆以浙江秀水县议叙随叔父入川，最早的记载是嘉庆十二年（1807）署蓬州吏目，其后还任过年署太平厅照磨、营山典史、嘉定府经历兼批验大使、绵州通判。酉阳直隶州知州吕朝恩把女儿嫁给盛善沆。近期发现的盛世绮致友人函计三页述及"兹新正抄，严渔恬三兄过保定，接读教言……弟自承乏蠡吾，有终两载……兹因舍侄回川，书泐奉复……"可知，是函作于嘉庆十五年正月，舍侄即指盛善沆，其时盛善沆二十八岁。

六、入川后联姻

　　盛氏入川一脉已历七世，前四代的婚姻都在江浙故交范围。我的叔曾祖父壶道人盛光伟写有一本《迁蜀琐记》（未梓行），文中经常出现的字句就有"辛亥国变""旅蜀日久""南归不得"等，看来先祖们还是想有一天能够回到廊下或香严浜故居的。始祖盛濂与其弟分别娶了时任泸州知州的嘉兴人沈昭兴之长、幼女，女适四川知县山阴邵坤。高祖盛桢娶湖州归安庠生沈荣琛女。伯曾祖盛伯庚娶四川候补知县湖州吴焜女。曾祖盛仲和娶宜宾县典史广东（一说浙江）张元钧女。入了民国，祖父又迎娶了祖母，祖母的祖籍是湖州乌程，而家母亦是昆山人。此外，作家巴金祖籍也是嘉兴，李氏入川后我们两家还联过姻，盛善沆的女儿嫁给了嘉兴人四川知县李璠，李璠是巴金的曾祖父，李璠之子李镛补了南溪知县实缺，约请他的舅舅盛桢去做了十年的"刑名师爷"，同时还是其夫人二弟子尹的老师，在巴金祖母汤淑清《晚香楼集》中《怀子尹二弟》有"师德辜青眼，亲恩负白头"句，诗注："弟殁后，其师盛维周为诵经三日。"

先府君（李文熙）行略

◎（清）李 璠

谨按 先君讳文熙，字坤五，别号介盦，浙江嘉兴府嘉兴县人，世居角里街。曾祖扬曾公，讳玉传，增监生；祖虞樽公，讳滮，国学生；考兰陔公，讳南棠，郡庠廪膳生，以公贵敕授修职佐郎，晋赠通奉大夫；妣聂太夫人，生五子，先君其季也。

先君生于乾隆丙戌年七月初十日申时，三岁失怙。依先伯秋门公成立，教之读书，力学不倦。屡应乡试不售。十七岁先祖母去世，先君哀毁骨立，秋门公挈之入京。因得交吴谷人、梁山舟、汪云壑、张船山诸先生学益进。嗣秋门公捐馆，乃应聘入晋，馆于马氏，教其子弟者十余年，仍偕门人辈屡应顺天乡试。门人次第皆捷，先君终不售。马氏感先君，为捐布政司照磨一官报之，分发四川，非其志也。

嘉庆二十三年，先君至蜀，历署青堤渡盐场大使、崇庆州州同。道光七年，借补射洪县巡检。十三年缺裁，复补屏山县巡检。时猓夷不靖，地方多故，先君带勇筹防，积劳成疾，遂于十九年三月初八戌时卒于官，敕授修职佐郎。

先君笃于孝友。每以不得逮事，祖父母终身抱恨，又以常受秋门公

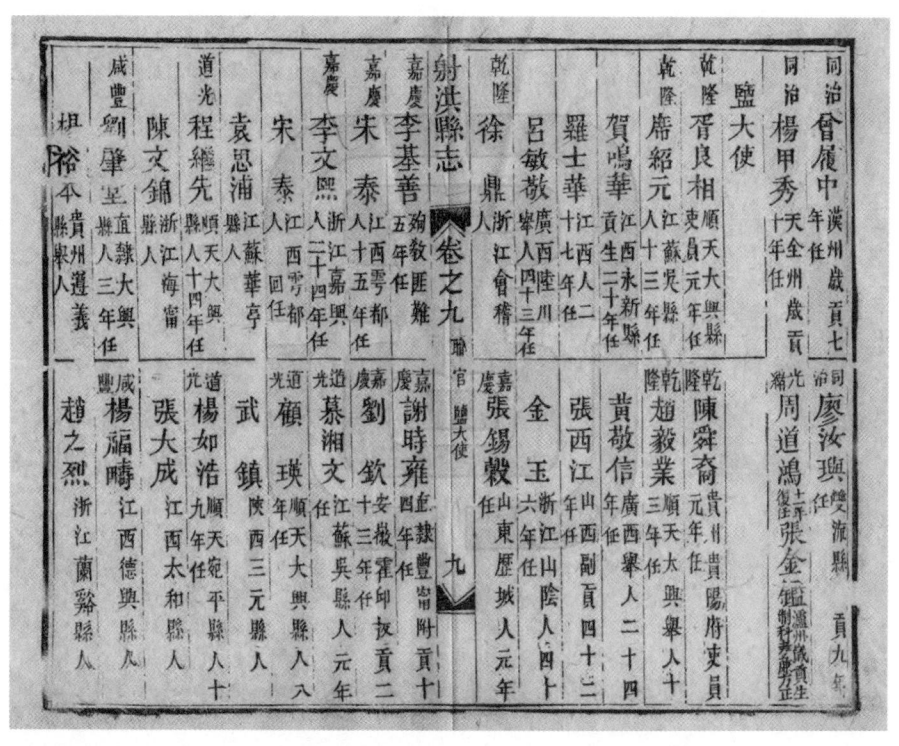

《射洪县志·职官·盐大使》书影

抚育，未克报之。每谕璠等曰，他日成立，必博封诰，以光泉壤。生平喜读性理诸书，规行矩步，动必以礼，处友朋则诚信不欺，故多耐久交。居官清慎，不烦不扰，一以修养民生为主。性至介，辩义利甚严，虽饷钱万，欲其妄喝一笞不可得以，故卒之日，两袖清风，无以为殓。

配张太夫人，生三子：长璿，官甘凉，先卒；次璣，嗣秋门公；次璠，四川候补按察司经历，历署南溪、筠连、兴文等县知县，充筠庆营

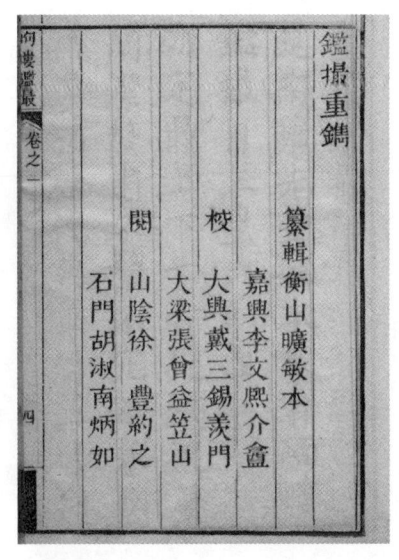

《鉴撮》书影

统领。女子三人。孙三人：长洪钧，四川候补知县，历署名山、彭水等县知县；次忠清，四川候补同知，历署理番、松潘直隶同知、庆符县知县、城口厅通判、充安定前营营官，皆璹出；次镛，候选县丞，璠出。女孙三人。曾孙道源，候选府经历，洪钧出。道光二十四年三月葬于叙州府城北岸。同治四年十月以忠清遭际，覃恩加五级，诰赠通奉大夫。

  呜呼，先君至性觥觥，尤深经史，著作甚富，以家贫子幼，多散失。唯所修《鉴撮》行于世。候补时，历任学使者，聘入幕中，总阅试卷，倚之如左右手。家居奉了凡功过格。公余，手一经课子，每至夜分不辍。只以见背时，长兄已故，璠等均幼稚，一切嘉言懿行，不能悉知；或所知之而不详，不敢以厚诬先人，故所述者仅此。伏望仁人锡类撫其大略，铭之贞石，则璠等感泣无既矣。谨状。

诰授奉政大夫晋封通奉大夫
李公宗望（璠）墓志铭

◎（清）罗应旒

咸丰庚申滇匪初犯吾蜀，所向披靡，全省骚然。蜀吏能治贼以才能著者，太守则杨公重雅，县令则唐公炯，佐僚则李公璠，数人而已。其他大位若武臣阃无闻焉。应旒知李公名，尝心慕之，欲亲其言论风采而不得，及与其犹子忠清交，乃知公字鲁珍，号宗望，浙江之嘉兴县人。父介盦，屏山县巡检。公幼颖悟，读书目数行。下性方直，以道自守，厚重寡言。与人无忤，然意所否虽权贵不能夺。年十五，介盦公卒，奉母张太夫人居叙州。家徒四壁，死丧相继。公先意承志以事，以畜太夫人。居忧戚中，恒忘贫窭。服阕应童子试，辄冠军。以冒籍故，格于议而罢。父执诸名流，咸异之，文名藉甚。卜地葬父兄毕，遂囊笔游公卿间，蒲轮争迎无虚日。会滇匪乱，公适以武功爵，议叙按察司经历。唐公炯令南溪，共谋讨贼。唐公常越境督师，公抚辑于内，饷馈不绝。每赞戎机，出奇制胜。大府知公能，调权筠连县事。县当滇蜀冲，新罹兵燹。公至，抚集流亡，训练团众，安内攘外，民气以伸。土寇何金龙啸聚千人，应滇贼。公立捕诛之，散其党从。旧例佐贰不能久权县事，至是破格，俾君尽其能。在任两年，贼不复窥其境。旋调兴文县，为政一如筠连。筠兴皆瘠区也。他署任者，率及期酬善地去，公独以。邑绅某，有所请托，不之应，遂短公。上游久乃檄署富顺县丞。嗟商王某，工垄断，印官多承意虐民，公独不稍假借。商衔之。贿贵人欲中以祸不得闲，乃令引疾去。俄丁母忧，起复回原省，大府追叙前劳，擢知县，复晋直隶州知州。方伯程公檄令核库款，事竣，权定远县。月余，病卒于官，享年五十五岁，覃恩晋封通奉大夫。配盛太夫人，子镛，四川候补知县；女一（注：实为女二）；孙三人；孙女一人。父介盫公，以忠清官晋封荣禄大夫，母封一品夫人。光绪四年九月初二日祔葬于成都龙泉驿之阳，从公志也。其姻余方为之传，谓公幼时，张夫人疾危，尝蕲臂肉和药以进，遂愈。而状不载其事，盖公内行竺挚，虽妻若子不以告也，吁可知其人矣。公著作甚富，不屑以词章名，散佚殆尽，存杂著一卷，待梓。

呜呼。天之生人，不畀以聪明才智，浑浑噩噩，如无怀、葛天之民则已。乃既负聪明才智，能御患难，持纲纪者，率不得大展其志，以尽其才，即小试一二事，而挫折困屯，俾赍志以没，是何数之奇耶？如李公者，真天意不可测哉。

光绪八年夏四月其子镛丐崇宁罗应旒[①]为之志。

---

① 罗应旒，字星潭，四川崇宁人，从戎积功，官至贵东道。抗日战争中，唐王山战役，毙倭贼千余名。和议决，遂归，工书。见《益州书画录》。

《李璠墓志铭》书影

李璠列传

光绪嘉兴县志·卷二一·列传二

《嘉兴县志·列传》书影

李璠 （字鲁珍）号宗望。父文熙，四川屏山县巡检。璠年十五丧父，奉母张居叙州，尝刲臂疗母疾。有文名，寄籍应童子试，格于议，乃囊笔游公卿间。咸丰初滇匪乱，从事戎行。议叙按察司经历。佐南溪令唐炯治贼，以才能著。权筠连县，地当要冲，新罹兵燹。抚集训练，民气以伸。土寇何金龙啸聚千人，应滇贼。立捕诛之，散其党。旋擢邑令，历署南溪、兴文，卒定远县任（崇宁罗应旒撰墓志，新纂）。

光绪筠连县政绩志列传

李璠 （字鲁珍）号宗望，江西（原注：本籍浙江，此盖当时修志之误）监生，咸丰十一年任筠连令。为政务，持大体，词讼细，故委尉代理，疾恶如仇。蠹役某毙之杖下，并斩里豪一人，邑人称快。其侄忠清，前任庆符，亦有德政。高邑叛匪何金隆等勾结张四亡地，由正舟下窜，令亲督团并添调庆符练勇，在石龙庙堵剿。信赏必罚，得士卒心。庆练亦以忠清遗爱殊死力，屡战皆捷。相持月余，不能入境，遂改道围长宁、陷建武。筠高安堵，皆令力也。邑人建长生牌祀之，并详武功志。

光绪筠连县武功志列传

李璠 （字鲁珍）号宗望，江西（原注：见前）人，任筠连令。同治元年，高逆何金隆、萧德广，勾结南溪张四亡地、滇逆戚维新、黔逆萧正有等众万余，由正舟（原注：《府志》作洲）下窜。令督团并添调庆符练勇，在石龙庙迎击，鏖战自辰至酉，毙贼伪先锋殷万明，夺获刀矛炮位无算，贼遂大溃。

光绪叙州府志筠连武功志略列传

《叙州府志·宦绩》书影

李璠 江西（原注：见前）人，咸丰十一年任县令。为政务，持大体，疾恶如仇。蠹役某毙之杖下，并斩里豪一人，邑人称快。其侄忠清，前任庆符，亦有德政。高邑叛匪何金隆等勾结张四亡地，由正洲下窜，令亲督团并添调庆符练勇，在石龙庙堵剿。信赏必罚，得士卒心。庆练亦以忠清遗爱殊死力，屡战皆捷。相持月余，不能入境，遂改道围长宁、陷建武。筠高安堵，皆令力也。邑人建长生牌祀之。

清通议大夫晋荣禄大夫
四川打箭炉同知李（忠清）君墓志铭

◎（清）顾复初

清光禄寺署正长洲顾复初撰并书①，云南巡抚遵义唐炯篆盖。②

君讳忠清，号蓉洲，浙江嘉兴李氏。祖讳文熙，四川石角营巡检；妣氏张。父讳璿，甘肃清水县典史；妣氏陆。皆以君官赠如制。君生七岁而孤，奉母自陇来蜀，既而巡检君卒，又遭母丧。细弱一门，无可倚恃。乃依外家读书，授徒通经史，修身砥行，以馆谷奉祖母，浸有名誉。舅氏陆公为柄，嘉君孝友，克自树立，乃出其女兄所遗资畀君，兼得戚友之助，入赀为通判，需次蜀中，时年二十有九矣。蜀地故多夷患，及咸丰、同治之间，又有粤逆石达开、滇逆李永福、黔中黄白号与腹地蓝李之乱，

---

① 撰文者顾复初（1800—1893），字之远，号幼耕，长洲（今苏州）人，翰林侍讲学士。学士顾元熙之子。拔贡生，以州判仕蜀，入完颜崇实幕。咸丰末，何绍基督学四川时，邀顾复初襄核试卷，还为吴棠、丁宝桢幕客。工书法。

② 篆盖者唐炯（1829—1909），字鄂生，贵州遵义人，曾为夔州守，后为绵州知州，曾亲率播勇（贵州遵义兵）千余堵御蓝大顺军攻绵州。光绪间官至云南巡抚，中法战争中，以山西、北宁失守，坐夺职，寻督办云南矿务十五年后，以疾辞职。

清通议大夫晋荣禄大夫四川打箭炉同知李（忠清）君墓志铭

军务蜂起。君自丙辰署理番同知，大府器其能，历权松潘、庆符、城口、新宁、越西、合州、邻水、铜梁、忠州等州县事，后升补打箭炉同知署泸州直隶州事，凡十二处，皆有勋绩。然君之所以受知遇，膺保荐而官剧要者，实发轫于庆符。当李永福犯蜀南，前庆符令武君来雨，阖门殉节。君承其后，仓促之际，人不知兵。君独慨然前往，缒城谒叙州守周公德祚，复请兵于提督万公福、臬司蒋公征蒲。群乃简精锐，除戎器，明号令，信赏罚，守御备具，激励将士，连战败贼，复四出援邻，声威甚壮，疆土安。又以庆符无城垣，倡捐五百缗，士民踊跃将事，计筑城三里，费四万余金。后粤逆入蜀，长宁、筠连、高县俱陷，独庆符获全，君之力也。邑民为君建生祠焉。嗣遵义唐公炯罢夔州守，督兵统安定营诸军讨贼，故与君善，禀请为前敌。君以舟师破石达开于涪州，又败别贼于綦江。久在军中，以功升同知。君伉爽开豁，精力过人，谋略辐辏，动中机括，所向有功。而其居职复能为民兴利除弊，纤细毕到，尤以教化为本，士林悦服。以故宦声才望，所至翕然，一时称最焉。自流井厂盐向行黔、滇，自粤逆据江宁，淮商阻运，吏议以蜀盐济楚，井灶之利，十倍于昔。然奸商巨蠹，盘踞牟利，弊窦百出，藉口军兴引滞，负正课至一百数十钜万。光绪丁丑，平远宫保丁公宝桢来督蜀，谓计口实逾于前，而征课反短于昔，决无是理。始议疏通边引，改为官运商销，俾利权操之自上，无可影射。时唐公已升授兵备，奏命总司其事。唐公复请君为佐，公乃解打箭炉任，专办厂局事，竭其智能，整齐利道。然诸商弗便也，腾蜚语人都。朝命吏部左侍郎恩公承、右侍郎童公华来勘，既而知皆诬妄，事得解。行之期年，所入于道库常税之外，赢百六七十万，岁人恒丰，邦用以裒，亦君赞助之力也。甲申权泸州事，仍绾盐务。明年乙酉六月十八日，以疾卒于官。距生道光丁亥四月十五日，得年五十有九。君内行修饬，敦宗睦姻，自世父下逮昆季口姬。暨于口属，以君之力得官者，先后数十辈。尝一瓯故乡，于祠堂置祭田，资助同宗极丰备，而自奉俭约，每念先人勤苦及己孤零，辄述以戒后生族子。若君者，可谓咸有表里者矣。娶孙夫人、王夫人，皆先君卒。子道江，将以丁亥年九月二十日葬君于灌县茅草杠之原，请复初为志墓之文，爰胪其大者如右，铭曰：

《庆符县志·城池》书影

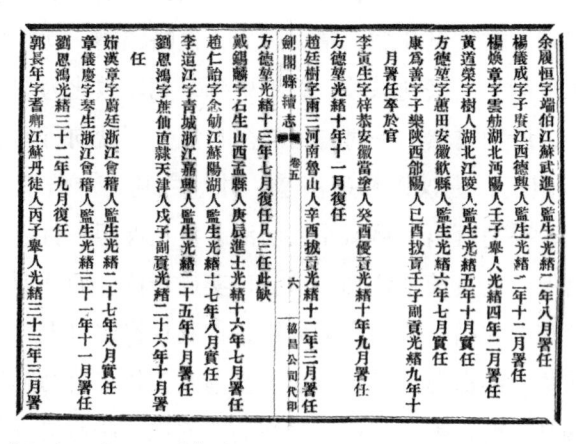

《新宁县志·政绩》书影

积浸稽天，尾闾是泄。星火燎原，犹可扑灭，为治在人，实资群力。口丝保障，与时消息。猗欤李君，挺起德门。瞵然秋爽，蔚若春云。翱翔半刺，爰武爰文。仗剑戡乱，佩觿解纷。陟霄丽口，蹑风高步。峨峨蜀土，坦坦皇路。长蛇既前，威风斯鬻。声名咸泰，庶几终誉，何图不苇，口口崦嵫。良书载口，嘉树先萎。江源浩渺，汶岭口仪，幽宫永固，来者式兹。

楚北杨治文刻。

李忠清列传

光绪嘉兴县志·卷二一·列传二

李忠清 号蓉洲，璠从子。父璿，甘肃清水县典史。忠清以通判需次蜀中，历权剧邑。会滇逆李永福犯蜀南，庆符令武来雨阖门殉节。大府檄忠清莅其事，至则缮城。谒叙州守，请兵于省。缮守御，激士卒连战衂贼。复四出援邻，声威壮甚，疆土又安。邑无城垣，倡捐兴筑。后粤逆扰蜀，长宁、筠连、高县均陷，独庆符获全，忠清之力也，

《嘉兴县志·列传》书影

民为建生祠。夔州守唐炯督军讨贼，恃忠清为前敌，以舟师破石达开于涪州，又败别贼于綦江。积功擢任打箭炉同知，所至兴利除弊，才望一时称最焉（长洲顾复初撰墓志，新纂）。

光绪筠连县武功志列传

李忠清号蓉洲，江西（原注：见前）人，任庆符令。咸丰十年正月，巴夷由庆属之玉皇楼窜入县境，令带团跟追至巡司场，枪毙夷匪无数，救出难民一千余人。邑人德之，为泐石，纪其功绩焉。

光绪庆符县志·卷二五·武功

李忠清，邑知县，咸丰九年十一月到任。练团募勇，防剿滇匪猓夷，屡著战功，迄今阖邑及邻邑士民犹颂祷焉。详见边防志。

光绪庆符县志·卷三八·政绩

李忠清，浙江人，咸丰九年到任。练团御贼，创修城垣，民咸德之。县东门外建有德政坊，并各场立有德政碑。卸任后，犹留恋邑中士民，同治庚午科捐送阖邑乡试卷资。

光绪叙州府志庆符县列传

李忠清，浙江人，咸丰九年任县令。练团御贼，创修城垣，民咸德之。县东门外建有德政坊，并各场立有德政碑。

光绪新宁县志·卷五·政绩

李忠清号蓉洲，浙江嘉善（注：此处为嘉兴之误）人。以同知权县篆，同治五年履任。才智明敏，听断勤能。吏畏其威，民怀其惠。捐廉助置义学，以培养寒畯，邑人称道弗衰。

民国合川县志·卷三八·名宦一·下

李忠清号蓉洲，浙江嘉兴人。以军功保举知县，留川补用。同治十年署合州知州。时值庚午大水之后，泥泞满壁，生意萧条。前政陈琠不能抚循，又新卒于任；顺天丁寿臻继之，办理考试声名狼藉，人始有轻视官吏意。又遭大旱，继以大水，疾疫间作，虫蝗滋繁。城乡公私，扫地俱尽。来里奸民贾某谋乘机揭竿起，已聚众某处，将祭旗出矣。忠清侦知，先期饬乡团密集，不动声色，伏以待命。乃自率差役民壮等数十百人，传呼大老爷来，奸民色然骇，方犹豫间，大团应声起。贾某知无所逃，俯首受絷，余并缚以归。禀宪请赦胁从而诛渠魁，死者可十余人，皆立名字、有

《合川县志·名宦》书影

器械者也。州民由是获安，忠清故有折狱才。日常坐大堂理讼词，至少犹二十案。见星而起，日入乃休。且皆即讯结，自书朱判，不假手胥吏，蠹无所容。奸既除，地方大憼，尤专心民事，日有孜孜未尝晷刻间，终其任无变。或作俳诗嘲之，有云：问案问到日落西，堂礼三千要办齐。虽谑而虐，亦纪实也。十一年代去，州人为之立德政碑，于李宗沆、程祖润、周倬之次。虽根柢不及，而救时之功，亦不可没云。

清授中宪大夫候选道李（道江）君青城墓志铭

◎（清）叶尔恺

赐进士出身花翎二品顶戴，前署云南布政使云南提学使叶尔恺①撰文
现任师范大学四川大学华西大学教授清举人余舒②书丹

君讳道江，号青城，浙江嘉兴李氏。曾祖文熙，四川石角营巡检，妣氏张。祖璿，甘肃清水县典史，妣氏陆。父忠清，四川打箭炉同知，署泸州直隶州，有政绩，妣氏孙、氏王。三代皆赠一品。君□录鹜学，光绪戊子一应京兆试荐而未售。逾岁以助郑州河工振叙知县，分发四川。仕不

---

① 叶尔恺（1864—1942），字悌君，号柏皋。浙江杭州府仁和县（今杭州市）人，善草书。光绪十八年（1892）壬辰科第二甲第四十三名进士出身，选翰林院庶吉士。后充陕西学政，云南提学使。民国后，迁居上海，家居学佛，卖字为生，以遗臣自居。北洋政府聘叶尔恺修《清史》，不赴任。

② 余舒（1880—1940），字沧逸，又字苍一，别号沙园，或署沙园居士。1903年四川乡试解元，次年留学日本。1905年加入同盟会，与同盟会重要人物熊克武、杨庶堪、但懋辛、向楚等结为挚友。1911年11月22日，余舒任蜀军政府秘书，同时任重庆府中学堂校长。1918年3月余舒被熊克武委为督军署秘书长，后执教于成都高等师范、成都大学、四川大学、华西协合大学等高等学府。

废学广蓄典籍，日偕同志，翆讨所诣，日进会定。与鹿文端公督蜀，整饬吏治。月有课君每试辄居首选。名闻益彻，领省会东门保甲四载。诘奸剔暴，昕夕巡视所部警勉惰勤靡间寒暑讫如一日宵小敛迹兼权牛市口，土厘并闻微土税，时势艰棘，局数被毁，君体察商情，条析经画，综计贩运之往返，□定税厘之差殊强力湛思民悦课裕，而君亦以积瘁得胃疾。权剑州，剑故岩疆俗健讼丞尉校官营汛皆遵例受牒。君至严禁之日坐堂皇厅，事不数月结积案数百宗。蜀州县多设三费局相度各地方情形征取以备公□□□之，每遇命案□派扰胃，名目繁多，君参少□属成例酌至斯局由是费有出，而民无骚州局秦蜀之冲。庚子变作军马绵绎饷运输劳费甚钜，君改办驼运事速帑省，虽供张纷沓，即不告病。是岁大旱，君先事修水，□平米价。禁囤积，徒步至龙洞祷雨阁境，沾足以环邑，饿莩邛州，独稔奉密檄查广元灾，亲巡郊野，核实履勘，请发仓谷数万石，并自蠲白金贰佰两，备来岁□种，存活无算，他如振文教，葺学官，缮城垣，建重阳亭，保存颜平原古迹，靡不割俸，殚力为之，受代日送者，属有泣下者。越岁权昭广厘经行所至，倾城来迓，馈问不绝，如奉悲母以积劳触夙病。岁壬寅逆以道员就铨读书课子不与政事，于宅后营小筑颜曰：述园。

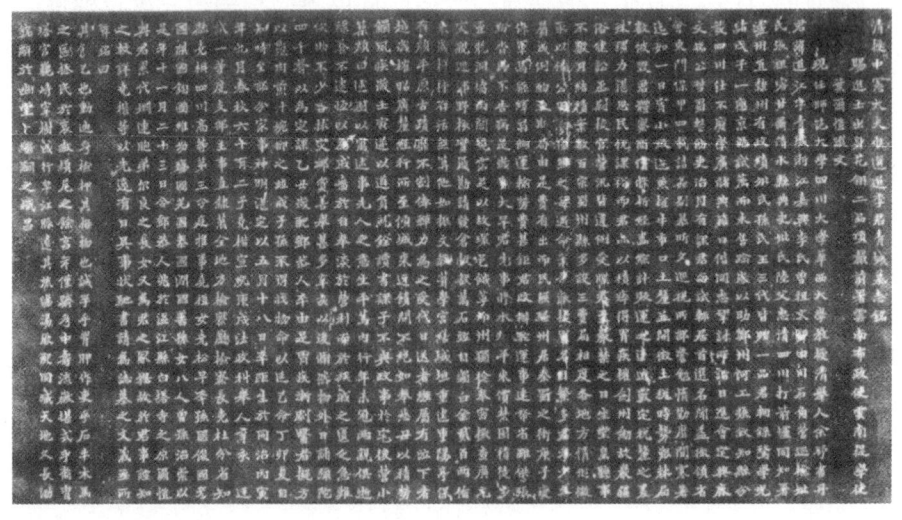

《李道江墓碑》拓印本

清授中宪大夫候选道李（道江）君青城墓志铭

以寓述事先人之意，生平笃内，行年未冠，两亲俱逝，禄养不逮，恒以为戚吝于自奉，淡于营利，而于族戚之匮乏急难攸助不少，吝救灾恤贫善举甚多。辛亥以后，□翛然物外，日诵弥陀四千声以为定课。乙丑岁，配邓恭人卒。由是胃疾渐剧医者拟方以龟肉煎汁婉却之，并戒子孙不得找物命以延己命。丁卯夏日知时至，部分家事，神明湛定，以五月十八日卒。距生于同治丙寅年九月春秋六十有二。子尧楷，宣统庚戌法政科举人，辛亥廷试一等，度支部主事，直隶完全地方检察厅检察长；尧杜分省知县；尧枏，四川高等第三分庭推事；尧植；女尧松早卒；孙国俊、国彦、国杰、国钧、国维；幼殇国光、国泰、国渊、国善；孙女八人；曾孙治崇。以

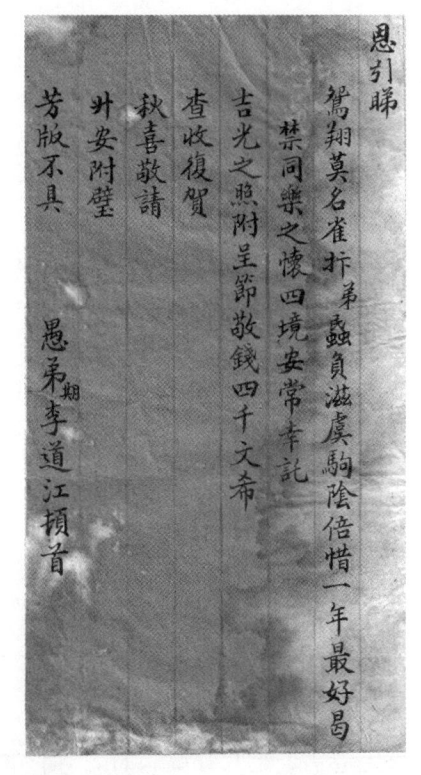

李道江书法

是年十一月二十二日合邓恭人兆（同葬）于温江县白塔寺之原，尔恺，与君累代渊连，胞弟尔良之长女又为君之冢媳，故于君事喧知之较详，尧楷等以先远有日具事状驰书请为志墓之文，亦无所辞，铭曰：

其食（原拓片残损）已也，动迪乎检押，其接物也，诚乎乎！胸脾作吏乎石牛木马之区，拯民于哀嗷颖尾之余，享年仅跻乎中寿。流薇堪式乎裔胄塔宫巍峙，宰树成行，早江脉远其流阳，汤阙配同臧，天地久长，泐铭辞于幽堂，卜继于幽堂，嗣之炽昌。

李宗望（璠）得马宝[①]

同治时，鸳湖[②]李宗望[③]宦游蜀中。有往来西藏之贾贾人某畜一老马，拳毛卷雪，七尺昂藏，日负重二百余斤，自藏至蜀，计程万余里，虽崔嵬屡涉，而未赋虺隤。后忽无故自毙，贾疑而剖之，竟于其腹中得一石，约重五十两，螺纹旋结，有类云母。李见而异之，购以重价。当始得时，盛诸水盆，发泡如汤沸，经年始已。入夜则映月生光。形微圆而色白如粉，刮之甚坚，即马宝也。

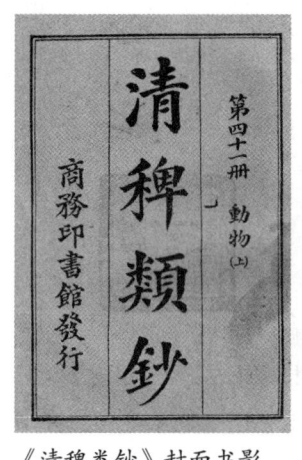

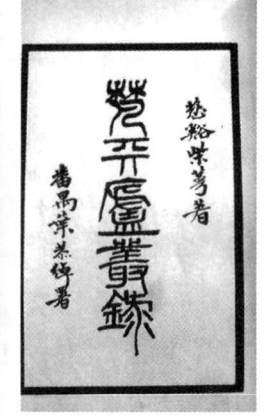

《清稗类钞》封面书影　　《梵天庐丛录》封面书影

---

① 文中故事见于《清稗类钞》（徐珂辑）和《梵天庐丛录》（柴萼辑）。本文取自《清稗类钞》第41册"动物（上）"。
② 鸳湖，浙江嘉兴南湖的别称，此处代指嘉兴。
③ 李宗望，名璠，字鲁珍，巴金的曾祖父。

李母张孺人寿诗序（代）

◎ 王　侃

　　余未释褐时，闻介盦先生里中诗人，而远于蜀。因念蜀地古称山川奇险，吾乡陆放翁入蜀而诗变，其人自仰马诗赋而外太白、东坡，皆不可以诗人尽之。至以儒生而立战功如虞雍公者，尤足为史籍生色。噫上屹立下流，其气之积久未发者必更生人，而形胜之地足以拓人心胸，助其雄壮，将再于先生之诗见之乃止。读其所刻同怀兄秋门先生遗稿，余有憾矣。岁戊申被命督学来川，阅雪峤王大令《听雨楼随笔》，得先生诗一首。其少子宗望之诗则随处散见，知其为名下士也，他日以刺入，倒屣迎之。一见喜其少年安雅；与之谈胸次落落。一洗俗士之见。议论上下古今，决其豪杰愤发，必能有所表著。然宗望实生于蜀，因不能忘夫向者生人之说。以为山川奇气，必钟在是人矣。余既乐交宗望，又幸可读先生之诗。而德佩张孺人迄今健在，年登七十。乡人谋所以，称觞者而及余。夫鞠跽上寿，人子之情也。歌咏盛德，以乐其人，诗人遗意也。余愧古之诗人，而不欲自外于宗望。惟夫孺人德言容功，未有奇节，而无不合于妇道以视。夫运会迍邅，贞烈成于一时者，尤为中庸之不可能。其自吾乡挈其子女，以从先生于蜀也。泛湖湘、溯夔门，行数千里，历几旬月。惊波骇浪，礼容不

《李母张孺人寿诗序（代）》
（王侃撰）书影

《巴山七种·白岩文存·序》
（王侃撰）书影

恣。与先生相敬终身，虽处贫乏不以置念，朝夕心经一卷。仆婢相从数十年，不见其怒容，不闻其恶声。和气积躬，是生贤子，信乎？宗望瑰伟不群，非孺人无以毓之也。宗望有两兄，秉枢官甘凉，在衡读书太学，皆孺人出，而皆能诗。其继起者，秉枢之子蓉洲。在衡、蓉洲诗亦载《听雨楼随笔》，而秉枢《消寒三十首》脍炙人口，和遍陇蜀。风雅萃于一门开自先生，孺人顾而色喜于以乐其天年。矧当设帨之辰，孙曾绕膝一堂，以极天伦之乐也。而余与乡人第，为之续矣。

录自《巴山七种·白岩文存·序》

考妣行状

◎ 汤健业

皇清敕赠文林郎，四川顺庆府南充县知县，晋赠奉政大夫，石柱直隶厅同知，显考师曼府君行略

先府君讳大绪，字师曼。先大父举丈夫子三，长世父山渔公，季父丞诘公，府君共仲也。世系具详先大父行述。府君生而岐嶷，性复颖悟，稍长偕世父出，就外傅切磋砥砺。未弱冠而学业大进。时人有轼辙之目。嗣遭先大父之变，府君哀毁骨立。服阕后屡试不利，而家渐中落。府君遂经理家务，具得堂上心。年二十，先太宜人来归，不数年失大母弃养。是时世父客京师，季父尚幼。府君当悲毁之际，于附身附棺，悉躬自经理，靡不周至。宗党咸推尽礼。后家日贫困日甚，遂载笔四方，西穷邛笮，南达瓯越，北历燕山，溯大江，越彭蠡。所得馆谷，悉归世母，而太宜人不预焉。以世母吴太孺人，为先大母冢媳，自先大母殁后，一切家政，听命于冢妇也。壬子岁，不肖始生时，府君客蜀，越岁余始归。后时复外出，至辛酉秋，自楚返里。不肖年已十岁，府君督课最严，稍有违犯，夏

《师曼府君行略》书影

楚随之，而属望甚切。每于灯下，令背诵诸课读，亲为指授。夜分始今就寝，不以一子而稍存姑息也。尝见府君告太宜人曰："子者己之镜也。人能宅心无愧，子嗣必昌。吾居心虽不敢上拟古人，然自返无惭衾影。异日此子或可望其有成乎。"时不肖虽童稚，中心志之，终身不敢忘。讵不自树立，未克以科名显，无以慰府君属望之怀，抱痛无极。壬戌春，世父掇高科入词垣，府君喜动颜色。谓自先大父母见背后，门衰祚薄，至此始克光显。可慰大父母于九京。而诸亲党，咸以为家庭雍睦之效。甲子乙丑，家居督课，每日为不肖手抄明文数篇，不错落一字。乙丑春，不肖始应童子试。凡笔墨果饵，府君亲自捡点。未午即率僮仆，候于棘门。归索阅试草，欣欣色喜，拟于八月中，携不肖赴澄江应院试。何期不肖罪孽深重，

考妣行状

昊天不吊，七月中府君忽染痢症。一发而剧，百药罔效，阅一月，即弃不肖而长逝矣。呜呼！恩勤鞠育，至于此极，而不肖未尽一日之养。鲜民之生，不如速死。倘何言哉，尚何言哉！府君重然诺，恤孤寒；与人交，推心以诚，始终如一。事上接下，不谄不傲，于亲党死丧急难，必匍匐周卫，久而不懈。忆不省幼时，见府君甫出门，仓皇偕一老者归，问太宜人曰："盎有米乎？"太宜人答以尚存数升。府君悉持以□，未尝告人以姓名。又里人子，幼而失怙，溺于蒱博，为匪类株连，几入囹圄。府君百计经营，脱其缧绁，并为之料理丧事。府君殁，其人号泣于户，痛不欲生。后每谓不肖曰："君吾恩人之子也，当视如手足。"数十年如一日。丙戌冬，不肖为府君举襄，其人犹携冥资，哭奠于几筵。谓非盛德之感人，何能至此。府君生于康熙四十一年，壬午九月十一日丑时。终于乾隆九年八月十五日丑时，享年四十有四。貤赠修职郎，四川龙安府经历。敕赠文林郎，顺庆府南充县知县。诰赠奉政大夫，四川石柱直隶厅同知。配吾母杨太宜人，生平另见事状。子一即不肖健业太学生，四川龙安府经历，累升南充县知县、巴州知州、石柱直隶厅同知。娶庄氏，雍正甲辰进士，西宁县知县舅祖讳敦厚公女，孙太学生讳贻苣公女。妾邹氏。女二，长适恩贡生刘讳宸，次适庄讳德存。孙男六人。长贻铎太学生，聘太仓王氏、四川黄鹂巡检名锡圭女，娶祁门洪氏江西南昌府吴城同知讳冕女孙，县丞借补直隶涞水具黄庄巡检名成龙女。次贻泽太学生候选州同知，娶无锡杜氏。貤封资政大夫刑部左侍郎讳膏孙女，四川安岳县尉名作霖女。三贻湄太学生，娶湖北武昌张氏，四川成都县佐名心敬女。四贻珏娶浙江萧山王氏，四川安县尉讳学瀚女。五贻模聘同邑高氏太学生名敦厚女。六贻杰聘同邑龚氏。敕赠文林郎四川华阳县知县讳宸，聘女孙合州知州名济美女。孙女五，长适候选县佐刘昕。诰赠奉政大夫直隶北岸同知讳遵履子。次适张谦六候选吏目讳溵子。次字候选县佐张逢恩，四川合江县尉名心存子。次字王鋆即锡圭子①。五幼未字。曾孙四人嘉名锡名俱贻铎出，英名荣名俱贻

---

① 本句有误，应为"次字赵胜，赵退龄子"。编者据《汤氏家乘》卷二《世表》更正。

泽出。曾孙女二人，贻铎出者一，贻泽出者一。呜呼！府君弃不肖已五十年矣。自恨庸钝，不能有所表见。年逾耳顺，匏系西川；怀故土之松楸，缅仪容于髣髴。不禁黯然悲恸，嗒然神伤。因和泪濡墨，追述府君生平梗概。冀求当代大人先生，俯鉴哀忱，赐之铭诔。不肖健业子孙，世世感且不朽。不孝孤哀子汤健业，泣血稽颡谨状。赐进士出身，诰授奉直大夫，左春坊左右允，文渊阁校理，前翰林院编修，翰林院庶吉士，愚表侄庄通敏，顿首拜填讳。

录自《汤氏家乘》卷九《行略》

皇清敕赠太孺人，晋赠太宜人，显妣杨太宜人行述

先妣杨太宜人，先外祖邑庠生杨字元长公季女。外家累代簪缨，元长公犹席丰履厚，为乡曲之望。外祖妣恽孺人，得太宜人于中年，最爱怜。然太宜人自幼即习女工，勤操作。年未及笄，已具敬姜模范。嗣遭恽孺人丧，太宜人哀毁如成人。外祖元长公，晚年纳姬，能和顺以处，里党称贤是时余家业中落，先大母庄太孺人，恒虑太宜人生长富室，不宜寒门。及太宜人来归庙见后，先大母喜动于色，告太宜人曰，吾今而知，陈言之不足信也。太宜人跽请所以，先大母告以故。太宜人涕泗交下，誓所以尽妇职。先大母颔之。自是太宜人荆钗裙布，昼则侍庭帏，夜则操女红，绝不类富室女。先大夫持家，每苦薪水不继。太宜人尽脱嫁资以助，后并鬻赠嫁婢。然终不敢令堂上知，恐伤老人意也。戊申秋，先大母患痢。太宜人衣不解带者匝月，药饵必亲自调治。迨庄太孺人谢世，哀毁如丧外祖妣时。又以一姑一叔尚幼，时时周卫，不令寒暖失调。是时刘氏姊生，已五岁。庄氏姊甫生期月。室有亲丧，家无担石，其经营惨淡，有非不肖所忍殚述者。迨先大夫作客四方，修脯悉归诸世母针指，所需尽由纺织。机杼之声自辰达戌，寒夜手常龟坼，绝不以穷约形于词色。壬子不肖健业生时，先大夫客蜀，馆谷稍丰。太宜人稍稍色动曰："或者此子，异日有成，使我得温饱乎。"不肖自幼，太宜人心虽怜爱，而约束甚严，不

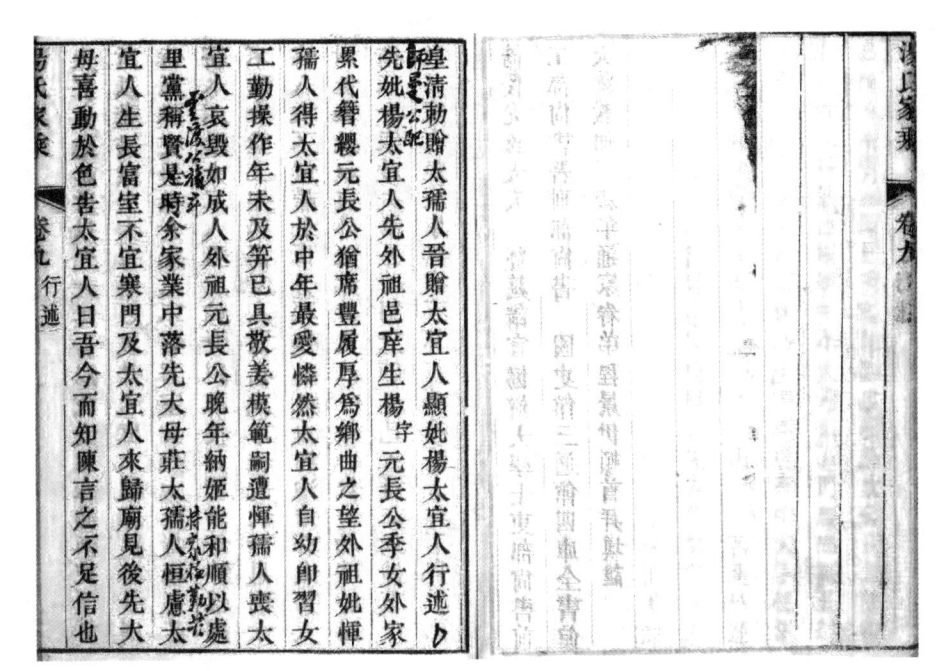

《杨太宜人行状》书影

令少事戏游。七龄受经于季父，偶被斥责，太宜人必加痛惩。如季父稍奖励，亦必市果饼以赐。故先大夫虽常卒远游，而不肖能略识之无者，太宜人之教也。岁乙丑，先大夫遘疾，太宜人吁天默祷，祈以身代。迨先大夫弃世，太宜人悲恸欲绝，教不肖严于往昔。日则令出就塾师，夜则诵读于机杼之旁，三更为度，寒暑无间。戊辰春，不肖小试不利，太宜人亟摒挡衣饰，令侍世父于京邸，以冀学业有成。太宜人在家，惟率婢媪，日事纺绩而已。庚午冬，不肖归里。太宜人欣喜过望，而尤虑学植荒落，时时教诫。辛未壬申，不肖屡遭颠踬，太宜人口虽不言，背地时有泪痕。以为不肖之不克树立也。嗣不肖负米远出，太宜人仍纺绩如故。惟六十以后，望孙甚切。每见妇举一女，貌虽作喜，容而黯然神伤。尝语戚党曰："吾作未亡人二十余年，儿女已俱婚嫁，死亦无憾所；恨姑柩尚未归藏，及手抱一孙耳。"乙酉春，不肖客浔州叔氏署。斋心怦怦动，星驰归里。时太宜人已遘风疾，而精神尚固，谆谆以选箧室续蒸尝为谕。迨邹氏妾入门，太宜人一见欣喜，谓此女宜男，亲爱倍切。谁知数年后，嫡庶连举六子，而太宜人已早厌尘世，不及一睹矣！呜呼痛哉！呜呼痛哉！太宜人自归，我先大夫鸡鸣戒旦，琴瑟相庄，奉事先大母，孝养尤至。处娣姒间，愉悦柔和。与伯母共爨者二十年，相敬如初，无片语之拂。先大夫弃世，惟率二姊习针黹，教不肖勤诵读。十数年间两嫁一娶，皆太宜人一已操劳，躬执勤苦所致。然病亦从此深矣！太宜人性喜勤劳，惜物力手植瓜豆，清晨必掬水以灌。曰成实时，可代蔬食也。衣服敝坏不堪者，缝纫浣濯，以作里衣。曰妇人不出闺门，毋事华饰也。不肖归省时，每奉甘旨，太宜人曰，蔬水足矣。觅绵帛以进，则又曰布衣暖耳。其自安淡泊如此。然遇客至，则竭蠡酒肴，不令空返。逢先人生讳日，蔬菜皆手自烹饪，必敬必诚。不肖远出，遇岁时，必率童孙女以拜。曰聊代汝父。犹记丁巳夏，为先大母重绘冠佩影像，太宜人见而流涕者累日。厥后犹以鬻剩佥田二区，易曾叔祖讱庵公祠田为先大父母丙舍。宗党尽称贤孝。而庄氏诸舅祖及诸表伯叔，尤赞不绝口。故令余妇来归，欲报太宜人之事先大母也。孰意不肖，赋命不辰，不能早有表见。年逾四十，始以赀入仕。遭逢盛世，忝窃禄位，屡遇覃恩叠膺翟茀而太宜人见背，已三十载矣！生不能亲奉盘□，殁不能躬视含殓，尚何敢偷生视息于人世间耶？呜呼痛哉！呜呼痛哉！太宜人生于康熙四十年，辛巳正月十七日巳时，终于乾隆丙戌年，正月十九日申时。享年六十岁。与先大夫合葬于石塔之新阡，倘蒙当代大人先生鉴此哀忱，赐之铭诔，用光泉壤。不肖健业世世子孙感且不朽。

不孝孤哀子，汤健业泣血稽颡，谨状。
录自《汤氏家乘》卷九《行略》

庄凝宇公年谱①

◎ 庄鼎铉

凝宇公讳廷臣字龙祥年谱先考通议大夫全楚大方伯年谱略
秀九—林—斌—襗—齐—宪—以苾—廷臣（凝宇公）

嘉靖己未，大父赠参政公讳以苾号简斋、大母张太淑人以嘉靖己未十一月二十五日午时生府君于畲宅横堰村，讳廷臣字龙祥号凝宇。

隆庆丁卯，九岁。

庚午，十二岁。曾祖赠大参古愚公有疾，伯父鹤坡公携府君晨夕侍。伯父与府君同祖兄弟，皆以己未生，长府君数月，大参公时试以散破，喜甚，给以梨枣笔墨，谓人曰："吾两孙皆成大器，异日必以诗书光吾垄也。"天启丁卯，府君以三品遇覃恩赠曾祖大参焚黄先垄焉。

万历癸酉，十五岁。从同邑徐徹弦先生名常吉。

乙亥，十七岁。始应童子试，当江陵澄汰之令县取仅十七人，府君列第七名，文介孙公慎行第五，孙公为唐荆川之外孙，与府君中表兄弟也。

---

① 又名《先考通议大夫全楚大方伯年谱略》。

丁丑，十九岁。娶嫡母龚氏，同郡庠生龚公讳一教女，甲午解元、辛卯进士、左谕德龚兰谷公讳三益胞姐，累赠淑人。

辛巳，二十三岁。长姊生，后适观庄赵某孙赵起芳，中天启丁卯副榜，以岁贡任沭阳县教谕。自起芳游庠后，赵氏文学相继，其侄止庵先生讳继鼎登崇祯庚辰进士，为士林所推。

壬午，二十四岁。读书正觉寺，偕宜邑卢立之、同邑岳起蒙共相切磋。立之，建斗先生之祖；起蒙，舜收先生之祖也。

癸未，二十五岁。伯兄春先生，字茂实，附例监生，与长姊皆龚淑人出。淑人适府君十年，厄于试，艰于贫，遭大父丧，淑人止一婢，卖之始能殓，黾勉操作，不以家事攖府君心，得潜心经史，昼夜无间，志不少懈，后日学力之充，亦多由此。

丁亥，二十九岁。是年入武进县第一名，充戊子儒士入闱，自后遇试总不出三名。

戊子，三十岁。是科中副车给赏。嫡母龚氏淑人卒，葬龙游河祖茔。

己丑，三十一岁。是岁馆奔牛王氏门下，为王忠烈公亲叔王颖斋。

庚寅，三十二岁。娶继母孔氏，南畿开府少司马赵公可怀延师训子。

癸巳，三十五岁。赵公迁楚抚时，两淮盐商李鹤亭具书币聘府君至扬州设馆，从游者甚众。

戊戌，四十岁。结社嘉树园，与董寅谷、张九水、薛又损、张衡台辈会艺，时又损已成进士，诸公皆府君至契，性情道义交也。

庚子，四十二岁。九月，张太淑人弃世，太淑人张清惠公玮嫡姑，府君哀毁成疾，几成尪瘵，与赠大参公合葬龙游河之祖茔。

癸卯，四十五岁。是年自府县院录科暨各宪观风有司，季考月课，共取领批十七次。时知县晏公文辉、太守欧阳公东风录首题，是谓：拂人之性。院录首题：钻之弥坚。时试事严，府院俱锁院，竟日方出。呈文欧阳公，公曰："场中已见过子卷，独深入弥宇，通场所无，学使深击节，领批又属子矣！"秋榜中第九名亚魁，本房何公庭魁几置副选，同考王季重先生、主考陶石篑先生亟为叹赏，拔冠本房，欲置正魁时，五魁已定，范经第一，则张宾王年伯也。辛酉何公一门殉节，府君在礼曹，其建祠溢荫祭葬，皆府君手定，知己之感，深于存殁云。

甲辰，四十六年。偕邹景熙年伯同赴公交车。

丙午，四十八岁。仲兄瑞先生，字尔霖，邑庠生，娶尹氏，己酉解元、学宪淡如公女。仲兄能文早世，府君痛惜之，生一子，殇；一女适庠生吴守宏，吴文端公嫡侄孙。

丁未，四十九岁。偕杨公云门同赴公交车。

戊申，五十岁。继母孔淑人七月十四日弃世，淑人于府君伉俪极笃，葬东门仓后坟。

己酉，五十一岁。娶继母濮氏，解元莲塘公曾孙女，生季兄玉铉，字柔节。两姊，一适阳羡生员曹先春，一适云阳贡生贺振基。是冬，将赴公交车，昧爽起读，逾子夜方止。忽一夕晕去，少苏复起读，家仆曰："夜已深，请安置。"府君曰："吾不能为吏部乞恩人！"

庚戌，五十二岁。会试中式第四名，大主考吏部右侍郎萧云举号县圃、丙戌进士；吏部右侍郎王图号衷白、丙戌进士；本房师骆从宇号干沙、甲辰进士。殿试三甲四十一名，六月选浙江温州府永嘉县知县，八月挈家赴任。

辛亥，五十三岁。府君以知命之年初筮县令，精神焕发，丰采异常。嘉邑倚山阻海，素为难治，先是里中群不逞之徒聚党劫良家子有艾姿者，为不肖相习成风，历任兹邑俱莫能治。府君初下车，廉得立擒其豪数人，毙之杖下，群奸慑服，至今嘉之绅士谓此风自庄父母肃清，盖实录也。山有虎，为暴甚，有樵子入山不出，母疑人置之死矣，控之府君，廉得死于虎，为二牒，一牒城隍，一牒山神，明日，虎伏死于路。诸祷雨、发粟、施药、掩骸种种善政，不可殚述。

壬子，五十四岁。秋聘同考入外帘，冬奏最入觐，从兄应德中式。

癸丑，五十五岁。时行久任法，复补原任。

甲寅，五十六岁。叔兄履丰生，字雷章，邑庠生，娶大宗伯兴化碧海李公讳思诚女。

乙卯，五十七岁。秋聘本省同考，取中六人，首卷沈翘楚，后魁己未乡会，俱第九名，仕至副宪；应喜臣，戊辰进士，仕至巡按御史；吴执御，壬戌进士，仕至给事中；陈启龙，戊辰进士，仕至提学御史；王如春，丙辰进士，仕至给事中；陈如益，未第，仕至县令。在县六年，凡季考月课，奖拔登第，如王公维夔辈不遗余力，前辈于文章一道其重如此。忆张掌霖业师向不肖言，见同门墨尊公先生取文甚奇，第一题：知者乐水，节前四卷为格四种，首卷即系散行，其精妙则不待言也。是冬，入觐，士民为立祠肖像，祈祝至今，香火不衰，求祷则应焉。

丙辰，五十八岁。卓异天下，清廉第一，留部考选，显皇帝倦勤，升迁淹滞，因给假归。

丁巳，五十九岁。奉部催入都，拟铨部，有欲自为地者，知府君不可干，以私改拟户科给事中，每谒诸垣中，即曰：旦晚同僚矣！府君从不附党，至风节相近，臭味相投，便成契合，非党也。选事将下时，朝局日更吏，掌垣将抑置工部，或曰：坏卓异体，前永嘉令陆向礼曾补礼部，盖以畀之？遂授礼部仪制司主事，而无锡贾公允元竟抑至工部矣。在礼曹之年，清介自持，绝党远嫌，于荫恤诸事，凡有权幸请托者，必严绝之，于逆阉尤慎，故诰命曰："杜当路之恤恩，丰裁特峻；守先儒之正谊，理学重光"云云。

庚申，六十二岁。季兄玉铉生，字柔节，邑庠生，娶大宗伯淇澳孙公女。

辛酉，六十三岁。从兄应会中式。娶不肖生母龚氏，癸未进士，户部郎中龚古恭公胞姊，二十年相庄如宾，从无诟谇，家居与嫡母处，绝无间言。府君每之任，必偕行调护，兼至生一子，即不肖；一女，适金沙史省愚公孙启基。

天启壬戌，六十四岁。冬奉差赴浙祭大宗伯薛三才。

癸亥，六十五岁。差峻归里，择地东仓后，葬前嫡母孔淑人。

甲子，六十六岁。三月赴京，升江西湖东道。是年六月，不孝生娶癸酉举人宁州知州毛均儒女。七月孙嵋生生。

丙寅，六十八岁。夏，升湖广右参政，分巡下荆南道，驻郧阳。八月，仲兄瑞先卒，九月，挈不肖母子赴任。

丁卯，六十九岁。冬升广东按察使，守广南道，驻省城。

崇祯，戊辰七十岁。从兄应会中式。春挈叔兄、不肖母子及姊赴任。

己巳，七十一岁。秋，升浙江右布政使，分守金衢道，驻金华。

庚午，七十二岁。是冬，升湖广右布政，分巡郧襄道，驻襄阳。

辛未，七十三岁。初夏，抵襄阳任，旧日子民重见慈父，百里欢迎。行麦城山中，见关帝遗刀插石间，为屋三楹覆之。是冬，转本省承宣左布政使。

壬申，七十四岁。二月，赴省，士民送者倾城，舟发两岸欢呼络绎。

癸酉，七十五岁。在任年余，皆戴星出烛，再跋始入。竭劳病生，即延武昌守李公吴兹入署，将所贮册用印讫，一留交盘，一贮库，以待达部。随申详抚院，乞为代题。抚台唐公晖、按台宋公贤谕武昌司李李公春并太守力留，嘱守道叶公有声、陆公怀玉劝勉。府君初志决，确然不回，日令不肖送印往叶公处，叶不敢收。府君旬日不出，诸事旁午，辞之益坚。唐公谕守道暂为代理，俾静摄，旬余徐起，视事楚藩终须此君，于是不肖送印往叶公处。叶公曰："事代理，印暂留，亦不敢启也。"印甫脱，不申抚按，不候代题，即束装登舟。除代前任杜公赔补，犹存积八千金贮库，留为代觐者费。抚院差官趋返署，府君竟令解维。止以任此二年，不名一钱，出纳钱谷百万，丝毫皆清，洒然自由，无所畏也。舟逾黄州，抚台始具疏差一守备率辰兵八十名护送到家。府君笑曰："盗有道焉，吾囊中何有？但唐公盛德，姑听送百里，即遣之。"抵家一月，疏方下，又以钱粮独清恩赐钱币异数也。尝粘堂联三事，一云：事使历四朝，独励冰霜凛臣节；中外阅五省，各从俎豆见人心。二云：有子瞻依皆孺慕，挂冠俯仰觉身轻。三云：明主未尝一日弃，香山已订百年盟。家居不面有司，不通宾客，披阅经史，日诵《金刚》《楞严》二经，手自楷蝇头楞严咒数十遍，至后日呫二经，不爽一字。闲则巍然独坐，间一看庭中花鹤，若啜茶观画焚香杂戏皆不屑，不跛立，不倚坐，无谑容，好友惟文介孙公、文端吴公一二人而已。每科新墨及房行出，必手自评点。至壬午五魁卷，掷笔奋然曰："文气尽矣！"其先见如此。

乙亥，七十七岁。十二月孙泰生生。

丙子，七十八岁。从兄应期中式，后改名恒。苏松巡按王一鹗特荐地

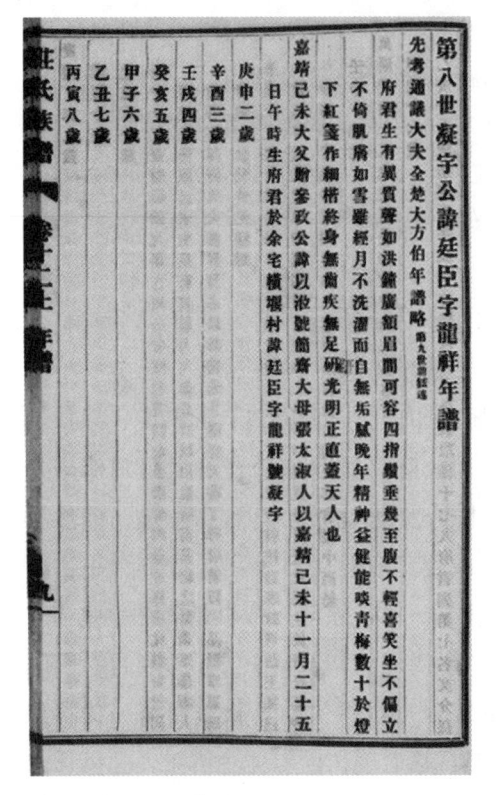

《庄凝宇公年谱》书影

方峻望。

戊寅,八十岁。九月孙贞生生。

己卯,八十一岁。伯兄、叔兄入闱,祈望尤切,俱下第,意甚悒悒。

庚辰,八十二岁。四月十五日,继母濮淑人弃世。二月孙豫生生。

辛巳,八十三岁。是冬,吏部题请耆旧才臣,奉旨起用天下第二人。

壬午,八十四岁。两兄录科俱遗,仅不肖一人入闱不利,府君怃然曰:"汝兄弟尚年少,果肯日夜读书,当有发者,第我老矣,不能见矣。"书至此,迸泪不成声,记除夕叔兄有句云:任人输我家庭乐,老父将来九十翁。府君见之忻然。

癸未,八十五岁。二月初十巳时,卒于太平仓前宅。

鹤溪公庄襗事迹[①]

一、山东布政使司右参政鹤溪庄先生行状

公讳襗，字诚之，号鹤溪，其先古润之金坛人，国初曾大父讳秀九赘武进蒋氏，因留家武进。大父讳林。父讳斌，以公贵赠户部主事，行义为乡人所宗，岁祲有贷负者辄焚其券，弟敬少失恃，抚教甚恩，比长，割己产与之，无难色。时年五十三，尚未有嗣，里人为之祈祷，已而人安人张果生公于横堰村。少颖悟，刚毅不好弄，八岁与叔同学，每较诗对，不构思立就，叔叹曰："吾兄平生积厚，宜有此子，必昌大吾门。"甫冠，户部已遘危疾，公侍汤药惟谨，吁天求代，户部知将不起，与之诀且令自择其所业。公泣曰："儿非儒不可以图立身。"户部曰："吾瞑目矣！"未几，与太安人俱卒，时家业衰薄，葬祭必求无憾。免丧游郡庠，博学强记，奋励愈力，每感户部遗言，虽祁寒盛暑不少懈或终夜不辍。厥配杨安人亦勤纺绩以相之，久而公文名日起，督学宪臣每考居最，从游者益众，如湖广副使恽君巍，河南佥事蒋君亨，广东参议陈君端甫与问皆尝

---

① 录自《八修毗陵庄氏族谱》。

及门，浙之方君坤，燕之牛君鲁、杨君文进，其初亦远来就业，皆以科第显。公登宏治丙辰进士，出令宝坻，宝坻为都城赤县，素号难治。公至约躬训农，省徭恤患，锄强扶弱，豪右盗贼咸敛迹，由是声誉藉甚。又以旧无城郭，得请于朝，始城宝坻，庀工刻程，民乐趋事，不二旬告迄。巡抚洪公奇其难，累加旌奖，冢宰倪公特疏其政绩十七条行天下，擢户部主事，峭直不为时所容，八差于外，往返弗堪其勚。正德初，劾藩臣匿公帑之尤者，时乃遣御史四出阅实帑藏，守臣被劾者若干人。再督徐州仓，岁饥馑，公欲先发仓而后以闻，监司难之，公曰："州距京师且远，待报而赈，其若民命何？即有罪当坐某，不以累也！"遂出粟数千斛以赈贫民，后竟可其奏。转郎中总理蓟州粮储，出纳公允，奏没内监占窝粮草于官，忤逆瑾罚粟。未几，出守河间，寻升山东参政兼管府事，清理投、献皇庄，释滞狱，奏除盗贼连坐苛法，政尚严明，盗相戒不入境。时瑾势焰熏灼中外，人人自危。忧乱，三疏乞骸骨，瑾怒，远谪四川顺庆，民皆遮道泣留。未至，瑾败，言者以前阅实帑藏事摭以始公论议劾公，公亦疏明其事，遂浩然乞休。归隐白鹤溪，与乡士大夫为逸老之会。虽乡间疾苦，视若己有，恳恳为官司言之其理，友人枉死之冤白，门人诬陷之狱激，抚臣蠲租之疏，惟务施陈义，推亡固存，人多赖公；而公性气刚厉，终无少贬，徇物或以此訾公，而公不顾也！然一闻理言，亦虚心容受，不宿其忿，又其学问所得，贤于他人远矣！嘉靖丙戌应诏陈江南十事，上皆优容之。丁亥疾渐剧，犹作诗讽咏，间自为墓志略，绝不以生死为意。嘉靖七年正月十三日，沐浴更衣而逝，享年七十有一。配杨安人，有懿行，先公二年卒。子男四，长整，后公二年卒，配龚氏，随州判官长龄女。次齐，邑庠生，配陈氏，兵部尚书节愍公洽曾孙女。三严，聘左氏，早卒。四肃，邑庠生，配王氏，七品散官悌女。女五，长适周良钦；次适邑庠生王训；三早卒；四适胡怿，礼部尚书忠安公潆曾孙；五适太学生王子元，通政王长孙。孙男六，忠，娶卫知事蒋君绶女；恕，娶本府照磨武君胜女；常，整子，公命为严嗣，娶尤以良女；宪，娶散官杨文晟女；懋，聘无锡知府陆君广孙女；志，尚幼。孙女二，长适兵部武选司主事唐顺之；次未许聘。曾孙五，允逵聘左天瑞女；允达、允远余未名。将以嘉靖九年十月二十六日奉公柩于定安西乡谢巷里之新阡，启杨安人兆而合葬焉！厥子齐、肃诣予，请曰：孤父平生居官清介，履历惟君能知之。且先君临终遗训云：欲状吾行，非徐子用中不可，兼述所闻见之，详以告予，予受知先生之门，已非一日，遂不敢辞。谨次序如右，以俟立言，君子脱有采焉。

赐进士第通奉大夫广东布政使司左布政使门人徐百问拜撰

附：鹤溪公自铭

鹤溪庄诚之，讳襌，刚明有守，正直无私，慷慨丈夫也！一生遭三大不幸，何志焉？父母生襌，迟而弃，襌早不能尽孝于亲，大不幸一也！勉学取科第，中遭权奸斥逐，不能尽忠于君，大不幸二也！垂老四上章疏，冀得暴心事，以见父母于地下，又为当道所抑，大不幸三也！

二、鹤溪公传

秀九—林—斌—襌（鹤溪公）

先高祖讳襌字诚之，号鹤溪，始祖邦一由润州徙金坛，八传而秀九公赘武进，为毗陵始祖。秀九生林，林生斌，斌生公，以公贵赠户部主事。初，户部年五十三未举子，素积德行义，岁侵，行贷贫者焚券，抚孤弟敬如己子，割产分授，里人德之，多祝其有子。而太安人张果生公于横堰村。幼慧，性刚，无稚子态。乡学每较诗课立就，叔敬叹曰："吾兄积厚，宜有此子，必昌大吾门。"甫冠，户部遘危疾，公侍汤药唯谨，阴吁天求代户部，知不起，与诀，令择所业，公泣曰："儿非儒不可以图立身。"户部曰："吾瞑目矣！"未几，与太安人俱卒。时家业凉薄，葬祭必求无憾。免丧，游郡庠，感户部言，日夜淬励，督学绣衣考辄居最，文名鹊起，从游日众，如本郡徐君问、恽君巍、蒋君亨、陈君端甫及浙之方君坤、燕之牛君鲁、杨君文进，皆及门后各以科第显登。宏治丙辰进士，出令宝坻。宝坻为都城赤县，号称难治。公至，省徭恤患，锄强扶弱，豪右戢志，盗贼屏迹，声益籍甚。宝坻旧无城，请于朝，城焉。庀工刻程，民乐趋之，不二旬，告竣。巡抚洪公奇之，特为旌奖，冢宰倪公疏其政绩十七条行天下，擢户部主事。以峭直不容于时，八差于外，弗堪劳勤。正德初，劾藩臣匿公帑之尤者时，乃遣御史四出阅帑藏，守臣被重劾者若干人。尝督徐州仓，岁饥，欲先发仓而后以闻，监司难之。公曰："州距京师且远，待报而赈，其若民命何？即有罪，坐某不以累也。"遂发粟数千石后，竟可其奏。转部郎中，又督蓟州仓出纳，公允，奏没内监占窝粮草于官，忤逆瑾罚粟。未几，出守河间，寻升山东参政，管府事清理，投献皇庄，释滞狱，奏除盗贼连坐苛法，恩威并行，盗不入境。时瑾势熏灼中外，人人自危，忧乱，三疏乞休。瑾怒，远谪四川顺庆，民遮道泣留。未至，瑾败。言者以前阅实帑藏事撼以始公议论劾公，公亦疏明其事，遂浩然归隐白鹤溪，与乡士大夫为逸老之会。里中有不平事，每为官司言之其理，友人枉死之冤白，门生诬陷之狱激，抚臣蠲租之疏，大有造于乡人。而性气过刚，或无少贬，然一闻理言，虚心听受又速若转圜，盖公之天资学识，迥出异常若此。嘉靖丙戌应诏陈江南十事，上优答之。丁亥疾剧，犹作诗赋讽咏，自为墓志铭，略不以生死为意。嘉靖七年正月十三日，沐浴更衣而逝，享年七十有一。元配杨安人，有懿行，先二年卒。有子男四人，整、齐、严、肃，孙男、曾孙男若干人，并载谱籍中，不具述。起元及廷臣于公为五世孙，齐之后，不敢泯灭高祖之烈，又不及见当年行事，兢兢撮养斋荆川二先生状铭纂而为之传。

元孙起元谨传

谨按公传及墓志行述均载公令宝坻以旧无城请于朝城焉，不二旬告竣，考《万姓统谱》载"庄襗，字诚之，武进县人，由进士宏治间任宝坻知县，才识卓异，兴利除害，抑强扶弱，远近州县想望丰采。旧惟土城倾圮已久，某乃申请抚按洪都御史准令民冠带纳银，以供其费。某乃令县民量家出资，以助不及，限地分工，即令民之有力者领其役，委佐贰官以督之。不旬日而城成，财不费而民忘其劳，人皆异之。分立市集，修建桥梁，伟然为京东良县，皆某之功也！升户部主事"等语。《万姓统谱》刊于万历己卯，乃吴兴凌迪知号稚哲所辑，阅时未久，行状更公门人徐庄裕公所撰，自必信而有征。然区区之愚，对于不二旬告竣及不旬日而城成二语，不能无疑焉。城虽小，高二丈六尺，周一千二十八丈，厚与高等，其费烦工巨可知，似此大工断无如是迅速之理。细加绸绎，实由于公之《新建拱都城记》中"八日而土城立，十三日而砖城完矣"二语也。读公《城工祭神文》"经始于庚申夏孟，成功于辛酉春季，经营缔建经一岁之措置，预备始克有成数"语而始恍然悟也。又正德初劾藩臣匿公帑之尤者，乃遣御史四出阅实帑藏一事，有断不敢嘿尔而息者。敬阅宗谱载公遗疏四，均有抱冤奏雪之语，以被劾为首开查盘，流毒天下，并与尚书朱恩等概称交通逆瑾，以致削职为民。考公自丙辰获隽，服官内外者十余年，忠君爱民，政绩昭著。乃正德五年，逆瑾事败，遘此奇冤，武宗不德，日事畋游，内则江、钱、朱、张等擅执政柄，外则河北、山东、川赣等寇盗蜂起，朝政不纲，权奸接踵，贿赂公行，负屈衔冤者十余年不能申诉。逮世宗御极，以古稀之年不远数千里特诣京师，数次具本赴诉阙廷，求请昭雪。而乞休一疏更明白，申之曰："给事中谢讷与同差御史孙迪奏臣弃差回部，臣已造册完缴，怪臣分辨，无干挟仇，乘机劾臣首开盘查，流毒天下。查盘边储，起于成化年间，查盘州县，亦起于成化年间。臣自宏治十八年户部差往陕西，八年连差八次，何年查盘是臣首开，何年受害是臣流毒？当逆瑾用事接领外差，不曾在京，绝无门下往来之迹。"又有"生不伸冤，死不瞑目，乞复原职致仕"等语，是此事乃公所切齿痛心，亟欲伸辩者也。登诸奏牍，既剀切如此，稽之年月，亦无或异。矧刘瑾用事，先后仅只五年，史载正德二年二月，刘瑾矫诏遣科道查盘天下军民府库。按公于宏治十八年奉差于外，中途又领札付清理盐法，分差浙江、福建、广东。正德元年，未及到部，又差分报查，解各司府县银两，前后三年，不曾回部。刘瑾矫诏遣官查盘时，公久离京师，是奏劾藩臣一节，传志皆沿行述之误。惟奉差广东时，曾劾藩库帑藏未明，经圣旨交部查明，问拟该管官吏贿买免罪，此乃职分所当，为不能谓首开，更不能谓为流毒天下，与刘瑾遣官查盘天下府库截然两事。《统谱》刊于己卯，自必早有成书，亦绝未提此一事，缘于公之志节有关，不敢不辩识之于此，愿后之明达更有以疏证之也。又国初，水退滩洼地，听民开垦，永不起科。宏治间司礼监欲专其利，请旨差官踏勘，公时正令宝坻，备陈利害及事之始末，回文力阻之，并上诗白内相，事遂寝。此事关系甚巨，公以区区一县令而能抗颜相争，即此一端，其不附势要已可概见。此节传与墓志行述均不载，特附识之。诗迫切动听，今存谱中，可覆按也。

第十五世孙兆钤附识

三、宦绩

庄㞧 （字诚之）号鹤溪，中宏治乙卯乡试，丙辰进士。为人刚直，

《毗陵庄氏族谱》书影

负才气，批郤导窾，率无留滞。少贫，父将殁，与之诀，令择所业，襗泣对曰："儿非儒不可以立身。"父曰："吾瞑矣！"自是向学，虽祁寒盛暑不少懈，或终夜不辍，遂以文名于时。既第，出令宝坻时，戚畹中涓互为好利，盗贼恣横无忌。襗公廉无私，必行己意，邑以肃然。旧无城，请于朝，城焉。不二旬，告讫，民不知劳，监临诸司争优贤之。冢宰倪岳素以奖恬抑躁为事，特疏襗政绩十有七条行之天下。擢户部主事，劾藩臣匿公帑者，因遣御史四出阅实帑藏。守臣被重劾者若干人，人为侧目。出督徐仓，会岁祲，襗发仓以赈。监司难之，襗曰："即有罪，当坐襗。"后上闻报可。又督蓟仓，夜闻转木声甚哄，询之，知逆瑾采木口外。上书力言其害。又奏没诸监占窝粮草于官，触瑾怒，罚粟若干石。后迁河间太守，清投献，释滞狱，强慑盗，㦲一如宝坻。寻升山东参政，仍掌府事。时逆瑾熏灼，人人自危。襗三疏乞休。瑾益怒，谪四川顺庆府，未至。言者以宿憾摭其过，罢归。襗终不为少贬也。嘉靖初，应诏陈江南十事，上特诏所司行之。其他利弊有闻辄言之有司，理友人枉死之冤，白门生诬陷之狱，激抚臣蠲租之疏，皆人所不能者。临没自为铭曰："我之心如水之清，人不得而名。我之志如矢之直，人不得而识。"识者咸以为实录云。

述盛周盛万年盛士元

◎ 盛 枫

《嘉禾征献录》书影

公讳周，字文郁，号文湖，宋枢密使谥文肃讳度之后。靖康之难，司谏讳瑄扈跸南渡居临安。元初，八世祖讳辕赘朱张氏，徙秀水之墅泾，遂为秀水人。七世祖讳明德生可大，洪武间授省祭官，流寓北平。子宗恺，举税户人材，除太常典簿，家于燕。其在秀水者讳明德，次子讳可久之后也。曰誉为讳可久公长子。誉生琪字国珍，鸿胪寺主簿。璿字国仪，历永安连城二县主簿。璿子宪字君章，嘉靖壬子副榜，南京西城兵马司指挥。志字君成，祁门县丞，讳敬誉之弟，公之五世祖也。公弱冠为诸生，学使者至，试辄居首，屡不第，益励志于学，以尚书授生徒，从游者岁不下数十人。及门弟子如沈启原、项钶、马如麟、张大忠皆相继登第。所居梅湖，有朱张氏税暑亭遗址。给事沈谧构书院讲学其中，公亦与焉。嘉靖壬子，年已四十三，需次鹰贡，始举本省乡试第三人，癸丑成进士，初知浦城，请托馈遗一无所受。邑邻建昌吏胥率江右人窜籍，舞文觟法，择其尤者诛之。时以其暇，与邑士阐性命之旨。重建南浦桥。坑场寇起，筑栅守御，以奇兵捣其穴，就擒尝惩豪富某甲不法事。建宁守潜入其贿，欲为之解，不听。怵以危言，亦不为动。卒论成上官以公强直交荐之，行取至京师，工书。赵文华诣公曰："东楼虚台省待，公曷往过之？"公毅然曰："士所以望登台省者。上思匡君，下思利民耳。今先以身乞怜相府，异日何以自立？"文华惭而去，仅补南刑部云南司主事，转本部山东司郎中，出知东昌府。郡故南北要津，輓漕乘传，疲于支给，乃请上官拨济南兖州二府协济，并令刻期转解，勿致稽延，遂以为例，以劳卒于官（《福建通志》《建宁府志》《东昌府志》各有传），年五十四。所著有《滴露堂稿》《南曹唱和集》（《静志居诗话》：太守少从王龙溪游，与沈先生靖夫讲学于闻湖书院。遗址在梅家荡水中央。其子姓至今聚族于斯。闻其报最日，忤分宜父子，不得台谏，盖庄士也）。子讳惟谦，诸生，任侠好义。生讳万年公。

公讳万年，字恭伯（一字叔永），号若华。少从同郡袁黄学及南昌万国钦馆于禾，复与相切劘。万历己卯举于乡，癸未与国钦同举进士。初授刑部四川司主事，奉命更定律例，以外艰归起，补都水主事。历虞衡员外时，穆庙驸马梁邦瑞及永宁公主皆薨。驸马父请坟价银三万两。公谓主与驸马皆薨，驸马父庶人，而请坟价银二百。年令甲所不载，请择廉干曹郎董其役，坟成费仅三千金。明年出督荆州关税，值有采大木造浅船二役，诸商裹足不前，公请稍宽。其科条课大最郡有大水，部使例得登舟以避，公独止署舍不去。相度水势知自通济桥啮堤入督，众塞之，全田庐无算。楚藩广元王为宗室所讼，监司欲抑广元。公曰："广元非有大过。不过年少分卑，署亲王篆，故诸王忌之。宗室素悍，有司不能制，不如植广元以压庶宗。"如公言，宗室帖然。在事二年，还部，转屯田郎中，出

《嘉禾征献录》书影

为分巡建南道副使。建宁诸生请撤民居拓学宫，公谓非旧制，不许。无何居民果控诸生，借端索贿，遂慰遣之，调广东参政分守岭西。万历庚子乡试，巡按御史顾龙祯性很暴（无锡志龙祯性褊急，无贵贱。片言不合，裂眦攘臂。顷之，亦不宿怨），与布政使王泮议科场费不协（万历《广东通志》载：税契银原无定额，内除一半充饷，留一半每年又除六千两贮备科举之用，余解部。先是遇攒造年，每亩止税银三分。万历二十六年军兴，烦费户部题议，凡契载业价一两、税银三分。时掌印右布政使梅淳稔知广俗，凡置业必写虚价，议以一亩为率。内将三两照部文全税，三分共银九分，余价折半计征。总督戴耀、巡按马文卿从之。嗣后巡按顾龙祯欲尽括解，且不准折。左布政使王泮虑科举充饷两无所资，因力请留，祯遂衔之至李御史时华按粤署，藩事参政盛万年首以为言，乃复留二项。后左布政使陈性学极言东南民力竭矣，从折征便，于是仍原议），殴于闱中（《野获编》，庚子秋试，王以提调偕顾入闱。正点名散卷毕，偶以公事相争，遂诟詈。至以老奴才目王，王亦以恶声答之。因两摔于至公堂上，王奋拳击之。顾不能胜，堕冠弛带以吉服而盘旋于地。有顺德令倪尚忠者，司外帘力为解释，顾即揽其裾，痛殴之，令故美须髯顷刻颐颔俱空，不知王出外久矣。王返藩司，即具疏言状，且请罢，得旨。顾革任听勘。顾疏寻至。王亦去，如顾例）。事闻龙祯泮俱解职公署藩篆。税珰李凤勒借司库银六万两，公不与，凤怒，谓公抗旨。公曰："但闻抽税，不闻抽库。何抗焉？"凤语塞，又请改建税署，并造兵船。制府下司议。公谓署可建船不可造。近者陈奉激变于楚，其事可鉴，格不行，粤饷十余万旧取给于各税。时税归珰，解军无粮。见事下公，公核各属应解司饷尽令于本地散给，士得宿饱，龙祯泮之解职也。当属公勘拟，巡按御史李时华继至，护同官欲宽龙祯，公不可。时华改属之臬长泮削籍，龙祯卒外谪。辛丑四月，倭寇吴川邑滨海，凭限门为天险。闽有海舶名白艚者，往来贸易，奸徒勾倭藏其中。入限门登陆焚劫。高凉兵寡，公乃悬金购义勇配狼兵协力出战。俘贼三十余人，锢之狱，请于制府，斩八人，余以胁从纵之。贼知有备宵遁。五月，倭大举寇雷州。公在高州，闻谍报，即召参将郭西科刘宗汉谓之曰："高雷相去六百里，从陆往，贼必知之，非拒则遁。若从海道，则一日可至，出其不意，必成擒矣。"乃料战舰六十艘，扬帆抵雷。倭方踞民庐挟妇女轰饮。官军从市口撤屋而焚之。贼奔突不得出，歼焉。六月，倭寇廉州。公又令游击黄某拒之，俘馘五十，沉其艨艟二，溺死无算。自是贼不敢复寇矣。公复筹善后之计，益增戍守及战舰器械。自新门至青洲七百里，凡置十一戍，往来侦逻，粤赖以安。高州城故卑且圮，城濠为闾阎所占塞，公更筑之。又濬濠数尺，城东高阜有土百余顷，可耕苦无水，遂芜废。公周览知前山有泉阻于石，乃令凿之，四十日而得泉，下坂如注，遂为腴壤。在粤七年，御史李时华以前嫌，诬公在吴川擅杀论调。高之士民立祠于电白城，勒石纪功（《广东通志》：祠在城内迎恩街）。后御史林秉汉至，追论平寇功，升俸一级，赐金五十两（《明史稿·朱吾弼传》附林秉汉，字伯昭，长泰人。按广东，再疏劾李凤。寻移疾归，卒于家。天启中，赠太仆少卿），补贵州新镇道参议。苗人出劫州郡，公廉知为土人勾引，选能吏告谕之，寇盗稍息。郡无兵械，云南副总兵陈寅解官归，道出平越，公邀之造火具鸟枪筒箭地雷飞砲大将军之属，分布各州县。小有窃发，遣兵于近苗山谷间，试之，苗大震，人皆夜行无虞。就迁贵州按察使时，巡抚胡桂芳新至官，谓公曰："秋行尽矣，而决囚之旨未下。闻楚滇皆已决，奈何？"公谓处决虽有常期，然频年奉旨，免决则停刑，亦为近例，曷少待。及至后决录下，公急白胡曰："黔属本候旨决囚，而诏下已在长至后，阳气方长，不宜以肃杀伤天和，疏请为可。"胡乃以闻奉旨停刑。盖是年慈圣太后周甲也，得奏，深见褒嘉。丁内艰归，被谗，中外计复拟左调，服除。粤制府请添设右江监司，诏选才望夙著者，部议以公往，建署宾川。是时柳宾连岁大荒，残贼寇掠为暴。甫至，州人皆痛哭哀诉。及阅营兵不过二百余人，库饷不满千斗，米钱四百，救饥不暇，重于用武。公乃先核邻省协济饷银，应给发者得先支一岁平籴，于东粤以赈之，煮粥贷牛种民始得耕，以待秋熟。贼复出剽掠，公度官军未可用，乃召土司黄文辉授以方略，出奇捣其巢，斩数十级，俘获六十余。攻破石牌中埠邑敲邑两等寨。宾州平惟迁江县洛春感岸中谢等贼桀骜难制，公请制府许弘纲调广东游击王选率其营兵二千会于宾，佐以本营参将赵庭分路搜贼寨，深入斩百余级，俘二百余人，招降者三百人，迁江亦平。柳州刘天仙陆大成等贼谓官军方注意宾，未暇及柳。公别檄土司，以计擒其渠魁十九人，斩于市，余遂溃散。一岁中三方晏然。明年公巡柳州，谍报，贼众数千将以夜半渡江。乃令移舟载火具，夜往伺贼，半渡击之。贼出不意，大溃，溺死无算，擒二十八人，自是遂无贼患。田州土司岑懋仁素不法，制府议剿之。公谓兵弱难制，先遣属吏谕以祸福。懋仁悔悟，斩叛目首恶以赎罪，归土还印，贡马如常。是年所属岁大丰，野不种而获。下所司勘实户口，其田之有主者，听其收获。或有田在人亡者，酌给贫民，以疾乞休，不许（载《广西通志》）。迁江西按察使致仕归（盗柄东林伙一录，分初盛晚先公，列盛伙中注。入主出奴，渐移国柄。初以邹公元标为鼻祖，盛以杨公时乔为鼻祖，晚以刘公一燝为鼻祖，其云伙者即党也。东林同志录，列藩臬中），林居十年，卒年七十有四

（《静志居诗话》：盛公浮湛藩屏，扬历有年。当其司臬羊城，倭人入寇。躬擐介胄，乘城击破之。锦囊所尝以一人摄五监司事，案无留牍，其还家诗云："三黜已甘投岭外，一帆今喜到江乡。"所居梅湖，饶有鱼稻之利。筑场纳稼，以宝啬训子孙，先畴至今未改云）。子讳士元，次士表。士元公字元长号昆柱，诸生，入太学时，广宁失守。草疏陈固守山海保障京师之议，不报，授内阁中书舍人，在事一年卒。公一子讳以约字彦修号演仙，太学生。士表字其仪，太学生，能书，国破死事，年三十六。

附录二

思 路

◎巴 金

一

人到了行路、写字都感到困难的年龄才懂得"老"的意义。我现在也说不清楚什么时候开始感觉到身上的一切都在老化,我很后悔以前不曾注意这个问题,总以为"精神一到,何事不成"!忽然发觉自己手脚不灵便、动作迟缓,而且越来越困难,平时不注意,临时想不通,就认为"老化"是突然发生的。

根据我的经验,要是不多动脑筋思考,那么突然发生、突然变化的事情就太多了!可是仔细想想,连千变万化的思想也是沿着一条"思路"前进的,不管它们是飞,是跳,是走。我见过一种人:他们每天换一个立场,每天发一样的言论,好像很奇怪,其实我注意观察,认真分析,就发现他们的种种变化也有一条道路。变化快的原因在于有外来的推动力量,例如风,风一吹风车就不能不动。我并不想讽刺别人,有一个时期我自己也是如此,所以我读到堂吉诃德先生跟风车作战的小说时,另有一种感觉。

我不能不承认这个令人感到不愉快的事实：自己在衰老的路上奔跑。其实这是每个人的必经之路，到最后松开手，眼睛一闭，就得到舒适的安眠，把地位让给别人。肉体的衰老常常伴随着思想的衰老、精神的衰老。动作迟钝，思想僵化，这样密切配合，可以帮助人顺利地甚至愉快地度过晚年。我发现自己的思想和精神状态同衰老的身体不能适应，更谈不上"密切配合"，因此产生了矛盾。我不能消除矛盾，却反而促成自己跟自己不休止的斗争。我明知这斗争会逼使自己提前接近死亡，但是我没有别的路可走。几十年来我一直顺着一条思路往前进。我幼稚，但是真诚；我犯过错误，但是我没有欺骗自己。后来我甘心做了风车，随着风转动，甚至不敢拿起自己的笔。倘使那十年中间我能够像我的妻子萧珊那样撒手而去，那么事情就简单多了。然而我偏偏不死，思想离开了风车，又走上自己的轨道，又顺着思路走去，于是产生了这几年中发表的各种文章，引起了各样的议论。这些文章的读者和评论者不会想到它们都是一个老人每天两三百字地用发僵的手拼凑起来的。我称它们为真话，说它们是"善言"，并非自我吹嘘，虚名对我已经没有用处。说实话，我深爱在我四周勤奋生活、工作的人们，我深爱在我身后将在中国生活、工作的年轻的一代，两代以至于无数代……那么写一点报告情况的"内参"（内部参考）留给他们吧。

我的这种解释当然也有人不同意，他们说："你为什么不来个主动的配合，使你的思想、精神同身体相适应？写字困难就索性不写，行动不便就索性不动。少消耗，多享受，安安静静地度过余年，岂不更好？！"

这番话似乎很有道理，我愿意试一试。然而我一动脑筋思考，思想顺着思路缓缓前进，自己也无法使它们中途停下。我想起来了，在那不寻常的十年中间，我也曾随意摆弄自己的思想使它们适应种种的环境，当时好像很有成效，可是时间一长，才发现思想仍然在原地，你控制不了它们，它们又顺着老路向前了。那许多次"勒令"、那许多次批斗，都不曾改变它们。这使我更加相信：

人是要动脑筋思考的，思想的活动是顺着思路前进的。你可以引导别人的思想进入另外的一条路，但是你不能把别人的思想改变成见风转动的风车。

那十年中间我自己也宣传了多少"歪理"啊！什么是歪理？没有思路的思想就是歪理。

"四人帮"垮台以后我同一位外宾谈话，他不能理解为什么"四个人"会有那样大的"能量"，我吞吞吐吐始终讲不清楚。他为了礼貌，也不往下追问。我回答外国朋友的问题，在这里总要碰到难关，几次受窘之后终于悟出了道理，脱离了思路，我的想法就不容易说服人了。

二

十天前我瞻仰了岳王坟。看到长跪在铁栏杆内的秦太师，我又想起了风波亭的冤狱。从十几岁读《说岳全传》时起我就有一个需要解答的问题：秦桧怎么有那样大的权力？我想了几十年，年轻的心是不怕鬼神的。我在思路上遇着了种种的障碍，但是顺着思路前进，我终于得到了解答。现在这样的解答已经是人所共知的了。我这次在杭州看到介绍西湖风景的电视片，解说人介绍岳庙提到风波狱的罪人时，在秦桧的前面加了宋高宗的名字。这就是正确的回答。

这一次我在廊上见到了刻着明代诗人兼画家文徵明的《满江红》词的石碑，碑立在很显著的地方，是诗人亲笔书写的。我一眼就看到最后的一句："笑区区一桧亦何能，逢其欲。"这个解答非常明确，四百五十二年前的诗人会有这样的胆识，的确了不起！但我看这也是很自然、很寻常的事，顺着思路思考，越过了种种的障碍，当然会得到应有的结论。

我读书不多，文徵明的词我还是在我曾祖李璠的《醉墨山房诗话》中第一次读到的，那也是六十多年前的事了。书还在我的手边，不曾让人抄走、毁掉，我把最后一则诗话抄录在下面：

予在成都时，有以岳少保所书"忠孝节义"四大字求售者，价需三百金，亦不能定其真伪，然笔法遒劲，亦非俗手所能。又尝见王所作满江红词，悲壮激烈，凛凛有生气，其词曰（原词

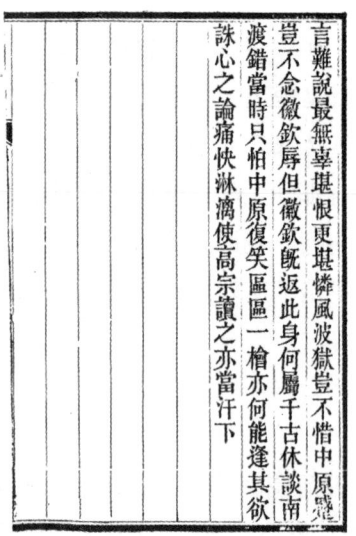

《醉墨山房诗话》封面　　《醉墨山房诗话》书影

略)。明文徵明和之曰：

拂拭残碑，敕飞字依稀堪读。
慨当时倚飞何重，后来何酷！
果是功成身合死，可怜事去言难说（赎）。
最无辜，堪恨更堪怜，风波狱。
岂不惜（念），中原蹙？
岂不念（惜），徽钦辱？
但徽钦既返，此身何属？
千古休谈（夸）南渡错，
当时只（自）怕中原复。
笑区区一桧亦何能，逢其欲！

诛心之论，痛快淋漓，使高宗读之，亦当汗下。

思　路

我只知道李璠活了五十五岁，一八七八年葬在成都郊外，已经过了一百零四年了，诗话写成的时间当然还要早一些。诗话中并无惊人之处，但我今天读起来仍然感到亲切。我曾祖不过是一百多年前一个封建小官僚，可是在大家叩头高呼"臣罪当诛""天王圣明"的时候，他却理解，而且赞赏文徵明的"诛心之论"，这很不简单！他怎么能做到这样呢？我的解释是：

用自己的脑子思考，越过种种的障碍，顺着自己的思路前进，很自然地得到了应有的结论。

怀念二叔

◎ 巴 金

近几年我常为自己的《全集》写后记，一年中写三四篇《代跋》，要解释旧作，我有时谈到成都的老家。今年夏天我虽然写得少些，但是我做过一个愉快的梦，在一间有纱窗的木板壁漆成绿色的书房里我和三哥李尧林站在书桌前听二叔讲书。"必讼！"二叔忽然拍着书桌大声说，"说得好！"

我吃了一惊。在八九年大病之后我总是睡不安稳，也少做梦，就是进入梦境，也恍恍惚惚，脑子并不清楚。这一次却不同，我明明感觉到舒适的夏夜凉风。醒在床上，我还听见二叔的声音，他讲书时常常挂在嘴上的一句话："必讼！"我很激动，一两个小时不能阖眼，我在回忆那些难忘的事情。

对二叔李华封我了解不多，他平日很少同我和三哥交谈，也不常对我们训话，我们见到他打个招呼，他温和地答应一声。他的住房在后面一进，旁边便是大厨房，前几年我没有进学堂而在私塾中又相当自由的时候，午饭前常常溜到大厨房里看谢厨子烧菜，很少听见二叔房里骂人或吵架的声音。人们说他的脾气不坏。

怀念二叔

我只知道二叔是本城一位挂牌的大律师，年轻时候在日本东京学过法律，他在成都也有点名气，事务所就设在我们公馆里，三叔是他的助手，另外还有一个年轻的书记员，我和郑书记员熟悉了，晚上没有事就去找他下象棋。郑书记员有一回向我称赞二叔法庭辩护很精彩，他甚至安排我同他一起去法庭旁听。我们的确去了，可是本案审讯临时改期，我以后也没有再去。

我没有听见二叔谈日本的事情，只知道他有一个笔名（也就是室名）叫箱根室主人。他活着的时候我说不出箱根是什么地方。一九六一年我访问日本到了箱根，不由得想起亡故多年的二叔，好像一下子我们的距离缩短了。我当初为什么没有想到他在那个时候就喜欢箱根，我一直以为他是守旧派，甚至把他写成《激流》中的高克明。在小说里我还写了淑贞的缠脚，但我堂妹的脚不久就得到了解放，在我们老家找不到一个老顽固了。

说到二叔，我忘不了的一件事，就是他做过我和三哥的语文老师，在我们离家前两年给我们讲解过《春秋左传》。每天晚上我们到他的书房，讲解告一个段落，我们便告辞回屋。他给我们讲书，因为他对《春秋左传》有兴趣、有研究。此外还有一个原因：他太寂寞，三个儿子都病死了。他可能把希望寄托在三哥和我的身上。

我常说自己是一个充满矛盾的人，我看不少人都是这样。我在二叔身上也看到矛盾，我对他平日总是敬而远之，并无恶感，但也不亲近。我还记得一件事情：编辑《平民之声》旬刊的时候，我常常把刚刚印好的刊物放在家里，就放在我和三哥住房对面的空屋里。有一天我进屋去拿新送来的报纸，门开着，二叔走过门前便进房来，拿起一张报纸看了看，上面有我介绍"托尔斯泰的生平与学说"的长篇连载，最后还有报社的地址：成都双眼井二十一号李芾甘。他不满意地看了我一眼，好像要说话，却什么也没有讲就放下报纸走出去了。我以为他会对大哥提起这件事训我一顿，后来才知道他只是要大哥劝我在外面活动时多加小心。这些话我当时听不进去，以后回想起来才明白这是他的好意。我和三哥出川念书，也得到他的鼓励和帮助。

我想起年轻时候读过一部《说部丛书》，这是当时商务印书馆出版的翻译小说，有文言，有白话，全用四号字排印，一共三集，每集一百种。这些书打开了我的眼界，使我关在家里也看到外面世界，接触各种生活，理解各样人物。我觉得它们好像给我准备了条件，让我张开双臂去迎接新的思想，迎接新的文化运动。书都是大哥从二叔那里借来的，为了这个我常常想起二叔。"文革"结束，我得到真正的解放后在旧书店买到一部这样的《丛书》，还有未出齐的第四集。我的许多书都捐赠出去了，这丛书我留着，作为感激的纪念，不仅是对二叔，而且也对大哥，对别的许多人，我从他们那里吸引了各种养料。没有从他们那里得来的点点滴滴，就没有今天的我。

我继续回忆，继续思念，好像用一把锄头慢慢地挖，仿佛用一支画笔慢慢地描，二叔在我眼前复活了，两眼闪光，兴奋地说："说得好，必讼！"他又在讲解《左传》，又在称赞《聊斋》的"春秋笔法"。他向我们介绍蒲松龄的好些作品，给我印象最深的就是那篇告倒冥王的《席方平》。席方平替父伸冤备受酷刑，他不怕痛苦坚持上告，一级一级地上控，却始终得不到公道。冥王问他还敢不敢再告状？他答说："必讼！"酷刑之后再问，他还是："必讼！"响当当的两个字真有斩钉截铁的力量。但是他吃尽了苦头，最后一次就回答冥王："不讼了。"他真的不再告状吗？不，他讲了假话，只是为了保护自己，事实上他坚持到底，终于把贪赃枉法的冥王和官吏拉了下来。

我记起来了，二叔说过类似这样的话："席方平他讲真话受到严刑拷打，讲假话倒放掉了。然而他还是要讲真话。他就是有骨气！写文章要有骨气！"原来二叔也是教我讲真话的一位老师。

怎样写文章，我本来一窍不通，听惯了二叔的讲解分析，我感到一点兴趣，有时也照他的办法分析读过的文章，似乎有较深的理解，懂得一点把文字当作武器使用的奥妙。以后我需要倾吐感情、发泄爱憎的时候，我寂寞、痛苦、愤怒或悲伤的时候，我就拿起笔疯狂地写着，深夜我在自己房里听见大哥一个人坐在大厅上的轿子、打碎窗玻璃的时候，我不能控制自己，便在练习簿上写下一些不成篇的长诗。后来我在法国沙多一吉里读到报导两个意大利工人遭受电刑的时候，我写出小说《灭亡》中一些重要的章节。我写着，自己说仿佛有一根鞭子在我的背上猛抽。我对准痛处用力打击，我的感情仿佛通过我的心、我的手全部灌注在笔下写在纸上，变成了我的呼唤，我的控诉，我的叫号。

最初的年代里我到处跑，只要手中有一支笔我便到处写作。心里想些什么，我就写些什么。我并不苦思苦想，寻找打击要害的有力的字句，我让感情奔放，煽旺心中的火，推动我这支毫无装饰的笔飞越一张一张的稿纸，我没有学会一字诛心的笔法，我走自己的道路。经过几十年的风风雨雨，我终于从荆棘丛中走了出来。

我一再声明，反复解释，我不是文学家，也不懂艺术。有人嫌我啰嗦，其实我不过在讲真话。"文革"期间我曾几次被赶出文坛，又偷偷地溜了回来。现在我还不知道是否已在文坛"定居"，但是自己早有思想准备，不会太久了！

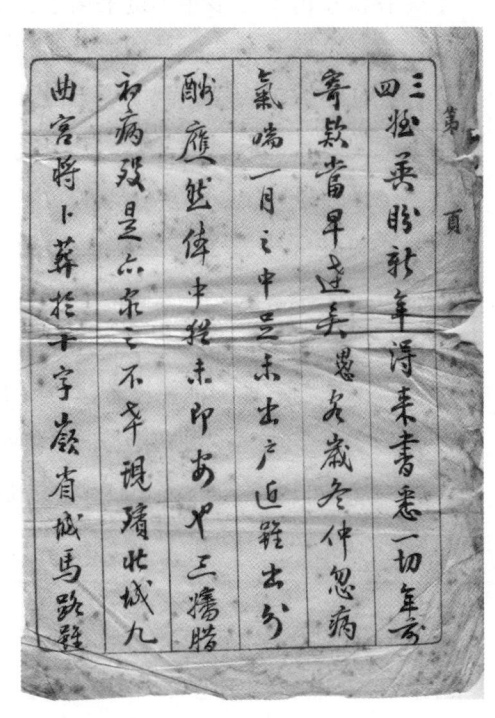

李道溥致李尧林和巴金信

接连几个不眠的长夜，我睁着眼睛在思索，在回忆。灰堆里还闪亮着火星。我不是怀念亡故的亲人，难道是在为自己结帐，准备还清欠债？

那么是时候了。

又想了到了二叔，关于他许多事情我都记不起来了。我父亲只活了四十四岁。二叔活过了五十，但是他做五十大寿的时候我早已离开成都，现在连他的忌辰也弄不清楚了。我们出川后还同他通过三四封信，"文革"之后只剩下一页无尾的残笺，他的手迹对我还是十分亲近，使我想起他那些勤奋治学的教诲。最近我把六十几年前这一页旧信赠给成都的"慧园",说明我今天还不曾忘记我的这位老师。

我记不起我搁笔有几年了。写字困难,我便开动脑筋,怀旧的思想在活动,眼前出现一张一张亲切的脸。我的确在为自己结帐。我忽然想再翻一下《春秋左传》。多年不逛书店了,我请友人黄裳替我买来一部有注解的新版本,不厚不薄,一共四册,我拿着翻看,翻过一册又是一册。我忽然停住,低声念了起来:"太史书曰:'崔杼弑其君。'崔子杀之。其弟嗣书,而死者二人。其弟又收,乃舍之。南史氏闻太史尽死,执简以往,闻既书矣,乃还。"

我不再往后翻看了,我仿佛又站在二叔的写字台前。熟悉的人,熟悉的事。治学有骨气,做人也有骨气。人说真话,史官记实事,第一个死了,第二个站出来,杀了三个,还有第四、第五……两千五百三十九年前的崔杼懂得这个道理,他便没有让"太史尽死"。

崔杼是个聪明人,他当然知道即使不放过一个史官,他也阻止不了"执简以往"的人。二叔知道这个,我也知道这个,他的确是我的老师。

一九九一年十一月五日

以爱待人 以诚待人
——我所知道的祖母和祖父

◎ 李 斧①

祖母是云南昆明人，闺名张兰生（婚后改为李张和卿），小名玉，有一兄一姊，生于光绪年代，历经宣统、民国和新中国。她的祖父叫张涛，号海槎，同治庚午云南举人，光绪五年署四川珙县知县，六年权四川宁远府厘务，七年受四川总督

青年时代的李尧枚和张和卿

丁宝桢命从盐茶道唐炯改革盐务，曾经说动云南大实业家王炽拿出白银十万两，帮助整合四川盐务（这段故事在电视剧《钱王》中有所反映），后来长期出任南川知县，在其任上对文化经济建设都颇有建树，并有《勉行纪略》等多种著述，尤其是他主持编修《南川公业图说》，开创中国地方志的一个新风格。她的父亲叫张景仓，号小槎，是光绪丁酉年云南

---

① 李斧，1958年生于四川成都，祖籍浙江嘉兴。1985年毕业于四川大学，并于1990年在美国罗德艾兰大学获电气工程博士学位，后在美国波特兰州立大学执教至今，现为电气与计算工程学终身教授。

举人,光绪末宣统初年任昭化、中江、清溪(汉源)知县,著有《鹃啼血稿》等多种诗文。她的母亲娘家姓黄,在仅存的一张照片上,显得很有风度。从祖母的个性来看,张景仓大老爷的家教是非常开明的,祖母幼年不仅学习诗词书画,而且还学过一些英文,甚至张大老爷坐轿外出巡视时,她还女扮男装骑马侍巡,不禁让人想起古装影片里的戏剧性场面。这显然不是旧时那"无才便是德"的女子教育。我曾经听祖母说过一个有趣的故事,张家曾经来过一个非常洋化的客人,进门就用英文说要Pipe,还是闺中少女的玉儿闻声就把当年云南流行的水烟袋递了过去,致使这位假洋客人大惊失色。祖母不仅性格豪爽,而且感情细腻,尤其是有一颗爱人之心。

张和卿之母张黄氏　张和卿所做的绣片

李家曾经是一个显赫的大家族,旧时成都不仅有"南吴北李"之说形容其财富,还有"西徐东李"之说形容其宅院。著名的"五老七贤"之一——教育家林思进(山腴)曾有诗为证:"西徐东李两名园,珠市长街即雍门。"作为北门首富,位于东珠市街和正通顺街之间的李氏公馆当然是深宅大院。旧时封建礼教,少男少女不能随便往来,能接触到的都只是堂兄弟表姐妹。所以祖父少年时代曾经与一位表妹有过青梅竹马式的感情,但是那位表妹的母亲,也就是祖父的姑妈,不赞成亲上加亲。在家庭包办婚姻的时代,曾祖父就奉高祖父之命对外招亲了。祖父少时英俊潇洒,不仅有才学,而且会办事,加上出身名门,前来提亲的人不少。那时候不仅要门当户对,而且还得八字相配。曾祖父曾任宣统年间的广元知县,与祖母的父亲"邻"相呼应(昭化今已并入广元)。加上八字也相配，祖母就与另一家毛氏姑娘一起，成了最后的两名候选闺秀了。大概是为了不得罪门当户对的朋友，曾祖父还是奉高祖父之命主持拈阄，选中了祖母。那时候曾祖母去世不久，按旧礼子女不便结婚，但是高祖父急于四世同堂，曾祖父也不能反对。祖父就只好奉命成婚，低调迎亲。在大家族里即使低调，也是"瘦死的骆驼比马大"，家中请来戏班，庆祝三天。可能是由于与家中某位隔房兄长重名，祖母的名字就被改为和卿了。

祖父本来是迫于家庭压力，感情失意，但是祖母既是知书达理的才女，又是充满爱心的妻子，不久就赢得了祖父深深的爱。家里的小叔子和小姑子们本来都因为喜欢那位表姐而对这门婚事愤愤不平，也逐渐喜欢起这位新来的长嫂来。四弟巴金后来回忆道："他（大哥）得了一个体贴他的温柔的姑娘。她年轻，她读过书，她会作诗，她会画画。他满意了，在短时期中他享受了以前所不曾梦想到的种种乐趣……他陶醉在这个少女的温柔的抚爱里。"很快祖父母的长子出生，实现了高祖父四世同堂的美梦，祖母这位新媳妇在大家族的地位大大上升。可是她仍然是一个乐于助人、广结善缘的"少奶奶"，也是祖父志同道合的温馨妻子。这里也有一些有趣的往事，就是他们两人对祖父的弟弟妹妹们的帮助。

"五四"新思潮逐渐传到四川，引起了青年人的觉悟。祖父率先买回新书报，与弟弟妹妹们如饥似渴地学习。为了不错过任何新书报，祖父曾经放一两百块大洋在书局预订，并设法买齐了前五卷《新青年》。祖父开始是与比较大一点的弟妹们组成研究会，学习新思想，进而帮助三弟和四弟冲破旧家庭牢笼走出四川，后来又（在家境败落、非常困窘的情况下勉为其难地）资助四弟远赴法国学习。这之后祖父又帮助更幼小一点的弟妹们组织成立了一个"驰驱学会"。祖父给祖母订阅《妇女》杂志，也给他们的大女儿订阅《小朋友》和《儿童世界》等杂志。最后祖父还一度创办"启明书店"，向社会传播新思想。如果说祖父对弟妹们的作用是启蒙，祖母的作用就是保护。逢年过节按旧礼要给祖宗牌位依次行礼，受新思想影响的四弟拒绝磕头，常常躲在房间里不出来。这就形成了僵局，无法收场，规矩森严的大家族不可能就此善罢甘休。高祖父动怒了，大家都不敢吱声，怎么办呢？祖母就出面打圆场，找一点"四弟不舒服"等理由出来解释。刚刚为"四世同堂"做出了决定性贡献的少奶奶当然面子大，就连高祖父也只好借此下了台阶。这种事情还有不少，弟弟们"闯祸"，兄嫂出面收场。和卿不负其名，带来了和平。祖父母对弟妹们的爱，使他们兄弟姊妹之间情同手足、相濡以沫。后来祖父去世，祖母与继曾祖母拖着一大帮孩子，生活无着落。在天津南开中学执教的三弟每个月都把自己的主要收入寄回成都，而自己却长期过着清贫艰苦的独身生活，抗战后转移到上海"孤岛"更是孤苦艰辛，以至最后死于病困；这以后四弟又接着担起了大家庭的负担。四弟的第一部长篇小说——也是他的成名之作——《灭亡》就是献给大哥的。

祖母的一生是非常艰辛的：那个曾使大家族得到"四世同堂"辉煌的幼子不幸早夭，让她一度悲痛欲绝；因为高祖父去世其灵魂要避子虚乌有的"血光之灾"，祖母不得不到缺医少药的城外乡下去生第二个孩子；一生忍辱负重帮助他人的祖父，也终于不堪重负，以死向旧社会做出了最后的抗争。但是祖父的死却没有让祖母解脱，面对五个年幼子女而无助的祖母，呼天不应叫地不灵，也曾经想到死。但是是什么让祖母在绝境中坚持下来的呢？就是爱，是祖母对子女的爱、对家人的爱、对生活的爱，尽管生活对她曾经是那么的不公平。由于爱，她对人关心、对人宽容。祖母之所以在不幸的旧式包办婚姻里赢得了祖父至深的感情，也是因为他们两人有着共同的本性和共同的理念，也就是爱！

祖父与他的兄弟们都是受他们的母亲影响，从小以爱待人、以诚待人。祖父曾经对四弟尧棠说过："现代社会所需要的是虚伪的心情、无价的黄金，这两项都是我俩所不要的、不喜的（预放大洋百余元订新书刊，堪称貂裘换酒）……但是我俩对人类的爱是很坚的。"祖父一向以他人为重，他的十四弟尧橡说过："大哥心里没有自己，却总为他人着想……大哥尽量帮助别人，自己陷多深也不顾。"最明显的例子也就是他的死因。出身地主家庭的祖父受新思想影响，先参加实业，又曾自办书店，最后卖掉地产从事金融投资。投资初期小有成功，远亲近邻们都托他代为投资。投资总会有盈有亏，盈利给他人，亏损摊在自己身上，托他投资的人也就多了起来。最后因病出现巨大亏损，又进一步因病而血本无归。投资就有风险，最终导致祖父之死。死后连街头小贩们都叹息好人短寿，可是其他委托投资人却都一下变成了债权人。祖父这种待人方式和生活态度，没有祖母的认同是不可能的。他们共同信奉着"宁可人负我，不可我负人"的博爱准则。即使在祖父死后，祖母拖儿带女生活无着落最困难的时候，祖母也坚持着这一信条。这期间的主要事情都在父亲的回忆文章中，我就不再重复了。值得一提的是祖父众多堂妹中有一位六妹，曾经也是祖父新思想研究会的成员，在祖父去世后，她竟说出了"人在人情在，人死人情两丢开"的绝情之言，作为"家人"率先逼"债"，因此带动了更多的"外"人前来逼"债"。但是她后来成为老姑娘，闭门生活，十分不幸，祖母却时常去探望她关心她，终使她把祖母作为自己唯一能倾诉痛苦的人。以德报怨，正是祖母人格的写照。

祖母一生坎坷曲折，阅历十分丰富，但是她很少主动提起，往往是在我的反复提问和强烈要求下，她才说过一些。譬如，当年在成都上演话剧《家》，白杨等一批著名演员都来采访过她，以期体会从前的生活背景。祖母虽不善言辞，但热情好客，所以招待客人超过了接受采访。演员们可能没听到什么高论，但一定能体会到"瑞珏"的善良。不少社会名流都称呼她为"大嫂"，虽然她自己从来没提起这样的雅事，但是她确实是一位以爱待人的好大嫂。

晚年张和卿

祖母不是一位大人物，也没有做过什么惊天动地的大事情。她自己也正是通过一件件不起眼的小事，传播着对人的爱。对于子女，她是身教多于言传；对于孙辈，她更是潜移默化地影响着我们每一个。我很少看见她不高兴，更从来没有见过她发脾气，也没听见她说他人是非长短。她对待困难的不屈，对生活的达观，对亲友的关爱，对他人的包容，都是我自己无法企及的。她信奉的"宁可人负我，不可我负人"的准则，如果世人皆能奉行，岂不早就天下大同？

二〇一〇年四月

李道江小考

◎ 向 黄

宦游入幕寓蜀都，以文会友尽吾徒。
龙门三道夸跃鲤，匾题高名浙士殊。

这是旧时在老成都流传的一首关于街道的竹枝词。①它讲述了城里一条名叫金玉街的故事。这条街又称为"二道会馆"，指广西会馆、浙江会馆和仁寿宫这三道馆宇。三馆中，以浙江会馆规模最为恢宏，因为历来江浙文风鼎盛，每逢科举考试，江浙人中试者往往多于他省，以此或外放宦游，或幕僚寄居，来蜀人士（旧时衙署师爷即多绍兴人），实木家具，会馆之设，即本于敦叙乡谊，文友切磋之需。当时为光耀乡里，凡有浙人中举或副贡者即刻其名于匾额，高悬馆内，以彰学行。故自清代乾隆一来，匾额历年增多，致有"金玉满堂"之誉，此在各会馆中尤为突出，后之以"金玉"名街。②

① 四川省文史馆编：《成都城坊古迹考》，四川人民出版社1987年版。
② 何韫若：《锦城旧事竹枝词》，中国三峡出版社2000年版。

笔者关注近现代蜀中书画篆刻有年，发现蜀中诸名手多为外放宦游，或幕僚寄居于四川的江浙籍人士居多，这首竹枝词反映了当时的实际。这中间尤以嘉兴李氏比较突出，最为世人津津乐道的是巴金。

关于巴金研究的文字几可谓汗牛充栋。这里所讲的是巴金家族中的一个人——巴金二堂伯李道江的事迹。

一、入蜀家世

李治墨先生在《巴金家族历史研究正误》一文讲："宗望公李璠的仕途确实起于幕僚，襄助四川南溪县令唐炯（见李璠《醉墨山房仅存稿》中代序的《……李公宗望墓志》）。不过他生于四川，而并不是'从浙江到四川的'。在《醉墨山房仅存稿》的《先府君行略》中李璠写道：'嘉庆二十三年，先君（即李璠之父介盦公李文熙）至蜀。'这说明浙江嘉兴的这一支李氏家族辗转迁居到四川，始于这一年（1818年，戊寅），其父介盦公入蜀为官。"文中介盦公李文熙是入蜀嘉兴李氏一系的高祖。巴金这一系是入蜀嘉兴李氏的老三房。李道江则是属于老二房这一系。从浙江杭县人叶尔恺为李道江撰写的《清授中宪大夫候选道李君青城墓志铭》（以下简称《李君青城墓志铭》）[①]中来看，李道江的曾祖叫李文熙，曾任四川石角营巡检。祖父叫李

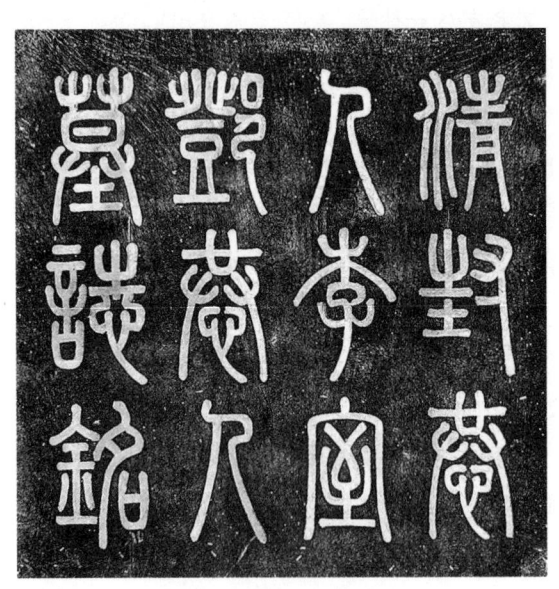

《清封恭人李室邓恭人墓志铭》盖

---

① 林思进撰文，余舒书丹：《清授中宪大夫候选道李君青城墓志铭》，民国拓片。

璿，担任过甘肃清水县典史。他的父亲叫李忠清，在四川做过打箭炉同知署泸州直隶州，有政绩。

二、美满家庭

李道江的家是一个比较庞大的家族。

笔者把晚清浙江杭州人叶尔恺撰写的《李君青城墓志铭》和安徽桐城人方旭撰写的《清封恭人李室邓恭人墓志铭》（以下简称《邓恭人墓志铭》）①合到一起，仔细进行了比对，这是一个以江浙人氏为核心组成的家族。他的祖籍当然是浙江嘉兴。

他的夫人邓恭人祖籍在江苏无锡。岳丈邓元鏸，字纯峰，"仕蜀，有政声，晚号弈潜，以国弈称于世"（《邓恭人墓志铭》），是我国近现代著名的围棋棋谱编撰家。《成都通览·成都之官》亦有载："候补各官姓氏：直隶州知州。"②他与四川华阳人林思进友好，经常在一起吟咏。林思进曾在《弈潜翁〈损惠诗集〉赋此奉怀》称赞："向来棋品能中正，更喜诗篇见起居。"

岳母王夫人，是杭县人。她的兄长王永言，《益州书画录·附录·宦游》有载："王永言，号咏斋，字东生。县籍不详。工小篆，能诗。与李浣云、邓弈潜交情甚笃，诗酒唱酬，几无虚日。"这里的李浣云应该是巴金的祖父李镛了，邓弈潜就是邓元鏸了。《益州书画录》不知王氏的籍贯，此处《邓恭人墓志铭》就可以推知。

李道江的夫人邓恭人按照《邓恭人墓志铭》所举事例，讲她"居长，幼而淑慎，性孝友"。十七岁就嫁给李道江。因为李道江母亲早逝，他有一位唯一的妹妹被邓恭人视作亲妹妹来抚养。当妹妹要出嫁时，她如同其母，陪以丰厚的嫁妆。待李父去世后，又赠以遗产八十亩作为陪奁，被夫家视为"以是多其义"。对于下人，她是"处富室而无骄矜之色，崇俭黜

---

① 方旭撰文，田明德篆盖并书：《清封恭人李室邓恭人墓志铭》，民国拓片。
② 傅崇矩：《成都通览》，巴蜀书社1987年版。

华，自奉以约"。并且，邓恭人"喜济贫，道江牧剑州，民贫多盗，恭人出巨资置外监，人犯习艺。所艺成辙，释而以织屦绩麻所售，得储蓄之资，别其勤惰，计功而授之，俾自营业。由是惰囚奋勉，羁犯日减盗风，以戢邻邑荒旱，复助振焉"。从这些事例中可以看出李道江的夫人是一位温良恭俭、勤俭持家、相夫教子的好妻子，一位善于处理家族关系的好媳妇，一位乐善好施、济贫乐道的大善人。而当她的父母染恙之时，"两次奔省……悴于哭泣之哀"，那种心急如焚的孝女之情，表达了她的善良、仁慈。墓志铭撰写者方旭讲："旭于王氏至戚，与道江交游最久，故备知恭人之贤，乃志而铭之。"

李道江与邓恭人育子女五个，均有才干。其中长子尧楷参加清宣统二年（1910）法政科获举人，三年（1911）又获廷试一等，而被任命度支部主事，到直隶万全地方检察厅检察长；次子尧杜担任分省知县；三子尧枘任命四川高等第三分庭推事。

在家庭生活方面，李道江与邓恭人相敬如宾。作为未及弱冠、失去双亲的李道江，对于岳丈及其朋友那是考虑周到、体贴入微，深得老一辈的赞许。他是一位孝敬老人的好女婿。

邓元鏸《石均轩诗四集》[①]中关于李道江的诗有四首，兹一一述下：

> 此花旧以黄为贵，墨菊翻新已自奇。
> 浅碧又闻移北地，孤芳真合寄东篱。
> 少年糁绿人如玉，老圃深秋径有苔。
> 不用白衣来送酒，冷吟缓步独支颐。
>
> ——《绿菊·来自北京李青城婿所赠》

据《李道江年表》考证，购绿菊赠老岳丈之事是在光绪十四年（1888），李道江到北京参加试荐时。后来，老岳丈又《再咏绿菊》：

---

① 邓元鏸：《石均轩诗四集》，民国木刻本。

> 牡丹昔有欧家碧，绿菊今尤妙入微。
> 直以清华超古淡，东方莫羡老僧衣。

李道江从老远的北方带回当地的绿菊，好让隐居东坡故里的老岳丈快乐。作为旧式官吏隐居的生活安排，老岳丈是满意的。老岳丈在诗后作注："终南山五老洞记，墨菊其色如墨，古用其汁，以书字。见元袁桷《澄怀录》"。"山东多菊，有沉香色者，亦异品也，人呼为老僧衣"。从这诗句和注中可以感受到老岳丈对女婿用心的满意。另外，邓元鏸还写有：

> 一别长安五十年，忽惊灞柳到床前。
> 春光旖旎秋光澹，回忆长桥倍可怜。
> ——《灞桥垂柳·青城婿所贻》之一

> 来书远致意缠绵，怅触离情到酒边。
> 付与东风勤管领，好看春色自年年。
> ——《灞桥垂柳·青城婿所贻》之二

李道江不仅对老岳丈用心，对老岳丈的友人也是用心周到。《清寂堂集》有《李青城道江馈八棱瓜》一首，诗中对李道江的心细到位，通过对馈赠美食八棱瓜的赞赏，表达了老先生的喜爱之情。

> 翠盘带新露，珍绝八棱瓜。
> 细认奇觚状，先谘老圃家。
> 试羹肪截玉，糁碧乳浮花。
> 正敌簟丝美，南庖不用夸。[①]

后来，林思进在路过李道江旧宅时题诗道：

[①] 林思进著，刘君惠、王文才等选编：《清寂堂集》，巴蜀书社1989年版。

> 西徐东李两名园，珠市长街即雍门。
> 绕径竹铺如引客，旧时梅月尚当轩。
> 每吟华屋增惆怅，哪有鸿泥记爪痕。
> 谁似居穷萧相国，不贤先计到儿孙。
>
> ——《过李青城故园漫题》

该诗一方面表达了老先生对李道江当年用心周到的一片真情，另一方面也表达了路过此处时，目睹李青城故园衰败时的无尽留恋与惆怅："每吟华屋增惆怅，哪有鸿泥记爪痕。"

三、剑阁为官

李道江并不是从科举直接进入到仕途的。"光绪十四年（1888）一应京兆试荐而未售"（《李君青城墓志铭》）。清代有纳资捐官的规例，根据《清史稿·选举志七》："捐例不外拯荒、河工、军需三者，曰暂行事例，期满或事竣即停。"该墓志铭讲李道江"踰岁，以助郑州河工"应当是指这种情况。然后，就分到四川来做知县的。光绪二十一年（1895），河北定兴人鹿传霖任四川总督时，协助鹿总督整饬吏治，并且担任"省会东门保甲四载"（《李君青城墓志铭》）。这四年来，他是恪尽职守，殚心竭力，想尽一切办法，在警务、税务、商业、运输等方面都做了踏踏实实的工作，为他进一步仕途打下了厚实的基础。但是，在这期间，他却患上了胃病。

因为鹿总督的推荐，李道江于光绪二十五年（1899）十月署任剑州知州。到剑阁，正值当地年年不断的大旱、地震等自然灾难，搞得民不聊生。①他到任以后，"坐堂皇听，事不数月，结积案数百宗"（《李君青城墓志铭》）。根据当地的实际情况，他在调查、研究、分析的基础上，从税收、警务等方面安抚地方，取得了比较好的实绩，表现出一位能吏的

---

① 张政等纂修：《中国地方志集成·剑阁县续志》，巴蜀书社1990年版。

《剑阁县续志·官师》书影

治理能力。但是，在那个多事的年代，庚子国变，慈禧西逃。剑阁离慈禧也很近，估计为了供应，也从四川调集物资，"作军马绵绎，蜀饷运输，劳费甚巨"（《李君青城墓志铭》）。为了省时省费，李道江想尽办法"改办驼运，事速帑省"（《李君青城墓志铭》）。加之此时，剑阁地方大旱，作为一位恪尽职守的地方官员，李道江积极主动地主持地方工作，缮理水利、抑制米价、勘察灾情、赈济灾民等等。照志铭所言："靡不割俸，殚力为之"（《李君青城墓志铭》）也得到了地方民众的好评。可是过度的工作，触发了李道江旧有的胃病疾患，为他将来试图参加清末四川新政埋下了隐患。

作为地方官，李道江除了以上政绩外，还"振文教，葺学官，缮城垣，建重阳亭，保存颜平原古迹"（《李君青城墓志铭》）。这里的颜平原古迹应该指的是，南宋时期，刻于剑阁县城东鹤鸣山上的"大唐中兴颂"摩崖碑。

四、参与新政

清末新政，有兴有革，涉及方方面面。其中主要内容之一是"振兴商务，奖励实业"。李道江应该是这一项新政的积极参与者，有所作为者。虽然，笔者所掌握的李道江参加四川新政资料极少；但是，从仅有的资料来看，李道江是具备参加新政资格的，无论是主观还是客观。

从主观上来讲，他在浙江诸暨人周孝怀主政劝业道，修建劝业场时积极参与。陈祖湘、姜梦弼在《四川文史资料集粹·成都商业场的变迁》一文讲："（成都建筑有限）公司暂筹股金白银4万两，全数收足（认股最多的是热心实业的李道江）。"①客观上，由于以往李道江的政绩，特别是在警务、税务、实业等的表现，肯定也给长于警务、税务、实业等方面的时任四川劝业道总办周孝怀留下了很好的印象，因此，"周孝怀选拔书籍帮帮董樊孔周（以后商务总会改选，樊当选为协理），委任他和李道江筹集资金，创办社会所需要的新兴事业"（《百年沧桑——成都商会历史沿革》）。②

令人惋惜的是，由于胃病的缠绕，李道江不得不退出四川新政而转向佛陀。"辛亥以后，翛然物外，日诵弥陀，四千声以为定课"（《李君青城墓志铭》）。这是一个无奈的选择，但也是用心其间。当民众处于困难时，他仍然给予援助。1917年，军阀混战，成都巷战，繁华的"锦官城"沦为战场。李豫川《现代禅门

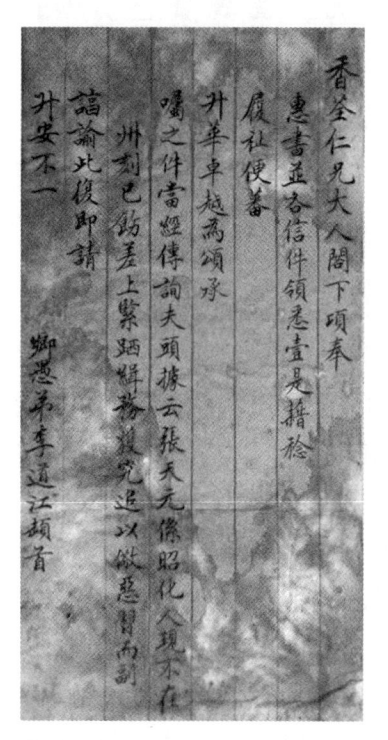

李道江书信

---

① 四川省政协文史资料委员会编：《四川文史资料集粹》，四川人民出版社1996年版。
② 刘战国主编：《百年沧桑——成都商会历史沿革》（内部资料），2005年版。

高僧圣钦法师的一生》记载："民国六年（1917）4月，川军和滇军在成都进行巷战；迨至7月，川军又与黔军在成都展开巷战。繁华锦城沦为战场，弹雨纷飞，炮火遍地，虎咒横行，龟玉尽毁，死伤枕藉，呻吟载道。法师乃约李道江、谢子厚、张立生诸居士，以'四川佛教会'名义，向社会各界募捐，以救济难民。并分头穿街入巷，慰问罹难家庭。又购买大量药品，聘请中西医师十二人，为难民及伤病员诊治包扎。颇得民俗赞誉，声望日隆。"（《禅》1997年第6期）

据《李君青城墓志铭》记载，1925年，"配邓恭人卒，由是胃疾渐剧"。到了1927年，"夏日，知时至，部分家事，神明湛定，以五月十八日卒。距生于同治丙寅年九月，春秋六十有二"。并且在当年的农历"十一月二十三日合邓恭人兆（兆字同"葬"）于温江县白塔寺之原"。

　　　　　　庚寅立秋后十日，挥汗。甲午处暑修订于西蜀雍婴堂。

巴金祖母身世考

◎ 叶　舟

　　巴金的祖父李镛原配汤氏，如徐开垒先生在《巴金传》中所言，是来自江苏的知书识礼的大家闺秀，而这个汤氏便是常州人汤淑清。关于汤淑清的家世与生平，巴金的众多研究者均不甚清楚，如徐开垒先生能够明确其为常州人便已极少。目前唯一对汤淑清及其身世有正确研究的，为李治墨先生的《巴金家族历史研究正误》。此文考证详核，堪称精致。本文便根据一些资料，详细介绍一下汤淑清的家世情况，对李治墨先生的研究进行一下补充。

　　汤淑清来自常州著名的"西营汤氏"，明弘治间，汤迪任常州卫指挥金事，并卒于此。其子汤冕遂从老家常熟迁居常州西营里，是为"西营汤氏"之始，之后，汤氏子孙遂散居常州各处，其中在城中的主要居住于县学街和青果巷两处。至第七世汤自振有三子，汤大绅、汤大绪、汤大维。汤大绅号药冈，为乾隆七年殿试一甲第三名探花，官居翰林院编修，其子便是汤修业，常州词派创始人之一张琦的岳父。汤大绪子为汤健业，字时偕，号莳芥，四川龙安府经历，后历任安县知县、南充知县、新繁知县、巴州知州，因从征廓尔喀，升嘉定府通判兼石柱厅直隶同知。西营汤氏一

汤健业著《毗陵见闻录》

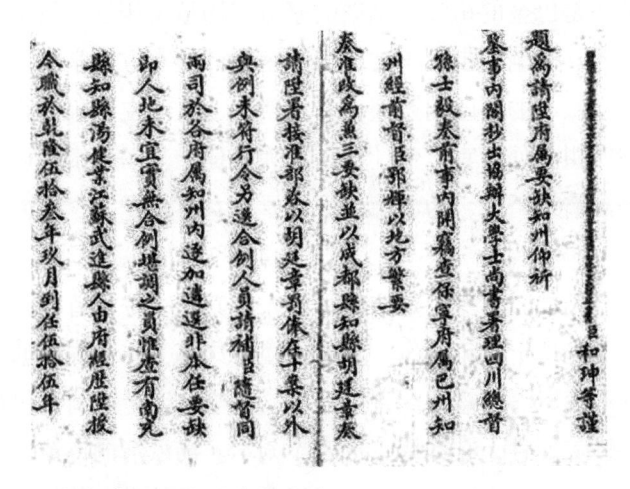

川督奏请以汤健业升署巴州

直对乡邦文献关注有加，汤修业便有"毗陵文献"之称，汤大绅也有编纂《毗陵觚不觚》的设想，而汤健业则著有《毗陵见闻录》，此书乃其于乾隆五十九年至乾隆六十年（1794—1795）间在四川任中撰成，是目前所见唯一一部全面描绘常州风俗典故的笔记著作，其内容包括风土人情，民间传说，文人掌故等诸方面，后由其子时任四川璧山知县汤贻湄于道光元年（1821）将书刊成。

汤健业在《毗陵见闻录》的序中称："浮沉西蜀，忽忽二十余年。"也便从他开始，其后代也便从此一直流寓于四川。严士鋐在《毗陵见闻录》的序中便称："毗陵汤司马莳芥及令嗣葭村明府（即汤贻湄）先生同服官于蜀中。"汤健业有六个儿子，汤贻铎、汤贻泽、汤贻湄、汤贻珏、汤贻谟、汤贻杰，刊行《毗陵见闻录》的汤贻湄是第三子。从汤健业开始，他们这一支的婚姻圈便以在四川服官者为中心建立起来了。他的第二个儿子汤贻泽便是娶了在四川安岳县任典史的无锡人杜作霖的女儿，生了四个儿子，汤英名、汤荣名、汤洪名、汤宪名。三子汤洪名只有一个儿子汤世楣，汤世楣字子俊，号月舟，官至候补知县。汤世楣娶了在四川任候选同知的浙江山阴人王文朸的女儿，生有四子四女，其中长女汤淑清，嫁给了浙江嘉兴人、候补知县李镛，第二个女儿则嫁给了四川富顺人欧阳惟寅，而李镛便是巴金的祖父。李镛的家世与汤淑清相近，只不过在显赫程度上稍逊一等。李镛的祖父李文熙当年因为课徒有方，学生家长感恩，为他捐了一个从八品的布政司照磨，分发四川，从此在四川为官。李镛的父亲李璠也在四川多处为官，估计就是在为官任上与汤世楣相识，结成儿女亲家的。汤淑清结婚后，为李镛生了四子三女，长子为李道河，即巴金的父亲。

汤淑清号菊仙，本身也是个闺秀诗人，其《晚香楼诗稿》所收诗大多为光绪十年至光绪十六年所作。《晚香楼诗词稿》与其夫李镛《秋棠山馆诗钞》、继配濮贤娜《意眉阁诗词稿》、女李道漪《霞绮楼仅存稿》合刻为《李氏诗钞》四种，有光绪三十四年刻本。汤淑清的诗情才华应该缘自于家传，西营汤氏以出产闺秀诗人而闻名，其中最有名的便是汤修业的女儿汤瑶卿，她嫁给张琦之后，培养了四个多才多艺的女儿，成为清代著名的母女诗人。美国学者曼素恩还专门撰写《张门才女》一书，对她们进行表彰。

值得一提的，汤淑清的外祖母，即王文朸的妻子也是著名的常州闺秀诗人，这便是有"兰陵三秀"之称的赵书卿。赵书卿是常州人赵邦英的第三个女儿，赵邦英共有四女，其中次女、三女、四女分别是赵云卿友月、赵书卿友兰、赵韵卿友莲，均以诗词知名，分别撰写了《绣余小咏》《绿窗藏稿》和《寄云山馆诗钞》三诗集，刊于道光十三年。赵书卿尚有《澹音阁词》，收于《小檀栾室汇刻闺秀词》中，只不过将其错写成无锡人。徐开垒先生的《巴金传》便曾提到："（汤氏）的外祖母更是当年'兰陵三秀'之一，既能绘画又能作诗，还曾一度以诗画维持生活，自称'澹影阁老人'。"此处"澹影阁"当是"澹音阁"之误。

　　清后期常州人在四川者颇多，除上面提到的以外，仅闺秀诗人便有左锡嘉、曾懿母女等，对晚近四川学术和思想的发展起到了一定的推动作用。西营汤氏中也有一个出色的学者汤成彦长期流寓四川。汤成彦（1811—1868），字梅生，又字心匏，号秋史，官刑部主事。作为清代常州学派殿军人物李兆洛的学生，他将常州学术的精华传授到了四川，培养了众多优秀的学生，其中最著名的便是晚清大学者、江阴人缪荃孙。左锡嘉的子女从小便受到汤成彦的教导。光绪四年（1878），左锡嘉的三女婿林尚辰、五女婿张祥龄与同在成都尊经书院读书的未来著名公羊学家廖平相识，为二十年之后公羊学成为戊戌维新变法思想武器埋下了极有意味的伏笔。同样，继承了常州书香门第传统的汤淑清身上的文化因子，也一定会潜移默化地影响到了她的孙子巴金，在其未来创作道路上或明或暗地产生着推动作用。

附 录 三

《绣余吟草》淘书记趣

◎ 李治墨

我自幼既不精通音乐，又不擅长体育，也就只剩下读书这一条了。特别是八九岁时父亲被定为黑帮，受到隔离审查，上面还要我们这些"可以被教育好的子女""端正态度"，不得已待在家里读闲书了。多亏"文革"前一年在北京景山学校上完小学一年级，我认识了一千多个字。抱起家里的竖排繁体《三国》和《水浒》，我连认带猜，虽然白字连篇，却也读得津津有味。年龄大起来，对书的兴趣增加了，见到好书也想自己有一本。从打倒"四人帮"到我出国求学前的不到十年里，我零零星星收了一两箱书。其中有些是川版图书，在四川出版社工作的父亲还帮我取得作者签名（前段时间家姊还在为父亲整理书架时，找到一本陈白尘先生为我题签的书，也是佳话）。可是自从1985年旅美留学后，大洋浩瀚，求书无门，我也不再做无谓的藏书之梦。

谁想到高科技革命不仅给社会带来深刻的变化，也使我们每个人的生活更加丰富多彩。2004年底，我注意到好友叶扬波教授开始在网上淘书。叶兄是我当年随父母下干校时代的初中同班学生，后来在美国（不同的）大学就职、晋升、终身聘任的每一步都与我同时，所以我们不仅是同学，更是"同年"。远在美国，我们还时常一起琢磨从前机关大院旁边的六国饭店旧址、琢磨大院门前的正义路街心花园底下的京城古御河，兴趣特别相投。叶兄的举动当然引起我的关注,我也加入了孔夫子旧书网的淘书行列。

淘书是一件让人上瘾的事情,没条件则罢,有条件就欲罢不能了。开始网上旧书不多,比较容易跟踪新上网的古旧书,后来书越来越多。我与叶兄就合作起来。我本有一个孔网账号"附雅斋",取附庸风雅之意,但是我实际上与叶兄共用他的账号"二三十斋",这个名字取自他的同姓"族人"叶德辉之名言"风气二三十年而一变,古书亦二三十年而渐稀"。可见叶兄乃真风雅之士。叶兄又是奇人,七十年代初期从小学升初中时,我还在混沌未开之际,他已经在和另外一位杨自力同学自学微积分了;七十年代中叶,当我又在困惑之中彷徨的时候,他却把仅有的一两块钱揣在兜里地骑着自行车优哉游哉地奔琉璃厂中国书店去了。这位今天在"歌德巴赫猜想"研究上走到世界最前列的数学家,却也善写文言古诗,诗话词话都有画龙点睛之妙,当然不轻易示人。叶兄真乃文理皆通的全才,并且不减童趣,和我一样,每天趴在孔网上窥寻好书。不同的是,他收藏兴趣广泛,并且注重版本;我看多买少,比较注重与本家族有关的旧书与古籍。另外我一般也不会哄买最贵的书,觉得"捡漏"才是乐趣。

国内网上拍卖,多在晚上八九点截止,这是我们两人在美国的后半夜,叶兄在美国中部时区,比我在美国西部的太平洋时区早两小时。加上叶兄是早睡早起,而我恰恰是晚睡晚起,时间有所互补。所以我们不约而定:凡是截止得比较早的书,由我坚持到午夜后;凡是截止得很晚的书,则由叶兄早起竞拍。至于一人出差时由另一人兼顾的情形也屡见不鲜。由此带来的是我二人之间几乎每天通电话,不是布置跟踪竞拍,就是分享拿到书后的感想。电话往来之密,两家太座都时有微词。开始阶段最困难的是汇款与收书。起初请在北京老同学代为汇款,但是由于买书太勤,工作量太大,无法持久,多次换人。收书也是如此,给京中各位旧友带来不少负担,终于网上付款解决了大问题,收书我也改请在北京出差的临时办公地点的同事代办。

网上淘书给我帮过大忙。2005年是翻译家、教育家李林先生逝世六十周年。为了纪念他,家中诸人几年前就开始策划出版《李林译文集》,当时手中有从杨苡先生处借来的五部译著，我们都以为是他发表过的译著的全部。2005年1月上旬，我在孔网拍卖栏中发现"巴金主编的民国版《阿列霞》"。打开书影仔细一看，原来也是李林先生的一部译著，大为振奋。我开始密切关注这本书，为了不错过，我上好闹钟，凌晨五点半我就起来候着（国内时间晚九点半）。幸运的是竟然没有其他人注意到这本书，我顺利地拍下这本书。为了不拖延《译文集》进度，我迅速汇款，并请拍主"中国通史"张枫兄把书尽快发到成都父亲家中。张兄善解书友意，很快就用刷挂寄出。无奈一周过去，仍未受到。十天之后还是杳无音讯。张兄不时安慰我，但是我仍然焦急无比，生怕在途中寄丢了。终于有惊无险，两个多星期后书到达成都，很快就被编排进《译文集》。同时我还在网上发现李林先生还有另一部译著《伊达》。我每天在网上淘来淘去，还是没淘到。最好只好托周立民先生从图书馆借到。《李林译文集》终于在2005年秋天以七部译著见之于世。其后的几年里，我倒在孔网上先后买到三部《伊达》。

淘书过程中充满着各种逸闻趣事，最好玩的莫过于竞拍《绣余吟草》。因为祖上多有闺秀诗词名家（仅被各种文献著录的清代直系族人就达六人），所以清代闺秀作品一直是我关注的焦点之一。2009年11月5日刚从国内回到美国不久，我注意到孔网上"东方不败"兄开始拍卖一本《绣余吟草》，"绣"当然是旧时闺中不多的"工作"之一，"绣余"之"吟"则是闺秀们"工作"之外的业余爱好了。因为出差积压的杂事繁忙，仓

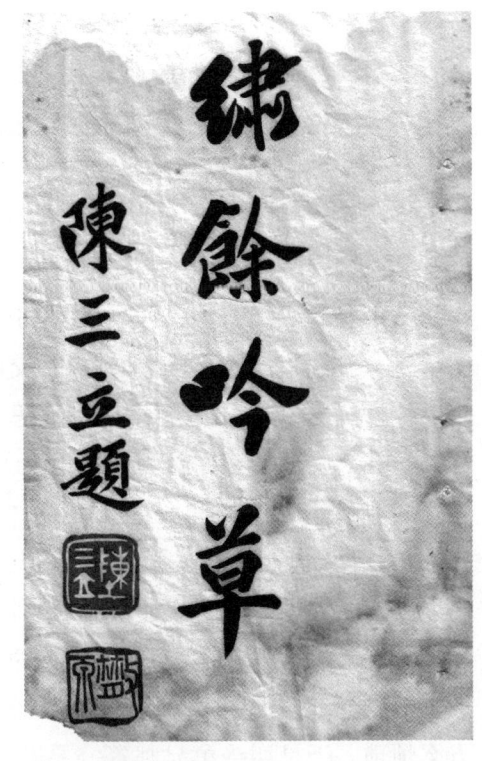

《绣余吟草》封面

《绣余吟草》首页

《绣余吟草》刻的章（网友为）

促中我先把这本书列为"收藏"。两天后由于还没倒过来的时差，我半夜起来坐到电脑前。当我开启"收藏"清单，《绣余吟草》跃然眼前。打开书影详细察看，看到此书乃歙南徐南苹女士所著，进一步又注意到此书由其子濮良至校注。于是心中起疑：此书会不会是与我李氏通家世交的濮氏家族先人的书。我赶紧找出苏民（濮思洵）老前辈送我的《濮氏宗谱》。天不负我，良至公竟是苏民先生的父亲、濮存昕先生的祖父。我大为振奋，立即做好竞拍准备。名冠孔网的"东方不败"兄实名牟方冬，经常拍出好书，我与他也有一段买书佳话，几年前我拍到他的《船山诗草》一书（船山先生张问陶是四川遂宁人，清乾嘉时代文豪，曾为我先祖诗文集作序），没想到他寄来是另外一本书，原来是百忙中与另外一位山东书友买的书寄混了。牟兄要我二人把书退回给他重寄，他出邮资。我嫌牟兄这个方案烦琐，于是谢绝牟兄邮资，要来山东书友的地址，把书直接快递过去，受到牟兄表扬，不久我也收到期盼中的《船山诗草》。

按我一贯做法，要等到拍卖结束的时候才出场，以期最优价格。这部《绣余吟草》起拍价250元，每拍加价20元，北京时间晚9点46分（即美西太平洋时间凌晨5点46分）结束，但是按规则结束前每个新拍出价后，结束时间都会自动再延长5分钟。此时离结束还有90分钟，只有两拍，最高出价只有270元。我心中暗喜，开始在孔网上浏览消磨时间。没想到一下入了迷，等我再意识到我还在等《绣余吟草》时，就差十几分钟截止了，险些误我大事。这时候我再也不敢大意，规规矩矩地坐在电脑前静候。

截止时间临近了，价格仍然停在270元。我适时拍出了290元，顺延的5分钟即此开始倒计时了。想到即将以这样好的价格得到这样一本好书，我从心中暗喜开始过渡向喜形于色了（按照时下流行网络语法：这应该是"心中暗喜形于色"）。时间一秒一秒地流逝，这一网页上静悄悄。还剩四分钟了……三分钟了……两分钟了……倦意涌了上来，我起身去喝口茶提提神。等我回来刷新价格看喜讯的时候，意外竟然发生了。

在我那一拍接近最后一分钟的时候，一位比我"潜伏"得更深的"老郭同志"拍出了310元，而且因他出价再次延长的5分钟现在只剩不到30秒了。刹那间我心慌意乱，冷汗遍身，手中的鼠标好像也不听使唤了，我焦急地把网页往下拉到出价区，把价格调成330元，终于又按下了"竞价购买"。这时只剩14秒钟了。这是今天第二次几乎马失前蹄了，多悬呀！顿时我睡意全无，深知这只是与"老郭同志"竞拍的开始，再也不敢大意了。"老郭同志"调整了战术，不再"潜伏"，很快就拍出了350元。我则针锋相对与他耗时间，恭候到延长期最后几秒才拍出370元。"老郭同志"再次调整战术，采用代理出价，即设置了在我每次出价后自动加价20元，他这是敲山震虎，志在必得。我的拖延战术没用了，只好也迅速加价。当"老郭同志"的自动加价到了550元，我决定跳过570元，直接拍出590元。

自动加价停止了，我松了一口气。没想到在十秒钟内，"老郭同志"又拍出了610元。这时候我只好向"老郭同志"求情，留言说我等这本书好几天，请"老郭"兄让一把。未见他回应，我拍出630元，回言来了，

"老郭同志"要我把书让给他，并且同时亮出了650元。我一面出新价，一面又留言说，作者与我祖先亲属有关系，务请让我。"老郭同志"在5秒钟内回出新价，并说他是皖南文化研究者，需要此书。我也在出新价同时主动示好：您是研究，我是收藏，要不我拿到书后给您复制一本？"老郭同志"不接受我的橄榄枝，却表示可以给我复制，同时迅速拍出新价。真不知道碰上了哪位执着的文化大款，谈判显然毫无意义。虽然我又加了价，但是信心开始动摇了。同时我又觉得"老郭同志"没准儿也在同样的困惑之中。所以尽管底气不足，我还是留言"志在必得"相以威胁。此时已是我的清晨六点，"老郭同志"则陷于晚上10点，我占时间优势，我重新启用拖延战术，一定要到延长期几乎结束才出新价。750、770、790、810相继出现，时间真是一种煎熬，煎熬中的时间又令人觉得十分漫长。

终于在我拍出830元后没有了回应。网页再次静悄悄，窗外的天也亮了。时针指向6点22分，激战进行了近40分钟。虽然价格远高出我的预期，但是我终于得到了这本缺俏的好书。我的心情狂喜，很快又转向了期盼，期盼早日看到拿到这本书。

12月我又来到北京，第一件事就是奔向办公室。从收到的很多书里挑出来自牟兄的挂号印刷品，火速拆封。拿着这本略有残缺的蓝皮线装书，我低声哼出了当年样板戏舞台上座山雕的唱段"联络图，我为你朝思暮想，今日如愿随心肠"。此后的几个月里，我小心拆开这本破损的书，彩色扫描，精心重装。并且复制了好几本，还加上了淘书小记："余平生所好，淘书而已。自乙丑秋去国求学以后，远隔重洋，淘书竟成绝响。所幸近年来互联网崛起，予余淘书天机。自癸未岁末以来，余每日之必做之事，乃上网淘书，几无间断。数年来，前清与民国之书，已得不少。己丑年末，竟于网上淘得民国二十三甲戌铅印版歙南竹笙女史徐南苹著《绣余吟草》。经查女史乃苏民老前辈之祖母、存昕前辈之曾祖母，而濮氏乃吾通家世交。喜出望外，特此谨志。丙寅春李斧（治墨）敬识于附雅斋"。

2010年夏天，我再次来到北京，首先约见也是来去匆匆的叶扬波兄，送给他了一本复制本，叶兄笑纳；几天后随我姐夫来到宣武区苏民先生府上，我恭恭敬敬地向老先生呈上《绣余吟草》（复制本）。老先生喜出望外，随即开读此书，几乎忘记了客人在场。数分钟后他高兴地说，以前我只听说父亲在江西工作过，这本书上说"民国乙卯秋至（即濮良至公）忝长赣省财政"，验证了这一说法。苏民先生家学渊源，并以多年努力，奔走各地，主持编纂了《濮氏宗谱》，还一直不懈地补充更新。拿到这样一本他过去没有的史料，老先生怎么能不开怀大喜呢？

苏民与濮存昕父子

　　2010年初，在孔网第五届年度书友聚会上，我向大家讲述了这段趣事。《藏书报》编辑潘宝海先生鼓励我写出来，以便与更多的书友分享。在旧书网上淘书的几年，充满了乐趣。经常为淘得一本好书而欢喜好几天；也不时因为错过好书（多是因为忘记截拍时间）而懊恼不已。孔夫子旧书网不仅丰富了在西方文化包围之中我的生活，更成了每天把我们与祖国联系在一起的纽带！

庚寅（二〇一〇）元宵匆匆落笔

《砥碧山房诗钞》购得记

◎ 李治墨

2008暑假回国周游,高潮当然是观光奥运。8月初到达北京后,照例首先观看新购的旧书。自从负笈海外后,购买中文书籍,特别是旧书,曾经一直是不可克服的困难,直到三四年前网上购书开始流行,才解决了海外游子的一大问题。近年来几乎每天我都会上网观书,不仅是浏览书店,还有竞拍旧书,实为一大乐趣。网上买书并不复杂,无论是订购还是竞拍,成交后通过银行网上汇款,再请书贾把成交书籍寄到国内同事处就行了。几年来买书几百本,基本上没有出过差错,书贾们一般都是注重信誉、童叟无欺。

十几本书摊开在桌上,首先引起我注意的是《江苏译文志·镇江卷》。以前买到的《江苏译文志·常州卷》曾经让我找到不少家族历史信息。这次的《镇江卷》又能让我发现什么呢?我不禁翻开这本书。有趣的是我很快看到目录里有"丁钰"的名字,丁钰似乎是我母亲的祖先。我马上打电话给在北京的舅舅,确认了丁钰就是他们的曾祖父的曾祖父,我的激动不言而喻。

"丁钰"一条,记录着他有一部著作《砥碧山房诗钞》。我怀着兴奋的心情,马上就开始网上搜寻这本以前从未听说的书,常去的旧书网没有;我又开始了百度搜寻,竟然奇迹出现,网上有个从未见过的"古籍图

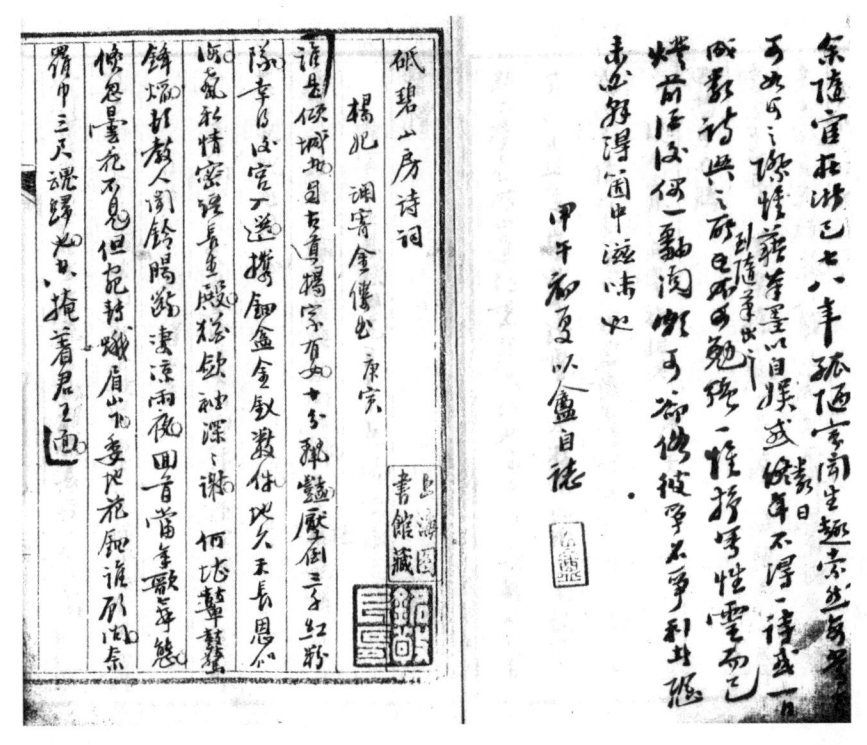

《砥碧山房诗钞》购得记

《砥碧山房诗词》书影

书网"，在那里居然找到了这本书，而且还可以网上订购（原件或者复印件）。进一步转到此网站主页，发现此网虽然书不多（我同时在这个古籍网上查了我家祖先李氏的和其他感兴趣的几本古籍，都没有），但是要出天价，无论什么书起价最少1000元。我不相信他们有原件，但是复印件上千元，也算是漫天要价了。订书的方式是留下电话，我当然立即把号码填入网页表格以便取得联系。

鉴于这个古籍网上留下的地址是北京海淀区，我就"先下手为强"地在网上检索了四周的国图、首图、北大、北师大、中科院等图书馆的古籍目录，结果都没有。为了避免网上馆藏书目不全，在此后几天里，我又请朋友动用馆内渠道检索北京的这几个图书馆，也没有此书。我不得不佩服这个古籍网站的书源，自愧不如。

终于我留下的手机号码起了作用，一位自称姓宗的女士打来电话。

她问我是否需要丁钰的《砥碧山房诗钞》，我回答当然是感兴趣。为了确认，我询问了作者籍贯，确实是江苏丹阳（属镇江）无误。她立即报价1600元。见价格如此不菲，我就问她是否原件，她回答不是原件而是复印件。我问她复印件怎么这么贵，她说因为不是刻本而是稿本。我说稿本和刻本的复印件不应该有什么差别，这本书究竟有多少页？这下问住了她。她只好说不知道，我又问连多少页都不知道，怎么报出的天价？她又开始重复说过的话，例如起价千元、稿本加价等，如果要买先付一半定金。我说为了对客户负责，你总要说得出多少页吧？要不我怎么能相信你们有这本书呢？

卡在这里了，为了打破僵局，这位宗女士说出此书在"合作图书馆"里，我问是哪一家图书馆，她自然是坚决不说。但是她表示可以请"合作图书馆"查一下多少页，不过我得先交50元"查书费"。我当然严词拒绝。

经过几番谈判，宗女士再三问明我确有意购买后，终于勉强表示愿意先查明页数，同时告诉我这样做是违反"规定"的，算是她个人担保，承担风险。如此敲诈，我还得感谢。此时我还有别的事情，暂时离开了北京。

几天后，宗女士说此书共有50页，我又重新开始询价。大概她估计我嫌贵，这次报价是1200元，因为我有诚意，所以特别照顾为1100元。我表示还是太贵，希望再降一些。她坚决不同意，说是如果不需要快递，还能降个十块八块。这么贵的书我当然不愿意平邮，于是表示再考虑一下。第二天宗女士又打电话来，说是查页数已经把此书从"合作图书馆"的善本室取出，如果不马上购买，她就会把书退回善本室，这样以后再买就麻烦了。因为别的地方找不到，我只好忍痛买下。宗女士要求我立刻付一半定金。因为其时事情较多，又拖了一两天再从网上汇出。收款者自然不是单位，而是个人了。

汇款以后变成我催她。几十页怎么不能一气呵成就复印好呢？宗女士说因为要认真复印。这似乎也不是合乎情理的解释。这期间出于好奇，我又不断地到这个古籍网站去查书玩。新的奇迹终于出现了，原来这个网上查不到的几本家族古籍居然在几天内陆续出现了，这让我一时百思不得其解。终于一个思想火花冒出，据我多年搜寻，同时有这几本书的图书馆只有一家，就是上海图书馆。这也正好解释为什么定金汇出后还要等好几天才能交货。因为这个古籍网站在北京，原先我只在北京寻找，忽略了外地。但是定金已汇，后悔莫及。我也只好耐心等待。其实这时我还多少担心被骗，尽管我已经猜出他们的图书渠道。

离境返家在即，后几天我天天打电话催促，但是我自己偏偏又奔波外省。终于得知书已复印好（其实是寄到北京），我立即请在京同事曹宇亲往取书，并付余款。在这个网站地址，曹宇打电话向我确认书是否无误。我当然立即问书上是否有上图的章，曹宇说只有一个篆体图章，他认不出，但不像上海图书馆字样。为此我多少有点失望，但是书总算拿到了。几分钟后曹宇又打电话来，说是出门后又翻了一下，在第二页上发现上海图书馆的图章。我的假设终于得到了验证。

9月初从外地回到北京，我立即翻阅这本书。此行得悉、查出，并最终购得一本家族古籍，当然令我高兴；但是复印本如此昂贵，也让我心疼。尤其感觉不好的是公立图书馆珍藏的善本，居然被有关人员私自取出，串通社会闲杂人员，高价复印卖出。这是彻头彻尾的假公济私、敲诈勒索。应当引起有关部门的重视和查处。

当然问题的关键在于公立图书馆的书籍应当更好地向社会开放，为人民服务。这包括：更完善的网上检索系统；古籍善本在妥善保护的情况下方便读者查阅；特别是应当数字扫描；复印本或者数字扫描本收费合理。公立图书馆的服务好了，不法渠道就无法生存，自然消亡了。

有感于此，特在越洋长途飞行中记录下来。

二〇〇八年九月

·作者后记·

我在《巴金祖上诗文汇校》编者前言中写过"巴金是中国现代著名的文学家和思想家。他的著作既是对封建专制传统的批判，也是对中国历史文化精髓的传承。这不仅体现在巴金的代表性小说《家》《春》《秋》和《憩园》多以他家族中的若干人物为创作原型，而且他后期的著作《随想录》和《再思录》中也多有对家族人物回顾的文章。"

正因为如此，在经久不息的巴金研究热中，很多人都写到了巴金家族历史，一度也非常火爆。但是其中谬误甚多，而且在不断抄袭中出现演绎，甚至发展成戏说。这种不严肃的"研究"，最大的原因都是这些"研究者们"写历史以抄袭为主。这样做的人中，不乏巴金研究名家，甚至是权威。唯一例外的是徐开垒先生，他曾脚踏实地到巴金故里成都进行细致的考察采访，并且认真筛选、存真去伪，为读者提供了不少有益的第一手考访材料。可惜那些被他自己都认为不应发表，因而筛选淘汰的采访笔录的部分内容，近年来被刊物《点滴》托盘刊出，造成了一些谬误的刻意流传，我觉得这是违背徐开垒先生本意初衷的。

作者理工科出身，但是自幼对文史感兴趣，尤其自身家族。早年有幸当面或者书面向巴金和其他家族老前辈请教交流，几十年来在奔走世界各地同时，也特意到各个图书馆或资料库查阅。本来一直仅仅是个人兴趣爱

作者后记

好，从未登大雅之堂，直到看到抄袭者们篡改历史有时达到十分可笑的程度，才不得不撰文正误。由此开始，逐渐写了不少短文，后来经不起友人相劝，积结成集，于二〇一四年由巴蜀书社出版。其责编陈红女士，精益求精，致使此书从装帧到版式都非常精美。出版之后，没几年就脱销了。目前京东和淘宝网上基本以盗版为主，个别原版只是高价陈列。

此后十年，作者又搜集到了大量史料，也写了更多文字。于是在今年巴金先生诞辰一百二十周年之际，四川人民出版社出版纪念丛书，《巴金家族史考略》增订本就忝列其中了。与十年前的初版相比，内容大大增加、文字几近翻倍。

友人叶舟博士、向黄老师、盛平先生写的与家族史有关文章，经各位本人许可收入本书附录，在此向他们致谢。对我研究和写作大力帮助的友人很多，特别是常州朱炳国先生从来都是有求必应，在此我向他们一并致谢！这些友谊都是难以忘怀的！

四川人民出版社的编审谢雪和责编邹近、勒静宜三位老师为此书付出大量心血，有时几乎到了比我还着急的程度，使我受到很大鼓励和鞭策，也令我由衷感激！

李治墨
匆就于附雅斋
时值甲辰立秋

扫码共享
走近巴金